# 나쁜 페미니즘

## 논쟁의 시대, 미래를 묻다

# 넥스트 패러다임 : 논쟁의 시대, 미래를 묻다

**초판 1쇄** 2025년 02월 20일
**지은이** 최원선, 고효민, 정그린, 박일정, 우종혁, 서연주, 이효진, 김지나
**펴낸이** 송영화 | **펴낸곳** 굿웰스북스 | **총괄** 임종익
**등록** 제 2020-000123호 | **주소** 서울시 마포구 양화로 133 서교타워 711호
**전화** 02) 322-7803 | **팩스** 02) 6007-1845 | **이메일** gwbooks@hanmail.net
ⓒ 최원선, 고효민, 정그린, 박일정, 우종혁, 서연주, 이효진, 김지나, 굿웰스북스 2025, *Printed in Korea*.
ISBN 979-11-7099-037-6 03330 | 값 **20,000원**

# 넥스트 패러다임

## : 논쟁의 시대,
##   미래를 묻다

8인의 대화로 엮은
다음 세대 이야기

최원선　고효민　정그린　박일정　우종혁　서연주　이효진　김지나

굿웰스북스

들어가며                                                    6


## 1장   일자리: 상상했던 미래가 현실이 된다

1  인공지능 시대, 내 일자리는 안전할까?                        15

2  미래를 바꿀 신기술, 새로 태어날 일자리는?                     39

3  재택근무는 삶을 어떻게 바꿀까?                              55

다음 세대를 위한 8인의 논쟁  쉬운 해고의 신속한 도입 해야 한다 VS 안 된다    68


## 2장   인구: 늘어나는 노인, 줄어드는 아기

1  대한민국 인구 소멸, 대안은 있을까?                          85

2  초고령화 사회, 지속가능한 보건 의료는?                        98

3  애보다 개, 반려동물과 인간과의 관계는?                       112

다음 세대를 위한 8인의 논쟁  저출산 극복을 위해 '싱글세' 도입 해야 한다 VS 안 된다 125


## 3장   교육: 경쟁주의적 입시 교육의 위기

1  매맞는 선생님, 교실 회복은 가능할까?                        143

2  아직도 개천에서 용이 날 수 있을까?                          156

3  대학의 위기, 왜 모두 의대를 가려고 할까?                      164

다음 세대를 위한 8인의 논쟁  대학원의 열정과 고난 사이 문과 VS 이과         174

## 4장  정치: 선거와 정치의 미래

1 정치혐오의 시대, 양극단은 통한다?                                  187

2 이공계 정치인은 왜 적을까?                                        195

3 만악의 근원 '공천제도' 어떻게 바뀌어야 할까?                        208

다음 세대를 위한 8인의 논쟁  정치인 배출 방법 발탁 VS 양성              223


## 5장  기후: 사라져가는 지구의 경고

1 인류는 대멸종을 피할 수 있을까?                                    235

2 실험실에서 고기를 만들어 먹을 수 있을까?                            246

3 기후 위기 극복을 위한 신기술은?                                    254

다음 세대를 위한 8인의 논쟁  탄소 중립을 위한 탄소세 도입 해야 한다 VS 안 된다  263


나가며                                                            275

논쟁의 시대를 끝내고 새로운 패러다임으로

첨예한 갈등이 끊이지 않는 시대입니다. 세대 간 갈등, 성별 갈등, 지역 갈등, 계층 갈등 등 점점 더 서로 다른 입장의 구성원들을 이해하지 못하고 심지어 혐오하는 시대입니다. '넥스트패러다임'은 이러한 갈등의 시대의 틈바구니에서 미래지향적인 어젠다를 발굴하고, 생산적인 논의를 해 보고자 하는 8명의 '현장 전문가'로 구성된 모임입니다. 20대부터 40대까지 8명의 구성원이 대학 교수, 인공지능 전문가, 의사, 정치인, 노무사, 연구원, 대기업 회사원, 아나운서 등 각자의 자리에서 치열하게 살아가며 사회의 중추적 역할을 담당하고 있습니다.

각자가 가진 전문성은 서로 다르지만, 공통의 목표는 하나였습니다. 다음 세대를 위해 꼭 필요하고 지금 논의가 되어야 하는 다양한 어젠다에 대해 치열하게 논의하고, 이에 대해 우리 나름의 해답을 찾아보고자 하는 것입니다. 1년간 팟캐스트 활동을 통해 저희는 논의를 이어갔고, 이제 그 결실을 책으로 담아 많은 분과 함께 공유하고자 합니다.

이 책은 크게 일자리, 인구, 교육, 정치, 기후라는 다섯 가지 주제로 나뉘어 있습니다. 인공지능, 미래 기술, 인구 소멸, 보건의료, 교육, 노동, 정치 개혁, 기후 위기 등 다양한 주제를 다룹니다. 그리고 각 분야에서 드러나는 현황과 문제들을 심도 있게 분석하고, 다음 세대를 위해 우리가 나아가야 할 방향을 모색합니다.

먼저, 질문을 합니다. 우리가 던지는 질문은 전문가의 입장이 아닌 사회 구성원 누구나 할 수 있는 질문들입니다. 인공지능으로 인해 소외되는 계층을 위한 대책은 무엇이 있을까? 인공지능은 정말 우리의 일자리를 사라지게 할까? 이렇듯 막연한 질문으로부터 시작된 우리의 논의는 다음 세대를 위한 진짜 질문으로 이어집니다. 과학기술의 급속한 발전이 가져오는 혜택을 우리는 충분히 누리고 있는가? 그 이면에 숨겨진 부작용에 대해 우리는 얼마나 준비되어 있는가? 경제 성장의 이면에서 갈수록 심화되는 불평등과 사회적 부조리는 어떻게 해결할 수 있는가? 기후 변화와 환경 문제는 인류의 생존을 위협하는 위기로 다가오고 있는데, 우리는 이에 대해 얼마나 진지하게 대처하고 있는가? 이러한 질문들은 우리에게 당면한 문제일 뿐만 아니라, 다음 세대를 위해 반드시 해결해야 할 과제입니다.

이 책은 단순한 문제 제기에 그치지 않습니다. 우리가 직면한 갈등을 넘어 사회가 진정으로 해결해야 할 과제를 발굴하고, 다음 세대를 위한 새로운 패러다임을 제시하는 것을 목표로 합니다. 전문가들이 각자의 영역을 넘어 함께 고민하고 토론하며, 혼자서는 찾기 어려운 해답을 공동의 노력으로 찾아내는 과정이 이 책에 담겨 있습니다.

각기 다른 분야의 전문가들이 함께 모여 논의하고, 혼자서는 찾기 어려운 답을 함께 찾아가는 과정이 이 책에 담겨 있습니다. 넥스트패러다임은 지속 가능한 공정한 사회를 향해 나아가고자 합니다.

◈ **최원선**

넥스트패러다임의 대표이다. 한양대학교 국제학대학원에서 국제학 박
사를 취득하고 현재는 국제지역정책 연구소 소장으로 있으며, 대학에서
중국사회문화 과목을 맡고 있다. 국제관계와 소프트파워에 관심이 많으
며, MBTI는 ENFP이다. 문화격차를 줄이고 더 나은 미래를 만드는 데 기
여하는 것을 꿈꾼다. 국제 분야 학자로서 지구본을 아이콘으로 한다.

🖥 **고효민**

포항공과대학교에서 학사, 박사를 취득하였다. 현재 삼성디스플레이
에서 8년 차 연구원으로 재직 중이며, OLED를 연구하고 있다. MBTI는
ESTJ이다. 지금의 혼란한 시대상에는 엔지니어적 객관적이고 담백한
시각이 꼭 필요하다는 마음가짐으로 다양한 사회현상에 관심을 가지
고 있다. 모니터를 아이콘으로 한다.

## 🛵 정그린 (필명)

포항공과대학교에서 학사, 박사를 취득하고 현재 국립대학 부교수로 재직하고 있다. MBTI는 ISTJ이다. 반도체 및 에너지소재 교육 및 연구를 진행하고 있으며 관련 산업에 많은 관심을 가지고 있다.

이동수단에서의 에너지 과학기술을 나타내는 아이콘을 선정하였다.

## 🧭 박일정

서울의 한 대학에서 전자공학을 전공하고, 현재 인공지능 분야에서 언어 모델을 활용해 다양한 문제를 해결할 방법을 모색하는 스타트업을 운영하고 있다. 겉보기와는 달리 ENFJ 성향으로, 사회 문제에 따뜻하게 공감하는 기술자이자 시민이 되기를 바라며, 새로운 길을 안내하는 세르파처럼 나침반을 아이콘으로 삼고 있다.

## 🏛 우종혁

서울교육대학교 교육전문대학원 석사과정에 재학 중이며 현재 제9대 서울특별시 강남구의회 의원으로 당선되어 의정활동 중이다. 관심사는 교육격차해소와 교육복지이며 MBTI는 ENFJ, 단 한 명의 아이도 소외되지 않는 미래를 꿈꾼다. 지방의원으로 의사당을 아이콘으로 한다.

## 🩺 서연주

가톨릭의학전문대학원과 동 의료원 수련의 과정을 거쳐 내과 전문의가 되었다. 보건의료분야 정책에 관심이 많아 대한전공의협의회, 서울시의사회 임원을 역임하기도 했다. 사고로 시각장애를 갖게 된 후, 환자, 의사, 장애인으로 사회에 복귀하는 과정을 담은 책『씨 유 어게인』저자이다. 윙크 의사라 불리며 사회 구성원 모두가 안심하고 건강하게 살아갈 수 있는 사회를 꿈꾼다. 현재 성빈센트병원 응급의료센터 내과 전담의로 재직중이다. MBTI는 INFP이며, 청진기를 아이콘으로 한다.

## 🎙 이효진

프리랜서 아나운서이자 스피치 강사로 말의 힘을 믿고 소통을 통해 새로운 길을 찾고자 한다. MBTI는 ENFP이며 방송을 하는 아나운서를 상징하는 마이크를 아이콘으로 한다.

## 🤝 김지나

경제학을 전공한 17년 차 노무사로 안산에서 활동하고 있다. 주 관심사는 변화하는 노동환경과 지속가능한 사회 발전 방향이다. MBTI는 INFP, 경험 삼아 참가했던 토론배틀을 통해 비례 1번을 받아 제10대 경기도의회 의원으로 경제노동위원회와 도시환경위원회에서 활동했다. 노사를 조율하는 노무사로 악수하는 손을 아이콘으로 한다.

# 일자리

## : 상상했던 미래가 현실이 된다

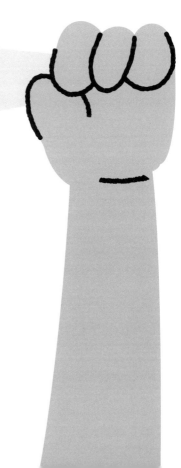

1장

# 1

인공지능 시대, 내 일자리는 안전할까?

🎙 **이효진** | 첫 번째 주제는 인공지능입니다. 요즘 너무 핫하죠? 인공지능에 대해 논의하기 앞서 간략한 설명과 정의가 필요할 것 같아요.

🔘 **박일정** | 최근 들어 뉴스나 기사에서 '인공지능'이라는 단어를 자주 접하게 된 만큼 많은 분들이 친숙하게 느끼실 거예요. 그런데도 "'인 공지능'이 내 삶에 어떤 의미를 가지는지, 그리고 어떤 영향을 미치고 있는 지 깊이 생각해 본 적은 별로 없다."라고 말씀하시는 분들이 많더라고요. 이런 점에서 여러분들과 이야기를 나눠보면 좋겠다는 생각이 들었습니다. 첫 번째로 이야기해보고 싶은 주제는 '인공지능과 사라질 직업'입니다. 인 공지능 기술이 점점 우리 일상 속에 스며들면서 각자의 직업에 어떤 영향 을 미칠지에 대해 걱정하시는 분들이 많으시더라고요. 특히, 이 기술이 앞 으로 생계에 지장을 주거나 직업적 변화를 초래하지 않을까 하는 막연한 불안감을 갖고 계신 분들이 많으신 것 같습니다. 그래서 크루 여러분들이 최근에 접한 인공지능 관련 사례나 뉴스를 통해 느끼신 점은 무엇인지, 또

여러분 각자의 직업과 미래에 어떤 영향을 미칠 것으로 예상하시는지 함께 이야기 나눠보고 싶네요.

　　◉ 최원선 | 작가이자 역사학자인 '유발 하라리'가 인류에 닥칠 위기로 '기후 변화'와 '과학기술 발달'을 들었는데요. 그 중에 "인간이 하는 일과 지적 과제를 인공지능이 수행하게 되면서 직업이 없어지게 되고, 인간이 무용 계급이 되는 사회로 전락하게 될 것이다."라고 전망을 했어요. 또 "인공지능이 직업을 대체하면서 사회질서와 경제 구조를 파괴할 것이다."고 얘기했습니다.

　또 세계경제포럼에서 45개국 800여 개 기업을 상대로 조사한 결과가 있는데, 인공지능 기술을 도입하면 향후 5년간 일자리 206만 개가 사라질 것이라고 예측을 했습니다. 골드만삭스는 10년 뒤 3억 개에 달하는 정규직 일자리를 인공지능이 대체할 것이라고 전망했습니다.

　저는 데이터를 축적할 수 있는 모든 업무가 인공지능으로 대체 가능할 거라고 봅니다. 대학, 의료, 법조, 예술, 영화나 드라마에 있어서도 인공지능을 활용하여 업무 처리가 충분히 가능할 것이라고 생각합니다.

　　🐾 정그린 | 인공지능이라고 하는 것이 사실 예전부터 있어 왔고 현재 산업계에서도 공정 자동화라든지 이런 부분 들에서 많이 대체하고 있습니다. 향후 저희가 고민해 봐야 될 것은 결국 인공지능이라고 하는 게 의사결정을 할 수 있냐는 것이거든요. 기술 발달에 따라 단순한 기능적 부분들은 인간의 손을 모사하여 기능하는 방향으로 기술 발전이 됩니다. 다만,

인공지능이 화이트칼라의 직업을 대체할 수 있으려면 의사결정을 본인이 할 수 있어야 하는데 아직은 갈 길이 멀다고 생각합니다. 실현하기 위해서는 우선적으로는 인공지능 윤리 문제를 어떻게 해결하고 제도를 만들 것인가가 주요 논점이 되겠죠. 최종적으로 인공지능이 의사 결정하는 것을 인간이 받아들일 수 있을지 합의가 필요하고, 이에 따라 화이트칼라의 직종들이 일부는 대체될 수 있다는 생각이 드네요.

□ **고효민** | 그린 님께서 인공지능이 의사결정을 할 수 있을 것이냐에 대한 기술적인 부분을 지적해 주셨습니다. 그런데 저는 반대로 인공지능의 기술 수준이 지금 우리가 상상할 수 없을 만큼 좋아진다고 하더라도, 과연 인간이 최종 의사결정권을 인공지능에게 부여할 것인가? 다시 말해서 의사결정권을 뺏길 것인가에 대한 의문이 있습니다. 조직에서 일을 해 보면 상사 입장에서 부하 직원들은 그 순간에 조직이 필요로 하는 일을 하고, 그것이 상사들의 최종 의사결정에 보탬이 되도록 합니다. 이런 과정 속에서 부하 직원은 상사에게 인정받고 또 평가를 받고, 그것이 조직이 굴러가는 시스템인데요. 이렇게 실제 사람들 간에도 의사결정의 위계질서가 촘촘하게 짜여 있는 우리 세상에서 과연 인공지능이 주도적인 의사결정권자로서 인간의 고유한 권한을 침해할 수 있을까요? 결국 저는 인공지능 또한 인간이 지금까지 만들어온 수많은 도구나 기계의 연장선상에 있다고 보기 때문에, 그것을 잘 활용하면 되는 것이지, 너무 인공지능에 대한 두려움이 과도하게 언급되고 있지 않나 하는 생각이 듭니다.

🎤 **이효진** | 효민 님의 이야기를 들으니 안심이 되는 것 같습니다. 인공지능에게 모든 것을 넘겨주는 것이 아니라, 적절히 이용하고 의지하며 활용하게 되지 않을까? 하는 생각이 드네요.

🏛 **우종혁** | 효민 님께서 말씀하신 부분에 정말 많이 공감을 하는데요. 언론이나 미디어에 노출되는 내용들을 보면 "인공지능이 인간사회를 잠식할 것이다." 그리고 "인공지능이 인간사회에서 대부분의 역할을 대체할 수 있을 것이다."라는 일종의 공포감 조성식의 기사들을 많이 볼 수 있어요. 해외 전문가들이 공통적으로 말하는 인공지능으로 대체 가능성이 높은 직업군 10가지를 조사해 보면, 대부분이 미디어 직종이나 법률 업종 그리고 의료계통 쪽으로 보고 있어요. 회계사나 세무사 같은 고도의 계산 능력이 필요한 직군의 경우에도 인공지능으로 대체할 수 있다고 본다는 거죠. 그런데 정치나 교사같이 인간이 인간을 대면해야 하는 직업군에 대해서는 결정적으로 인간이 그 권한을 인공지능에게 넘겨주지 않을 거라는 의견에는 공감을 하고요. 그 연장선상에서 인간이 의사결정권자로서 인공지능을 적극적으로 활용할 수 있는 방향으로 가야 된다고 생각합니다. 우리가 살아가고 있는 '정보의 홍수'라는 시대 속에서 우리가 필요로 하는 경쟁력은 결국 그 정보를 판별하고 판단하는 능력일 것입니다. 어느 정도 수준으로 정보를 정제해서 판단하고 통찰할 수 있느냐가 경쟁력인 시대 속에서 인공지능 리터러시 또한 같은 방향일 거라고 생각을 하고 있어요. 인간이 인공지능 기술을 조금 더 잘 활용하고 적재적소에 이용할 수 있는 능력들을 키워 나가는 과정이 필요할 것 같다고 생각합니다.

🎙 **서연주** | 종혁 님 말씀에 전적으로 공감해요. 보건의료 계통에도 2016년 IBM사의 왓슨 인공지능(암진단예측시스템)을 시작으로, 루닛(Lunit)의 인공지능 영상분석 시스템, 뷰노(Vuno)의 인공지능 영상 분석 및 생체 신호 솔루션까지 다양한 의료 분야에서 인공지능 기술이 접목되고 있습니다. 당시 의사들 사이에 인공지능에게 일자리를 빼앗기는 것이 아니냐는 불안한 농담들도 많이 돌았죠. 실제로 인공지능 시대의 서막을 알렸던 이세돌과 알파고의 역사적 대국 이후 인공지능이 쉽게 대체할 것이라고 전망했던 진단 분야 전공(예를 들어, 영상의학과) 경쟁률이 살짝 떨어지기도 했어요. 하지만 현업으로 인공지능 업계에 몸 담은 동료들의 이야기를 들어보면, 기술을 제대로 기능하도록 학습시키고 관리하는 데에 반드시 사람(의사전문인력)이 필요하다고 하더라고요. 특히 의료는 생명을 다루는 분야인 만큼 작은 오차나 실수도 용납하면 안 되고, 같은 진단이라도 환자의 개별적 의학 상태에 따라 치료법이 달라지는 경우도 있어요. 즉 개별 맞춤형의 통합적 사고가 가능해야 하죠. 종혁 님 말씀처럼 인간이 의사결정권자로 인공지능의 방대한 데이터와 빠른 처리 속도를 이용하고, 활용하는 방향이면 충분히 도움을 받을 여지가 있을 것 같아요. 최근 Chat GPT와 같이 발전된 인공지능 모델을 경험하면서, 의료 분야에 있어서도 사람과 인공지능이 서로의 부족함을 보완하는 체제로 나아가면 조금 더 발전적인 환경이 만들어질 수 있겠다는 생각이 들었어요.

🏛 **우종혁** | 사실 제가 처음부터 하고 싶었던 얘기 중에 하나가 인공지능 문학이에요. 우리가 시를 쓰거나 그림을 그리는, 일종의 예술 활

동을 하는 것에 대해 인간만의 고유한 행위라고들 하잖아요. 그래서 전 인공지능이 창작한 것들을 과연 우리가 창작물로 인정할 수 있는지에 대한 논의도 한번 해봤으면 좋겠다고 생각을 했어요.

🖥 **고효민** | 인공지능이 작성하는 이야기라는 것이 과거에 사진기가 처음 발명되었을 때의 상황과 비슷하지 않나 싶습니다. 저는 17세기, 18세기 화가들이 현재 기준으로 보면 언론인과 같은 역할을 했다고 생각합니다. 대중에게 정보를 전달하는 주요한 매개체로 그림이 사용되었습니다. 그러나 실제 모습을 있는 그대로 담아내는 사진기가 발명이 된 이후에는 정보 전달의 역할을 더 실감나게 하는 사진이 그 자리를 대체하게 되어 그림은 그 역할을 하지 못하는 상황이 왔던 거죠. 당시 화가들의 심정이 지금과 같지 않았을까요? 그 후 거의 두 세기가 흘렀는데, 사진은 사진대로, 그림은 그림대로, 심지어 영상물이라는 더 파워풀한 정보 전달 매개체가 생겼는데도 각자 우리네 삶에 잘 녹아 들어 있잖아요. 결국 19세기 말 화가들은 사진이 담아낼 수 없는 추상화와 같은 인간만이 할 수 있는 영역을 개척해 나갔던 것이거든요. 또 비슷한 사례로 웹툰이 떠오르는데요. 컴퓨터를 활용한 게임이나 콘텐츠들이 점점 늘어가는 환경 속에서 만화라는 콘텐츠가 새로운 기술과 병합되면서 웹툰이라는 거대한 시장이 새로 창출되었잖아요? 제가 문학을 잘 알지는 못하지만, 인공지능이 문학 작품을 어슷하게 작성하는 시대가 열린다면 우리 훌륭한 작가분들은 기계가 하지 못하는 새로운 영역을 창조해내지 않을까요? 아까 드렸던 말씀과 유사한 맥락의 얘기인데, 지금 우리가 가지고 있는 두려움이 너무 현재의 시각에서만 보고

있다는 생각이 듭니다.

　　🏛 **우종혁** | 저는 한마디로 정리를 하고 싶은 게 Chat GPT 얘기가 나왔었지만 '인간은 요구하고 GPT는 실행한다.'라고 정리할 수 있을 것 같아요. 그러니까 결국 이게 잘 알려져 있듯이 GPT 자체가 인간의 요구에 따라서 최적화된 결과 값을 도출하는 어떤 하나의 과정인 거잖아요. 그렇기 때문에 결국 인간의 요구에 대해서 부응하는 것이고 그 기술을 우리가 잘 활용할 수만 있다면, 사진 얘기를 해 주셨던 것처럼 적재적소에 잘 운영이 될 수 있지 않을까 라는 생각을 개인적으로 합니다.

　　🛺 **정그린** | 사실 저는 Chat GPT를 하나의 중요한 툴로서 활용할 수 있다고 생각을 해요. 예를 들어서 예술 작품, 미술이든 아니면 음악이든 원래 인간이 고민하고 상상했던 것들을 실현시켜준다는 개념으로써의 툴로 인공지능을 활용한다면 말씀하신 것처럼 좋은 방향으로 전개가 될 것 같은데, 문제는 인간이 상상해내는 그 자체를 인공지능이 대체할 수 있게되면 인간을 완전하게 대체할 수도 있다는 우려가 있을 수 있다고 봐요.

　　🌐 **최원선** | 인공지능이 예술을 완전하게 만들어 낼 수 있는 것인가에 대해 생각해 보자면, 사람들은 인공지능이 감성적인 부분까지는 못 건드릴 거라고 생각을 해요. 예를 들어 문학의 시적 허용 이런 것까지 할 수 있을까 했는데 가능하다고 합니다. 그러니까 단순히 입력값을 기술적으로 표현하는 데 그치는 것이 아니라 감동과 공감을 이끌어 낼 수 있는 수준

인거예요. 어떤 저명한 국제 사진 대회에서 무기명으로 선발을 했는데 1등으로 인공지능으로 생성한 작품이 뽑혔대요. 인공지능으로 만든 미술이나 문학 등 다른 예술 작품을 통해서도 사람들이 충분히 감동을 느낄 수 있는 거죠. 저는 예술 부분에서도 인공지능이 대체할 수 있다고 봅니다.

🖥️**고효민** | 인공지능이 인간이 만들어내는 것과 유사한 결과물을 만들어내는 이유는 인간이 만들어낸 것에서 학습을 하기 때문이거든요. 인간이 거기서 해야 되는 역할은 지금까지 만들어내지 않았던 것을 창조하는 역할이 되겠죠.

🎤**이효진** | 효민 님 말씀에 저도 동감하는데요. 우리가 문학이나 그림 등 그 시대에서 각광받는 예술 작품은 아무도 생각해 보지 못했던, 보여주지 못했던 것들을 보여줄 때 인정받잖아요. 근데 인공지능은 결국 그동안 우리가 보여줬던 것들을 통계와 학습을 통해서 보여주는 거잖아요. 그래서 새로운 걸 더 인간이 만들어 낸 것에서 더 하이테크한 그런 기술들을 보여주지 않을까 라는 생각이 들어요.

🖥️**고효민** | 제가 생각할 때는 인공지능으로 인한 대중의 두려움은 '인공지능이 우리를 대체한다', '우리의 직업이 사라진다.' 와 같은 거창한 문장으로 설명될 것이 아니라, 어떤 분야에서 새로운 창조를 이룰 수 있는 1%가 아닌 99%의 사람들이 일상적으로 할 수 있는 업무들이 대체되어가는 과정 속에서 생겨날 수 있는 과도기의 부작용이라는 관점으로 접근을

해야 할 것 같습니다. 막연하게 인공지능이 인간보다 더 뛰어날 수 있지 않을까 라는 것을 걱정하는 것과 인공지능이 새롭게 우리 산업의 트렌드로 자리잡아 나가는 과정에서 생기는 시행착오를 줄이고자 하는 것은 완전히 다른 접근 방식이 될 수 있거든요. 결국 문제 정의가 제대로 되야 제대로 된 정책이나 해결 방안이 나오지 않겠습니까? 정리하자면 인공지능을 너무 두려워는 하지 말되, 이로 인해 생길 수 있는 Side effect를 치열하게 고민하자 정도로 얘기 드리고 싶습니다.

◈ **최원선** | 맞아요. 두려워하기보다는 변화하는 산업에 대비하는 것이 필요합니다. 근데 이와 관련된 정책이나 입법을 하는 정치인도 인공지능이 대체 가능한 직업이라고 생각하지만 절대 실행은 불가능할 것이라고 봅니다. 그분들이 관련 입법을 하지는 않을 거라고 생각해요. 자신들의 직업을 대체할 수 있는 상황을 만들지는 않을 것이기 때문에 인공지능이 필요한 분야이지만 대체가 불가능할 것으로 보고 있습니다.

🏛 **우종혁** | 제가 사실 현실 정치에 뛰어들기 이전에는 인공지능은 청렴할 것이라는 기대감 때문에 인공지능이 충분히 정치인을 대체할 수 있다고 생각을 했습니다. '인간에 비해서 덜 부패할 것이다.', '인간에 비해서 더 이성적인 판단을 할 수 있을 것이다.'라는 생각이 컸었습니다. 그런데 현실 정치를 시작하고 나서는 그 생각이 180도 바뀌었는데, 인간만이 구축할 수 있는 고유한 '무엇'이 있다는 생각이 커졌습니다. 주민들의 민원을 경청하고, 또 공감하고 이를 해결하기 위해 수많은 방법을 고민해내는

과정들을 헤쳐 나가는 것 또한 하나의 정치 활동이라는 생각을 하게 되었습니다. 특히 주민의 대변자 역할을 하기 위해서는 인공지능과 같이 기계적이고 기술적인 테크닉이 필요하다기 보다는 주민들의 의사를 바르게 이해하고 판단하는 능력이 필요하다는 것을 체감하게 된 것이죠.

2017년도 11월에 뉴질랜드에서 세계 최초의 인공지능 정치인이 등장을 했다고 하더라고요. 실제로 뉴질랜드 전역에서 정치 활동을 했다고 하는데 강점을 보이는 건 여론조사와 주민 의견수렴, 그리고 빅데이터가 계속 누적되니까 주민들의 성향파악과 예산편성 등에 있어서 빠른 조치가 가능했다고 합니다. 근데 이 모든 장점을 잠식하는 단점으로 손꼽혔던 것 중에 하나가 기존에 축적되어 있던 데이터로만 의정활동을 펼치다 보니까 새로운 어젠다 제시를 할 수 없었다는 것입니다. 정치인은 필연적으로 향후 중장기적인 담론을 제시해야 하고 우리가 살아가는 사회를 진일보하게 해야 하는데 그러한 차원에서 인공지능의 역할에는 한계가 있었다는 것이죠. 더군다나 살다 보면 정말 다양한 순간들을 마주할 수밖에 없는데 인공지능 법관의 고질적인 문제로 제기되는 것 중 하나가 복합적인 이해와 판단이 불가능하다는 것이잖아요. 피치 못할 사정이나 이면에 숨겨진 의도 등을 쉽게 파악할 수 없기 때문에 인공지능 법관이 과연 상용화될 수 있을지에 대한 의문이 따르는 것인데 인공지능을 정치의 영역에 도입했을 때에도 이와 비슷한 우려가 제기되지 않을까 하는 생각이 듭니다.

인공지능이 지금의 단계에서는 기존에 누적되어 있었던 데이터들을 활용해서 최적의 산출 값은 낸다고는 하지만 정치라는 것은 사실 고도의 행위 예술이라고 생각을 하거든요.

🖥️ **고효민** | 인공지능이 아닌 인간 정치인만이 정치행위를 소화할 수 있다고 보시는 거죠?

🏛️ **우종혁** | 과학의 진보, 발달을 하나의 도구로 해서 활용하는 것이 더 큰 시너지를 내는 방법이 될 수 있을 것으로 생각합니다. 인공지능 기술과 접목을 통해 시민들의 민원과 요구사항을 수렴하는 도구로써 활용하는 것은 큰 의미가 있을 것이라 생각이 되고요. 일례로 지자체에서 운영하고 있는 민원실 같은 경우는 일부분 인공지능으로 전환하는 것이 어떨까 하는 생각도 합니다.

🎤 **이효진** | 저는 인공지능의 출현으로 우리가 굉장히 두려움을 느끼고 있지만 오히려 위기는 기회다. 우리의 창의성이 극대화될 수 있는 그런 계기가 아닐까 하는 생각을 했습니다. 분명 더 많은 숙의가 필요하겠다는 생각이 듭니다.

그럼 이어서 지능형 로봇 등장에 따라서 대체 필요성이 있는 분야, 대체되면 안 될 것 같은 분야, 대체되면 안 되지만 대체가 될 것 같은 분야에 대해서 이야기해보고요. 정부가 최우선으로 손봐야 하는 관련 규제는 무엇이라고 생각하는지 우리 크루 분들의 의견을 들어보도록 하겠습니다.

🌐 **최원선** | 저는 인공지능으로 대체되었으면 하는 분야가 감정 서비스업이에요. 콜센터라든지 감정 서비스업을 하는 분들에게 얼굴이 안 보이니 함부로 대하시는 분들도 있어서 감정 서비스업에 종사하시는 분들

이 상처를 받기도 합니다. 그런 것을 막기 위해 감정 서비스를 인공지능이 대체하면 좀 낫지 않을까라고 생각합니다. 물론 챗봇 같은 수준은 지금도 도입되고 있으나 그 이상의 상담이나 고객센터도 인공지능이 대체가 되었으면 해요.

그런데 대체할 수 없는 분야 역시 서비스업이라고 생각해요. 왜냐면 인간은 인간으로부터 서비스를 받고 싶어 하는 심리가 있어요. 어떤 분은 고객센터 전화했는데 자동 응답이 나오면 그렇게 화가 난다고 하더라고요. 사람과 통화하고 싶은데 왜 계속 기계가 나온다면서요. 그리고 고급 레스토랑에 갔는데 서빙 로봇이 음식을 가져다주면 식탁에는 직접 내려야 하는데 내가 고급 서비스를 받고 있다는 느낌이 들 수 있을까요? 인공지능 마사지 기계나 마사지 의자도 있지만 사람이 직접 손으로 해주는 마사지가 더 비싸지만 많이들 선호하잖아요. 돈을 더 내더라도 고급 서비스를 받고 싶어하는 고객층이 분명 존재합니다. 그래서 인공지능 로봇이라는 서비스가 신기하긴 하지만 고급 서비스로 대접받는 느낌을 채워줄 수 없는 부분이 있기 때문에 서비스업에서는 인간 업무의 보조수단 정도로 대체가 가능하지 않을까 하는 생각이 듭니다.

🏛 **우종혁** | 저도 비슷한 생각이 들어요. 감정 노동을 하시는 분들 그리고 서비스업 중에서도 민원 상담을 하시는 분들의 영역에 있어서는 인공지능이 대체를 했으면 좋겠어요. 지능형 로봇이 그 업무를 맡아서 하는 게 조금 더 상호 보완적인 관계가 될 수 있을 것이라고 생각을 합니다. 저희 지역을 예로 들면 동주민센터에 근무하는 직원들 그리고 구청에 민원

과에서 근무하는 직원들 같은 경우는 정말 하루에 수많은 민원인을 응대하는데 그분들께서 그냥 툭툭 던지시는 말씀들에 많은 상처를 받으시더라고요. 서류를 뗀다거나 민원사항을 접수하는 업무 등은 감정 노동 관점에서 인공지능으로 충분히 대체가 될 수 있지 않을까 하는 생각을 하거든요.

그래서 행정의 분야에 있어서는 인공지능 기술의 발전이 긍정적인 영향으로 우리에게 혜택을 주지 않을까 생각하고요. 제가 몸 담고 있는 지방의회의 업무를 생각해 보면 국회에서 국정감사를 하듯이 지방의회에서도 행정사무감사를 하는데 의원들이 지난 1년 동안의 행정사무에 대한 감사를 진행하게 되면 수많은 정책사업과 방대한 자료들을 직접 하나하나 봐야 하는 조금의 애로 사항이 있어요. 의사결정권은 당연히 의원 본인이 가지고 있지만 지능형 로봇이나 인공지능 서비스가 도입된다면 훨씬 더 효율적이고 보완적인 시너지를 낼 수 있을 것 같다는 기대가 되거든요. 예산 업무나 결산 업무 같은 경우도 산술적인 부분과 기초적인 부분에 있어서는 대체 가능성이 높을뿐더러 그 필요성도 있다는 생각이 듭니다.

🎤 **서연주** | 보건복지 분야에서도 인력이 늘 부족해 문제가 되는 서비스 영역이 있는데요. 바로 '돌봄'이에요. 기존의 핵가족 구성체제에서 가족 구성원들이 제공하던 것이 돌봄이었는데, 점점 가족이라는 개념이 해체되고 1인 가구나 소규모 가족 구성이 늘고, 고령화는 진행되면서 인간을 돌볼 인간이 부족해지는 거죠. 그래서 간단한 돌봄 서비스를 제공하거나, 일부 대체할 수 있는 로봇 형태에 대한 논의들이 있는 것으로 알아요. 물론 돌봄이라는 영역이 굉장히 다차원 적이고, 심리적으로 민감하게 다뤄지는

영역이라 대체하는 것이 쉽지는 않겠 지만요.

◎ **최원선** | 초고령화 사회에서 필요한 부분인 것 같아요. 인공지능이 독거 노인들의 이상 징후를 발견할 수도 있고, 외롭게 지내시는 노인들의 말동무가 되기도 하고 상담도 해주기도 하죠.

🎤 **이효진** | 저는 소방관 같이 위험한 직업을 가지신 분들이 생각나네요. 소방대원들이 불길 속으로 들어가 위험한 일을 수행하다가 사고를 당했다는 뉴스를 접할 때마다 너무 마음이 아픕니다. 이런 상황도 언젠가 로봇이 대체할 수 있겠죠? 물론 기술적으로 여러 가지 문제가 있겠지만 이러한 문제들이 해결되고 육체 노동 영역에 로봇이 적극적으로 도입된다면 큰 도움이 될 것 같다는 생각이 듭니다.

🛺 **정그린** | 말씀들을 들여다보면 궁극적으로 혼합이 되어야 하지만, 소프트웨어 측면에서 대체를 하는 분야와 하드웨어 부분에서 대체를 하는 분야가 좀 혼재되어 있다는 생각이 듭니다. 일단 감정 노동을 하는 쪽에 있어서는 소프트웨어 측면에서는 사람의 심리까지 완벽하게 이해할 수 있을 정도까지 인공지능 기술이 발달을 해야 될 것이죠. 하드웨어 측면에서는 국방이나 소방 같은 사회 필수 분야에 있어 아직은 기술적으로는 조금 부족한 면이 있습니다. 그래서 몇 년 전 이미 현대자동차가 보스턴 다이내믹스를 인수하고 관련된 로봇도 많이 개발해서 택배, 운송 분야와 같은 방향으로 응용을 시도하고 있고요. 2024년과 2025년 CES에서도 관련 기

술이 많이 전시되어 있더라구요. 허나 아직은 시연을 한 로봇 자체가 소방이나 국방 주요 업무를 담당하기에는 이르죠. 하드웨어 측면에서는 이런 부분들이 한번에 대체가 되기보다는 점점 단계적으로 대체가 되어 가야 되지 않을까라는 생각이 듭니다.

🖥 **고효민** | 제가 몸담고 있는 회사 Fab에 들어가보면 다양한 로봇이 정말 많습니다. 근데 그 로봇들을 보고 있을 때 제일 답답한 건 너무 느려요. 만약 물건을 하나 꺼낼 때도 사람은 손을 뻗쳐서 딱 꺼내는데 로봇은 몇 단계를 거쳐서 꺼내게 됩니다. 로봇은 콘셉트 자체가 실수가 있으면 안 되기 때문에 그런 조심스러운 단계들이 필요한데, 결국 이런 점들 때문에 사람들이 로봇 자체에 또 불만이 생겨요. 그래서 현재 단순한 업무들은 로봇이 이미 대체를 많이 하고 있음에도 불구하고, 그 이상의 지능형 로봇에 대한 이런 요구들이 많이 있는 거라고 생각을 하거든요. 그래서 이런 것들이 인간의 삶에서 얼마나 잘 녹아들 수 있는가에 대한 관점으로 이 주제를 좀 생각을 해보면 좋지 않을까 생각합니다.

⊕ **박일정** | '지능형' 로봇이라고 하면 기존에 존재했던 로봇이라는 하드웨어에 인공지능으로 스스로 생각할 수 있는 능력을 더한 것으로 이해하면 조금 더 쉽게 와닿을 것 같습니다. 과거에는 인간의 요구 사항, 즉 주어진 규칙대로만 수행하는 로봇이 대부분이었죠. 하지만 이제는 로봇에게 주어진 규칙(Rule)을 기반으로 "너도 생각해봐!"와 같은 어느 정도의 자율성을 부여하는 겁니다. 최근 이런 지능형 로봇들이 많이 화제가 되고

있기는 하지만, 보안 문제를 포함하여 지능형 로봇 훈련에 필요한 데이터의 양이 여전히 부족한 상황입니다. 하나의 예를 들어보자면, 현재 기술 수준으로 소방관을 대체하는 로봇을 구현하는 것이 완전히 불가능하지는 않아 보입니다. 다만, 실제로 위급한 상황이 발생했을 때 순간적으로 판단해야 할 다양한 요소들에 대한 데이터가 충분히 축적되고 있는지 여부가 문제입니다. 이러한 데이터가 체계적으로 정리되고 확보되어야만 앞서 언급한 '지능형' 로봇들이 현장에서 소방관들을 효과적으로 지원할 수 있는 수준으로 훈련받을 수 있습니다. 하지만 아직까지 이와 관련된 긍정적인 소식은 들리지 않는 것 같네요.

🎙️**이효진** | 아쉽네요.

🔗 **박일정** | 또 2023년 기준으로 지능형 로봇법이 제정되었지만, 구체적인 내용을 보고 다소 실망스러웠습니다. 지능형 로봇이 활용될 수 있는 생활 범주는 매우 넓은데도, 법안은 주로 배송 및 운송과 같이 이미 잘하고 있는 분야에 초점이 맞춰져 있더라고요. 이는 대한민국이 이미 최고 수준의 물류 배송 시스템을 갖춘 상황에서, 과연 고객과 현업 종사자들에게 기술 개발과 제도가 필요한 분야가 정말 이 분야인지에 대한 의문을 갖게 했습니다. 다른 분야에서 해외 기술을 앞서기 위한 다양한 시도가 필요한 시기에 이처럼 제한적이고 익숙한 분야에 대한 관심과 자원 분배로 인해 더디어지는 것이 아닌가 하는 아쉬움이 들었어요.

이와 비교해 개인적으로 느낀 고무적인 사례로 일본 혼다의 자율주행차

상용화를 소개하고 싶습니다. 많은 분들이 자율주행차 분야에서 테슬라가 가장 빠르게 앞서 나간다고 생각하지만, 사실 이 분야에서 놀라운 행보를 보인 회사는 혼다입니다. 일본의 양산차 회사들은 유럽 회사들에 비해 보수적으로 기술을 도입하는 것으로 알려져 있지만, 혼다는 오랜 시간 축적한 기술을 바탕으로 일본 정부의 전폭적인 지원과 제도 개선을 통해 자율주행이라는 새로운 분야에 빠르게 적응했습니다. 그 결과, 혼다는 자동차가 제어하는 범위가 급격히 늘어난 3단계 자율주행차를 양산하며 글로벌 시장에서 주목받게 되었죠. 혼다의 사례를 우리 정부와 기업들이 참고하면 좋겠어요. 새로운 기술, 특히 인공지능 같은 분야에서 정부가 얼마나 기술에 대한 근본적인 이해를 바탕으로 규제를 논의하고 있는지, 소비자와 기업의 실제 요구를 반영하고 있는지 고민해야 합니다. 새로운 기술이 실생활에 들어왔을 때 발생할 수 있는 문제와 그에 대한 대처 방안을 깊이 논의하지 않는다면, 시간만 흘러갈 뿐 발전은… 아 눈물이….

🖥 **고효민** | 네 그래서 저도 이런 육체적 활동을 대체하는 지능형 로봇에 포커싱을 해 볼 때, 중요하게 논의가 되어야 되는 부분이 바로 사고와 관련된 부분일 것 같아요. 어떤 로직에 의해 사고가 발생했고, 그 원인에 대한 책임 소지는 누구에게 있으며, 그 책임을 얼만큼 물어야 하는가 등에 대해 더욱 논의가 필요합니다. 2022년도에 지능정보화 기본법이 개정되었는데, 내용 중에 '로봇의 비상 정지를 명시하는 부분과 그 로봇이 움직이고 있는 로그 기록을 공개해야 한다.' 이런 조항들이 추가가 되기는 했더라고요. 이런 부분을 정책 당국자들이 조금씩 고민을 시작했다는 점은

긍정적인 것 같고요. 이런 사고와 관련된 것들이 오히려 적절한 기술 발전의 속도를 늦추지 않는 수준의 사회적 합의를 이루어 나갈 수 있도록 잘 논의가 되면 좋을 것 같습니다.

⊘ **박일정** | 효민 님 말씀에 깊이 공감합니다. 특히, 우리가 새로운 기술을 도입하기 전부터 누구에게 책임을 물을 것인가를 고민하는 태도는 혁신의 속도를 늦출 수 있다고 생각합니다. 러시아–우크라이나 전쟁으로 인한 식량 문제를 보며, 수많은 실패를 경험하고 있는 국내 스마트팜 사업들이 생각났어요. 스마트팜 프로젝트에 막대한 자원을 투입했음에도 성공하지 못한 이유를 살펴보면, 기술의 도입 자체가 문제이기 보다는 사용자와 기술 간의 간극에 있었던 것 같습니다. 주변에서 스마트팜 스타트업을 운영하는 분들을 통해 전해들은 이야기인데요. 농민분께 기술적 도구를 제공했지만, 사용을 지속하지 않으셨던 이유를 들어보니, 농사를 지을 때 사람이 저지르는 실수는 받아들일 수 있지만 인공지능이 실수해서 농사를 망치는 것은 받아들일 수 없다는 생각이 강하셨다고 하더라고요. 이 사례에서 얻어야 할 교훈은, 새로운 기술이 가진 장점과 단점에 대해 명확히 이해할 수 있도록 적극적인 교육과 인식 개선이 필요하다는 점 이요. 특히, 인공지능이나 첨단 기술도 실수를 할 수 있다는 사실을 공감하게 하고, 이러한 실패를 단순히 책임의 대상으로 삼기보다는 공유와 학습의 기회로 삼는 문화를 만들어야 한다고 생각해요.

🦽 **정그린** | 사실 저는 스마트 농업 같은 산업군은 로봇으로 대체

될 수 있다는 생각을 조금은 했어요. 마침 또 식량 위기도 있어서 더 관심이 많았는데 실제로 농업을 하시는 분들께 여쭤보면 이게 수지타산이 안 나온다 하더라고요. 설비하는 데만 해도 이미 엄청난 비용이 필요하고, 운영에 있어서도 전기세 등 고정비용이 영세업자들에게는 굉장히 큰 부담이 될 수 있어서, 막연히 생각했을 때는 대체될 수 있지 않겠냐고도 하지만 실제 들어가서 보면 1차적으로 규제에서부터 막히고 비용 투입 시 산출 계산에도 안 맞아서 현실적인 부분에서는 아직은 괴리가 있다는 생각을 했었습니다.

🏛 **우종혁** | 최근 들어 학교와 관련된 안 좋은 소식들이 뉴스에 계속 오르내리잖아요. 교사들이 너나 할 것 없이 주장하는 것 중에 하나가 '과다한 행정업무가 아이들을 가르치는 것에 비해 두 세 배 힘들 정도로 배보다 배꼽이 더 큰 상황이다.' 이런 것들이거든요? 그래서 '내가 교사로서 아이들을 가르치는 선생님이라는 직업에 대한 회의감을 느낀다.'고 하시는데 제가 아까 말씀드렸던 것처럼 정말 기초적인 수준에서의 행정 업무는 대체되는 게 맞다고 봐요. 그래야 행정상의 누락이나 실수도 덜해질 수 있을 것이라고 보고 공무원 조직을 생각해 보면 형식주의적인 것들 때문에 진짜로 해야 되는 일들을 놓치는 경우가 너무 많거든요. 특히나 교사들은 아이들을 가르치는 것 외에도 행정 업무에 대한 부담과 피로가 상당한 것으로 보이고 있으니까 그런 부분에 있어서는 아까 말씀하셨던 것처럼 지능형 로봇 혹은 인공지능 시스템이 차츰차츰 도입되어 대체가 되면 좋겠다는 생각이 들었습니다.

◉ **최원선** | 교사와 마찬가지로 의료계에서도 저희가 생각하지 못한 행정 업무들이 있습니다. 인공지능을 활용하면 의무 기록 입력하는 시간을 2~5시간 정도 획기적으로 줄일 수 있다고 해요. 다만 인공지능을 통한 의료 치료 단계는 아직 어렵지 않나 생각이 들고, 관련 데이터를 더 쌓아야 할 것 같아요. 문제는 국내에서 개인정보 보호법 때문에 데이터 축적이나 분석에 한계가 있어서 당장은 의료인의 보조기구 정도로 인공지능을 활용할 수 있을 거라고 생각합니다.

🏛 **우종혁** | 법률 계통 같은 경우도 보조 기구적인 성격으로 활용하면 조금 더 상호 보완적인 시너지가 나지 않을까 라고 생각은 하지만 사실 의사결정은 판사가 하는 게 맞다고 봐요. 왜냐면 우발적인 범죄나 기존에 예측되지 않았던 범죄의 경우에는 상황 판단과 복합적인 차원에서의 법리 해석을 해야 될 필요가 있기 때문에 법관들이 의사결정권자로서의 역할을 해야 됨은 마땅합니다. 하지만 기존의 수많은 판례를 데이터베이스화를 하고 그런 판례 속에서 형량을 계산한다거나 기존의 판례들을 치환해서 적용한다거나 하는 것들은 충분히 인공지능을 통해서 보조적인 역할로 우리가 도움을 받을 수 있을 거라고 생각합니다. 이미 인공지능 변호사 시스템이 있다고 하더라고요. 그래서 그런 것들에 대한 규제가 사실 우리나라에서 심한 건 사실입니다

🎤 **이효진** | 인공지능이 활용되고 있는 분야에 대해 이야기를 해 봤는데요.

인공지능 기술의 발달이 가져올 미래 사회에 굉장히 많은 변화가 예상되는데요. 어떻게 생각하세요?

🏛 **우종혁** | 우리가 살고 있는 사회에 대한 미래상을 생각해 보면 많은 변화가 있을 거라고 생각합니다. 사실 Chat GPT 같은 경우도 제 입장에서는 생경하였거든요. 기술의 진보, 사회가 변화해 나가는 속도는 계속해서 빨라질 건데 우리 사회의 문화나 정치가 그 속도를 따라갈 수 있을지에 대한 의문도 제 오랜 고민 중에 하나고요. 요즘 제가 고민을 하고 있는 부분은 인공지능 리터러시 관련인데 저는 인공지능 리터러시 교육도 정말 많이 필요하다고 생각해요. 또 어르신들이 소외될 수 있는 세상이 올 것이다 라는 건데 그런 분야에 대한 교육도 좀 철저하게 이루어져야 될 필요가 있다고 느껴요. 이를테면 우리는 젊은 사람들 입장에서는 Chat GPT 나 지능형 로봇 혹은 무인 서비스가 편리하게 다가올 수 있겠지만 키오스크조차 제대로 활용하지 못하시는 어르신들께는 인공지능이라는 기술 자체가 시너지가 아니라 허탈감과 공허함을 안겨드릴 수밖에 없다라고 생각을 해요. 그렇기 때문에 젊은 층에게는 인공지능 기술을 판별해서 잘 활용할 수 있는 리터러시 교육을 시킨다고 봐야 될까요? 그런 식으로 해야 될 필요가 있다고 느끼고 어르신들 같이 이 기술에서 소외되신 분들에게는 이거를 조금 더 활용하실 수 있는 방향으로 재사회화 교육을 해야 될 필요가 있다고 느낍니다. 그래서 제가 생각하는 미래의 모습은 인공지능이 실생활에서 만연하게 적용되어 있는 사회인데 그 사회에서의 문제점들을 해결하기 위해서는 교육이 필요할 것 같습니다.

🏍 **정그린** | 예전에 노년층들이 스마트폰 사회 같은 급격한 변화를 따라가기 어려웠던 시절에 비하면은 앞으로는 조금 나아지지 않을까요? 왜냐하면 인공지능이라고 하는 게 대화형 로봇으로서 리터러시가 좀 떨어지더라도 대화를 하면서 또 습득해 나갈 수 있기 때문에 스마트폰으로 바뀌면서 우리가 겪었던 어려움보다는 나아지지 않을까 라는 기대도 조금 듭니다.

💻 **고효민** | 그러니까 인공지능이 되면 사람들의 수준에 맞춰서 기계와 대화하면서 가이드를 해줄 수 있다는 거죠.

🧭 **박일정** | 인공지능 관점에서 한국어는 학습하기 매우 어려운 언어라는 점을 짚고 넘어가야 할 것 같아요. 한국어는 언어 구조 자체가 복잡하고 기계 학습에 적합하지 않은 특징을 가지고 있는데, 데이터의 양도 부족하니 상황은 더 어렵죠. 특히, 한국어를 일상적으로 사용하는 나라는 우리나라 뿐이기 때문에 데이터의 총량 자체가 영어에 비해 현저히 적어요. 게다가 개인의 동의가 없으면 활용할 수 없는 규제적 환경 때문에, 실제 기계 학습에 사용 가능한 데이터는 더욱 제한적일 수밖에 없죠. 이는 기술 발전을 위해 중요한 데이터를 효율적으로 활용하지 못하게 하고, 결과적으로 한국어 기반 기술 발전의 속도를 늦추는 요인이 됩니다.

이와 반대로, 영어권 국가에서는 풍부한 데이터와 언어의 구조적 장점을 활용해 기계와 사람이 자연스럽게 대화할 수 있는 시스템이 빠르게 발전하고 있습니다. 인공지능이 대신 주문을 받는 드라이브 스루 주문 시스템 같은 사례는 이를 잘 보여준다고 생각해요. 이러한 기술이 사람들에게 쉽게 노출되고 실생활에서 자주 접하게 되면서, 사람들이 그 필요성을 체감하고 더 많은 논의와 발전이 이루어질 환경이 조성된 거죠. 저도 기계가 인간을 모두 대체해야 한다거나 할 수 있다는 입장은 아닙니다. 그러나 사람들이 기술의 필요성을 느끼려면 이를 실제로 접하고 경험해볼 기회가 필요합니다. 한국어 환경에서도 기술이 효과적으로 작동하는 사례를 만들어내야 하고, 이를 통해 사용자가 체감할 수 있는 환경이 마련된다면, 더 많은 사람들이 이런 기술의 가치와 필요성에 공감하게 되겠죠. 이를 기반으로 기술 발전에 필요한 데이터 수집과 활용, 그리고 정책적 지원에 대한 다양한 논의가 자연스럽게 이루어질 토대가 마련될 수 있지 않을까요?

🖥 **고효민** | 저는 꾸준히 인공지능 회의론의 입장을 견지하고 있는데요. 인공지능이 바꿀 우리의 미래가 지금까지 인류가 겪었던 많은 변곡점들에 비해서도 큰 변화를 가져올 것인가에 대해 질문한다면 저는 단호하게 '아니오.'라고 할 것입니다. 인공지능이 가져올 다양한 편의나 그에 따르는 부작용들은 당연히 있겠지만, 지금까지 우리가 겪었던 많은 변혁들에 비해 유난을 떨 만큼 큰 변화는 아니라고 생각하고요. 결국 노동을 통해 임금을 받고, 새로운 가치를 창출하려고 아이디어를 내는 기본적인 틀은 유지가 될 것이라는 생각입니다. 다만, 제가 귀찮게 여기고 있는 사무 업무들은 빠르게 대체가 좀 되었으면 좋겠네요.

🎤 **이효진** | 인공지능 등장에 따른 급격한 변화 그리고 우리의 대

비책 마련에 대해 다양하고, 깊은 대화를 나눠봤습니다. 우리가 시대의 흐름을 거부할 수 없다면 이를 대비하기 위해서 사회적 차원의 합의와 노력이 필요한 시점이라는 생각이 듭니다.

# 2

## 미래를 바꿀 신기술, 새로 태어날 일자리는?

◉**최원선** | 과학기술 분야는 사실 일반 대중들에게 그렇게 친숙한 분야는 아닌데요. 최근에는 과학기술들을 쉽게 설명해주는 다양한 콘텐츠들이 인기를 끌고 있어 어느 때보다도 과학기술 분야가 친숙하게 다가오고 있는 시점인 것 같습니다. 각자 생각하는 미래를 바꿀 기술에 대해 이야기해보고 새로운 산업의 미래를 전망해보려고 합니다.

🖥️**고효민** | 미래를 바꿀 기술에 대해서 본격적으로 얘기하기 전에 기사 하나를 소개하려고 해요. IT 관련 저널에서 '세상을 바꿀 미래기술 22가지 아이디어'라는 제목으로 기사를 하나 냈는데, 담겨 있는 기술들이 잘 알려지지 않은 것들도 많고 아직 아이디어성에 머물러 있는 것들도 많아서 참신하게 느껴지더라고요. 몇 가지만 얘기해볼 게요. 먼저, 문어의 빨판을 모방한 수중장갑이라는 콘셉트인데요. 거창한 기술은 아니지만, 물속에 있는 수많은 자원에 대한 접근성을 더 높여서 바다 속에서 새로운 신소재를 발굴하는 등의 효과가 기대되네요.

🐢 **정그린** | 수중 클리퍼라고 해서 실제로 많이 연구 개발되고 있는 분야이기도 합니다. 아무래도 물속에 있으면 매질이 공기가 아니고 물이다 보니까 흡착력이 굉장히 떨어진다는 단점이 있습니다. 그래서 재료를 구조화시켜서 문어 빨판의 구조와 같은 형태로 압력을 제어할 수 있게 만들어서 흡착력을 향상시키는 자연 모사 연구 개발이 굉장히 많이 되고 있습니다.

💻 **고효민** | 또 제가 흥미롭게 본 것은 3D 프린팅으로 뼈를 만드는 기술입니다.

🐢 **정그린** | 네, 인공 뼈 연구를 여기저기서 많이 하더라고요.

💻 **고효민** | 6~7년 전인가요? 한 방송에서 정재승 교수가 "3D 프린팅이 앞으로 우리 제조업의 패러다임을 바꿀 것이다."라는 얘기를 한 것이 생각나네요. 지금과 같이 공장 형태로 찍어내는 형태가 아닌 3D 프린터를 이용한 커스터마이징이 보편화된 상품들이 주를 이루지 않겠냐는 뜻으로 받아들였었는데요. 제조업에 종사하고 있는 입장에서 상상력이 많이 가미된 것이 아닌가 싶은 생각이 있죠. 그리고 홀로그램 얘기도 있습니다. 마블 영화에서 아주 흔하게 볼 수 있죠. 워낙 비주얼 적으로 신기하기도 하고요. 그 활용도도 높을 것 같아서 미래기술을 말하면 빠지지 않고 거론되는 것 같습니다.

◉ **최원선** | 마이클 잭슨처럼 이미 세상을 떠난 분들 콘서트를 홀로그램으로 세워서 하는 영상 봤는데, 우리나라에서도 故김광석 님을 홀로그램으로 만들어서 콘서트를 했던 사례를 봤어요. 공연 예술 쪽에서 홀로그램을 활용한 기술이 전망이 있지 않을까 라는 생각이 듭니다.

🖥 **고효민** | 말씀주신 것처럼, 홀로그램이 디스플레이 기술이다 보니 필연적으로 콘텐츠 시장과 맞물려서 함께 발전할 것 같고요. 〈스파이더맨 파 프롬 홈〉에서는 아예 노골적으로 홀로그램을 통한 가상현실을 구현해서 그것을 통해 빌런과 싸우는 모습을 보여주기도 했죠. 그리고 수소 비행기라고 들어 보셨나요?

🛵 **정그린** | 태양열을 저장했다가 밤에 운영하는 형태의 비행기는 들은 적이 있는데 수소를 활용하는 건 신선하고 기대되는데요?

🖥 **고효민** | 이 기사에서는 액체 수소로 구동되는 중형 비행기에 대한 개념을 제시했다고 하는데 영국의 에어로스페이스 테크놀로지 인스티튜트라는 곳에서 프로젝트를 진행 중이라고 합니다. 아직은 아이디어성인 것 같네요.

🛵 **정그린** | 기본적으로 수소가 가볍고 부피가 작기 때문에 아무래도 비행기와 같은 데 연료로 쓰기에는 또 적합한 콘셉트인 것 같아요.

🖥 **고효민** | 기본적인 연료전지 콘셉트랑 유사하다고 봐야 될까요?

🏎 **정그린** | 구동은 수소로 전기를 만들어야 되니까 연료 전지 셀이 들어가야 될 것 같은데 연료 저장을 무엇으로 하는 게 더 효율적인가? 항공분야에서는 배터리로 연료 저장하는 것은 다소 비효율적이라고 저는 생각을 합니다. 비행기는 일단 가볍고 부피가 작아야 되는 측면에서 수소가 적합한 연료원이 될 수 있겠죠. 하지만 굉장히 많은 기술이 필요한 게, 수소 부피는 작고 가벼워서 수소를 저장하기 위한 탱크는 강한 압력을 줘서 수소를 액화시켜야 하므로 보통 엄청 무겁고 큽니다.

🖥 **고효민** | 가벼운 만큼 부피가 크니까 저장 효율이나 이런 게 좀 떨어지는 건가요?

🏎 **정그린** | 그렇기 때문에 액화를 하는데 액화를 하려면 굉장한 고압이 필요한 거죠. 수소탱크의 무게와 부피를 줄이면서도 고압을 버티기 위한 재료 개발을 많이 하고 있는 추세입니다. 이러한 기술개발이 선행되어야겠죠.

🖥 **고효민** | 마지막으로 녹색 장례식이라는 제목이 있는데요, '인간이 죽었을 때 화장을 하면 평균적으로 400kg의 이산화탄소가 대기 중으로 방출되는데 미국 워싱턴주에서는 화장을 안 하고 대신 그걸 퇴비로 만드는데 그때 적용되는 기술'이라고 합니다. 이 기사에서 다루는 것들이

약간 아이디어성들이 많은 것 같은데 곰팡이를 활용해서 시체를 30일 이내에 정원이나 숲으로 돌아갈 수 있는 흙으로 변환할 수 있는 기술을 적용하면 화장할 때 나오는 이산화탄소의 8분의 1만 나오게 된다고 주장을 하고 있다고 합니다.

◎ **최원선** | 기후 변화와 환경 보호 측면에서 큰 도움이 되는 기술이겠네요. 흥미로운 여러 신기술들을 소개해 주셨는데요. 각자 생각하는 세상을 바꿀 만한 기술은 뭐가 있는지 이야기해 보시죠.

💻 **고효민** | 저는 조금 식상할 수 있지만 메타버스와 우주 관련 기술을 먼저 얘기하고 싶습니다. 인류 문명사가 발전해 온 과정을 보면 점점 더 많은 재화를 생산하게 되고, 그 재화를 소비할 수 있는 새로운 시장을 찾아다니고, 그러다 보면 더 많은 생산을 하기 위해 기술을 발전시키고 새로운 공간을 찾아다니는 흐름의 반복이었던 것 같은데요. 이제 우리 지구상에서는 더 이상 확장할 공간이 없죠. 그럼 우리가 개척할 수 있는 새로운 공간은 가상의 공간이거나 지구라는 틀 밖의 아주 새로운 공간, 즉 우주일수 밖에 없을 것 같습니다. 결국 이 두 가지의 공간과 관련된 방향으로 기술들이 모이지 않을까 하는 생각이 듭니다. 먼저, 메타버스에 관해서는 사실 인터넷이 등장하고 나서 전 세계 사람들의 생활권이 이전과는 비교할 수 없을 정도로 가까워지면서 사실상의 공간 확장의 효과가 있었다고 볼 수 있죠. 이 공간을 좀 더 실감나게 구현할 수 있는 다양한 하드웨어러한 온라인 상의 활동 공간이라는 개념이 더욱 심화된 개념이 메타버스라고

할 수 있죠. 실제로 서로의 모습을 볼 수도 있고, 더 실감나게 교류할 수 있으니까요. 그렇다면 그런 소프트웨어적인 기술, 그리고 그 안 공간을 더욱 풍성하게 채워줄 콘텐츠 관련 산업 및 기술들도 더욱 활성화가 되겠죠.

🛵 **정그린** | 메타버스의 미래가 궁금하긴 해요. 놀이나 엔터테인먼트 관점에서 메타버스를 이해할 수도 있고, 사무를 목적인 오피스 부분과 산업적인 부분에서 메타버스를 적극적으로 활용할 수가 있는데, 향후에 어느 쪽이 메타버스가 주로 포커싱되는 분야라고 볼 수 있을까요?

🖥 **고효민** | 놀이 관점에서는 지금의 기술 수준으로도 메타버스라고 일컫는 수준은 이미 구현이 되어 있는 것 같거든요. 단지 VR 기기가 대중화되어 있지 않을 뿐이지, 게임이나 커뮤니티 등에서 사람들이 교류하는 방식은 오프라인과는 또 다른 문화 양식이 이미 많이 갖추어져 있다고 봅니다. 물론, 하드웨어 기기가 어느 정도로 발전하는가에 따라 놀이 문화도 그에 맞춰서 달라지긴 하겠지만요. 그래서 저는 앞으로 메타버스가 오피스 부문에 미칠 영향에 대해 조금 더 주목하고 있기는 합니다. 보통 일을 하면 자기 일을 잘 하는 것도 중요하지만, 유관 부서들과의 소통이 중요한데 아무래도 현재의 방식인 메신저나 전화 등은 직접 만나서 얘기하는 것에 비해서 조금 답답한 면이 있습니다. 직접 대면하는 것은 아니지만 대면하는 것과 같이 의사소통을 할 수 있도록 메타버스 기술 및 문화가 발전을 한다면, 결국 원격 근무가 더 활발해질 거고요. 그에 따라 기업 문화도 지금과는 아예 차원이 다르게 바뀔 가능성이 크죠. 만약에 원격 근무가 본격

화된다면 회사 주변의 상권이나 나아가서는 주변 부동산의 흐름도 크게 바뀔 가능성이 높죠. 교통 체증과 같은 사회 문제들도 아예 패러다임이 다 달라질 것이고요.

◉ **최원선** | 저는 미래에는 자아가 결국 두 개가 될 것 같아요. 메타버스에서의 자아 그리고 현실에서의 자아 이렇게요. 지금은 낯설지만 언젠가 이게 당연하게 되지 않을까요? 여행도 메타버스 안에서 더 실감나게 할 수 있고, 메타버스를 통해 다른 나라를 눈으로 보면서 음식도 체험하고 문화도 경험하기 쉬운 환경이에요. 메타버스와 현실의 경계도 모호해지고 결국은 두 개의 자아를 갖는 삶이 되지 않을까? 라는 상상을 해봤습니다.

◔ **서연주** | 맞아요. 공상 SF영화에서만 보던 가상현실이 인류에게 보편적인 일상으로 다가오는 순간이 언젠가 올 것 같아요. 단순히 간편함과 효율성 측면을 차치하고서라도, 현대인들이 추구하는 자극, 재미의 차원에서도 가상현실에서 만들어낼 수 있는 효과가 꽤 크니까요. 특히 인공지능의 생산성이 높아지면서 사람이 노동하고 일하는 시간 자체가 줄게 될 거예요. 거기에다가 수명이 늘면서 빈 시간은 더 많아지죠. 사람들은 그 시간을 어디서 어떻게 활용할까요? 그리고 뭐가 더 도파민 체계를 효과적으로 작동시킬지 생각해보면 될 것 같아요.

🐾 **정그린** | 2021년인가요? 메타버스가 미래의 사회 패러다임을 완전히 바꿀 수 있을 계기가 될 것으로 기대하며 한창 주목받을 때 다양한

생각을 많이 했었는데요. 이제 실제 현실로 다가오고 있는 것 같아요. 기술적 진보에 있어 말씀하셨듯이 엔터테인먼트 분야에서는 이미 메타버스가 지금 기술로도 활용이 충분히 되고, 사무적인 부분과 산업적인 부분에 있어서도 메타버스가 코로나 시대를 거치면서 많이 접목되어 있는 것 같긴 합니다. 또한 하드웨어적인 부분들도 일부 대체가 될 수 있긴 할 텐데요. 사실 저는 제조업 분야, 그러니까 즉 실물이 존재하는 부분에 대해서는 메타버스가 산업적인 부분들을 완전히 대체하지는 못한다고 생각합니다. 제조업 관련해서는 효율적으로 일이 진행될 수 있을지에 관하여 우려가 돼요.

🖥 **고효민** | 사실 우리나라 대기업이 갖추고 있는 스마트팩토리의 수준은 라인 안으로 사람이 거의 들어가지 않아도 되는 수준이기는 합니다. 물론 유지·보수를 위한 인력이 필요하고 사람이 꾸준히 관리를 해줘야 하는 것은 맞지만, 메타버스적인 업무 환경이 지금보다 더 확대될 여지는 충분하다는 거죠. 그런데 대기업과 긴밀하게 협력하고 있는 중견, 중소기업의 입장에서는 그러한 생태계가 구축이 되었을 때, 유기적으로 협력이 원활하게 이루어질 수 있는지는 아직 시기상조인 것 같고요.

사실 현장 업무도 중요한데, 메타버스를 활용한 오피스 업무라는 것이 결국 실제와 유사한 오피스 환경을 얼마나 잘 구현할 수 있을까 하는 문제잖아요? 주로 회의나 대면 보고 같은 것들이 해당되겠죠. 결국 이런 것들은 기업 문화에 해당하는 것이기 때문에 기업 입장에서 얼마나 니즈가 있느냐에 달려 있다고 생각합니다. 20년쯤 뒤에 우리나라 인구가 줄어서, 기술 경쟁력을 유지하기 위해서는 저 지구 반대편에 있는 인재 유치가 반드시 필요한 상황이라면 그 사람이 최대한 편하게 우리 회사에서 일할 수 있는 환경을 꾸며주지 않겠습니까? 그런 여러 상황과 함께 기술 발전이 맞물려서 돌아갈 가능성이 크다고 봅니다.

◉ **최원선** | 얼마 전에 봤던 기사가 생각나는데 미국에서 인건비가 워낙 상승해서 캐셔를 필리핀 현지 사람들로 고용해서 원격 화상으로 계산을 하더라고요. 그게 시작이 아닐까 라는 생각이 드네요.

💻 **고효민** | 완전 다른 접근이네요. 저는 개발자다 보니까 니즈에 의한 걸로 얘기를 했는데 그 니즈가 아니라 인건비적인 측면에서 그런 식으로도 충분히 활용이 될 수가 있는 부분이네요. 그러니까 결국엔 재화가 물리적인 공간으로 떨어져 있는 것 때문에 통용이 잘 안 되는 것들이 메타버스로 인해 공간적 제약이 풀리면서 여러 일이 벌어질 수 있겠네요. 마치 서로 높이가 다른 물이 분리되어 있다가 장벽이 허물어지면서 같은 높이로 맞춰지듯이요.

◉ **최원선** | 미래를 바꿀 과학기술로 효민 님은 메타버스에 대해서 이야기를 해 주셨고요. 다음으로 그린 님이 생각하시는 미래 기술이 뭐가 있을까요?

🏍 **정그린** | 과학기술의 진보가 패러다임을 바꿀 만한 테마가 무엇이 있을지 생각을 해봤어요. 이전 사례를 기준으로 보자면 2010년대 스

마트폰이 되겠죠. 스마트폰 도입에 따라서 사람들의 생활방식 측면에서 패러다임이 완전히 바뀌었다고 생각을 해요. 그 정도 충격을 줄 만한 게 과연 무엇이 있을까라는 관점에서는 모빌리티 쪽이 가장 먼저 떠오릅니다. 특히 최근 들어 많은 사람들이 미래 모빌리티에 대한 관심과 기대를 하게 되었고요. 마침 전기차 보급이 많이 되면서, 물론 지금은 안전 이슈와 충전 접근성 등으로 잠시 정체되어 있는 상황이지만, 향후에 미래 모빌리티 관점에서 과학기술 분야가 어떻게 나아가야 될지 이게 과연 패러다임을 바꿀 수 있을지 개인적으로 궁금한 부분이긴 해요.

자율주행 뿐 아니라 최근에는 미래 모빌리티 관점에서 'UAM (Urban Air Mobility, 도심항공교통)'이 방식 측면에서 패러다임이 완전히 바뀌었다고 생각을 하거든요. 저는 사실 UAM 자체는 스마트폰과 같은 사회 전반적인 패러다임을 바꾸지는 못할 것 같습니다. 교통 분야에서 굉장히 중요한 옵션으로 향후 이동성 측면에서 패러다임을 한 단계 바꾸어 놓을 수 있을 요인이 될 수도 있고, 혹은 그냥 헬리콥터의 대안 정도로 그칠 수도 있을 것 같은데요. 앞으로 UAM 분야가 과학기술적으로 어떤 모델을 가지고 또한 사회적 합의를 위한 제도 설정이 어떤 식으로 진행하는가에 따라 결정될 것 같아요.

최근에 버티포트라고 쉽게 말해 UAM 선착장이라고 해야 될까요? 버티포트 공간 설치에 대해서도 도시의 특정한 공간에 구축하여 실증 사업도 활발히 하고 있는데, 실제로는 서울과 같은 복잡한 대도시에서는 건물 옥상을 활용해야 되겠죠. 근데 그게 당장은 쉽지 않을 것 같아요. 반면 세종시 같은 계획 도시나 앞으로 구축할 신도시들에는 다양한 형태의 UAM

활용 콘셉트를 고민해 볼 수 있어요. 예를 들어 최근에 지어진 기차역들을 보면 보통 외진 데 지었잖아요. 기차역에서부터 본인의 거주지까지(약 20~50km)의 그 정도 거리를 UAM으로 충분히 소화할 수 있어요. 왜냐면 외진 지역의 기차역 주변과 계획도시 외각에는 넓은 부지를 활용해서 버티포트를 크게 지을 수 있거든요. 이동수단을 특성에 맞게 분배한다는 관점에서 UAM을 개발하여 활용한다면 굉장히 중요한 교통 옵션 중의 하나로서 발달할 수 있을 것이라 기대합니다.

◎ **최원선 |** 새로운 교통수단인 UAM은 항공을 이용하기 때문에 교통 혼잡도 딜 수 있고 이동시간도 단축하는 효과가 있습니다. 게다가 수직 이착륙도 가능하다고 하더라고요. 교통수단에 있어서 새로운 패러다임이 될 것 같아요. 역시 모빌리티 전문가 답게 새로운 기술을 자세하게 알려 주셨습니다.

🖥 **고효민 |** 교통은 생활 양식의 변화를 가져오는 중요한 기술이라고 생각을 합니다. 최근 수도권에서 GTX가 개통됐잖아요. 이런 식으로 사람들의 생활 반경은 점점 넓어지죠. 한 연구에 따르면, 인간이 통학이나 통근 시간에 대해 심리적으로 허용하는 범위가 대략 30분 정도이고 최대 1시간 정도가 마지노선이라고 합니다. 결국 인간이 생각하는 시간적 한계는 거의 유지된 채로 교통수단의 발전으로 활동 반경이 넓어지고 있죠. 철도나 자동차가 우리 근현대사에 미쳤던 영향을 생각한다면, UAM이라는 새로운 패러다임의 교통 수단은 미래를 바꿀 기술로써 빼놓을 수 없다

고 생각합니다. 제가 UAM의 기술적인 부분을 자세히 알지는 못합니다만, 막연히 생각해보면 소음이 없어야 하잖아요? 아예 안 날 수는 없겠지만, 지하철이나 기차 소리 정도 수준으로 통제가 되어야 하겠죠. 우리나라에서는 2035년을 타겟으로 두고 UAM 기술발전 로드맵을 수립해 놓은 것 같은데, 사실 은근히 많이 안 남은 시간이라 어떻게 될지 지켜봐야 할 것 같습니다.

아까 스마트폰 얘기를 하셨는데 저는 스마트폰 이후에 우리 생활에 가장 큰 혁신을 가져온 게 사실 배달의 민족 같거든요. 뭔가 거창한 느낌으로 얘기를 계속 이어왔는데, 이런 생활 속의 간단한 아이디어에서 출발하는 것들이 의외로 큰 변화를 가져올 수도 있겠다는 생각이 듭니다.


⊛ **최원선** | 맞아요. 대단한 기술이 세상을 바꾸는 게 아니라 그냥 우리가 생각하지 못했던 소소하지만 새로운 아이디어가 인간의 삶이나 생활 양식을 바꿀 수 있는 것 같아요.

제가 상상해 본 세상을 바꿀 미래기술은 지금 당장 다가온 기술이라고도 할 수 있는데요. 뇌 이식인데, 기억을 담당하는 해마 부분만 다른 사람한테 이식을 하면 그게 '나' 이지 않을까요? 왜냐하면 사람은 기억으로 살아가는 게 아닐까? 라는 생각이 들어요. 현재 신체 장기는 다 이식이 되는데 뇌 이식은 지금의 의학 기술로는 아직은 어렵다고 해요. 하지만 뇌 이식이 가능한 수준이 되어 기억만 옮겨 갈 수 있다면 영원한 삶도 가능하겠구나 라는 생각을 합니다.

최근에 인간의 뇌와 컴퓨터 인터페이스인 'BCI(Brain—Computer Interface)'라는 기술이 등장하고 있는데요. 일론머스크가 창업한 '뉴럴링크'라는 스타트업에서 개발한 기술인데, 생각만으로 컴퓨터를 움직일 수 있는 칩을 뇌에 이식을 하는 거예요. 2024년 1월부터 세계의 전신마비 환자를 대상으로 임상 실험을 하고 있고요.

또 다른 경쟁사인 '싱크론'이라는 회사에서는 전신마비를 넘어서 간질과 파킨슨에까지 확장하겠다고 밝혔습니다. 이 회사의 기술은 뇌에 칩을 심는 대신에 '스텐트로드'라는 장치를 목의 정맥에 이식하는 방식으로 이걸 일명 '뇌 임플란트'라고 부르더라고요. 혈관을 통해 뇌 신호를 외부 장치로 전송해서 컴퓨터 커서나 마우스 외부 조작을 할 수 있어요. 최초로 이식받은 환자를 보니까 대화를 하면서 체스를 두기도 하고 동시에 여러 가지가 가능하더라고요. 앞으로 전신마비 환자도 의사소통이 가능한 수준까지 발전하게 되면, 아까 제가 상상을 해왔던 뇌 이식 그 이상의 기술이 현실이 될 수도 있겠다 싶어요. 뇌사 판정받으신 분들도 다시 살아 갈 방법이 좀 생기지 않을까 기대가 되고요. '기술과 바이오가 융합되면 새로운 세상이 열리지 않을까?'라는 상상을 해봤습니다.

🏎 **정그린** | 그럼 새로운 육신을 가지는 건가요? 아니면 영화 〈겟 아웃〉에서 볼 수 있는 그런 장면들?

🌐 **최원선** | 장기 이식하듯이 뇌를 이식하는 거죠. 근데 윤리의 문제가 있어서 가까운 미래에는 실현이 어렵겠죠. 하지만 현재 인공 심장도 있고 3D 프린터로 인간의 장기도 만들 수 있는 기술 수준이잖아요. 언젠가는 로봇 몸에 사람의 뇌를 이식한다든가 이런 것들도 기술 상으로는

가능할 것이라 생각합니다.

　　□ **고효민** | 〈아바타 2〉에 나온 게 그 콘셉트이잖아요. 기억을 온전히 가지고 가서 새로운 아바타로 인생을 살아가고 있는 거니까….

　　♀ **서연주** | 와우, 그게 가능하다면 정말 새로운 세상이 될 것 같은데요. 뉴럴링크가 하고 있는 뇌 신경신호의 디지털화, 컴퓨터와의 연동은 전 세계 마비 환자들에게 기적 같은 소식이에요. 끊어진 뉴런(신경세포)를 외부 칩으로 대체해서 마비 환자를 걷게 하는 기술이 상용화되면 수많은 환자에게 희망이 될 것 같아요.

　　□ **고효민** | 미래 기술로 말씀을 해주시긴 했는데 사실 뇌 안에서 우리가 어떤 기작으로 우리 스스로를 인식하고 세상을 어떻게 바라보는가 하는 게 근대 철학의 가장 중요한 물음 중에 하나였는데, 이런 기술들을 그 시절 철학자들이 알게 된다면 무릎을 탁 칠 것 같은 생각도 듭니다. 단적인 예로 데카르트가 얘기했던 '송과선'의 개념이 육체와 정신을 잇는 지점을 의미하는 것인데, 기술의 발전으로 이러한 '송과선'이 실체를 드러내는 것 같기도 하고요.

　　◉ **최원선** | 사실 과학이 철학에서 시작됐으니 그런 상상도 가능하겠어요. 근데 모든 과학기술에는 장점이 있으면 부작용도 있을 수 있잖아요. 미래 기술 특히 생성형 인공지능도 빅데이터가 핵심인데요. 저는 빅

데이터로 인한 부작용이 우려스러워요. 맞춤 정보 제공이나 효율성 증대 등 굉장히 많은 이점이 있지만, 반면 모든 게 파악 되잖아요. 온라인 접속 기록, GPS, 인공지능 CCTV 등을 통해 내 모든 사생활과 정보가 공유되고 저장되면, '빅브라더'처럼 감시 사회가 올 수도 있겠구나 라는 우려가 있어요. 과학 기술의 이점을 생각하면서도 부작용의 관점에서도 고려가 필요하다고 생각합니다.

　　🖥️**고효민** | 어떤 분야에서 기술 발전이 일어나면, 그것으로 인해 예기치 못한 사회문제가 발생할 수 있죠. 그렇게 발생한 문제들은 다시 또 다른 과학기술을 통해서 보완해 나가고, 산업혁명 이후 이런 식으로 인류가 빠르게 발전을 해 온 것이거든요. 말씀해주신 것도 빅데이터 시대의 대표적인 부작용이라고 할 수 있을 텐데 이러한 것을 우리가 잘 알고 있는 블록체인을 접목해서 해결을 하면 어떨까요? 블록체인의 개념이 모든 정보를 모두가 알고 있는 것이잖아요? 당장은 완전치는 않겠지만 이런 기술 발전에서 나타나는 문제들을 두려워해서 앞으로 나아가지 못하는 일은 없어야 할 것 같아요. 기술로 인한 문제는 또 다른 기술로 해결할 수 있을 것이니까요.

　　🌐**최원선** | 우와! 지금 저는 머리를 탁 치는 느낌이에요. '기술은 기술로 극복한다.' 저는 어떤 현상의 의미와 결과를 고민했다면, 이과 출신은 기술적 해결을 생각하시네요.

🖥️**고효민** | 말씀해주신 부분은 제가 상상을 해서 블록체인과 연결을 해 봤는데, 빅데이디 시대에 또 큰 문제 중 하나가 데이터센터에서 배출되는 온실가스가 있거든요, 이런 것들은 또 탄소포집 기술과 같은 새로운 기술을 통해서 극복하고, 또 그 과정에서 나타나는 문제들을 해결하기 위해 또 다시 새로운 기술을 연구하고, 그런 식으로 꼬리에 꼬리를 무는 거죠.

🌐**최원선** | 기술이 새로운 기술을 개발하는 데 동력이 된다는 희망적인 의견까지 주셨습니다. 과학 기술은 인간의 상상을 실현하는 도구라고 할 수 있겠죠. 기술 혁신을 통해 인류는 변화하고 발전할 것입니다. 과학기술을 이해하는 것이 반작용에 대한 대비와 미래를 준비하는 자세가 아닐까 생각해봅니다.

# 3

재택근무는 삶을 어떻게 바꿀까?

🎙️ **이효진** | 코로나 이후 전세계적으로 재택근무가 대대적으로 시행되었습니다. 사회적 거리두기가 종료된 후 대면 근무로 전환한 기업도 있고, 재택근무를 유지하고 있는 기업도 있습니다. 재택근무가 우리 일상의 새로운 패러다임으로 자리 잡은 것은 분명해 보입니다. 이제 재택근무가 우리의 삶에 어떤 변화를 가져올지, 기업과 근로자의 관점에서 살펴보고자 합니다. 먼저, 재택근무 도입을 위한 제도적 보완점에 대해 이야기해 볼까요?

🎤 **서연주** | 대면 진료가 원칙인 의료 분야 특성상, 저는 아쉽게도 재택근무의 수혜자가 아니었네요. 하지만 한창 코로나가 심각하던 시기 의료계에서도 '비대면 진료'가 한시적으로 허용되면서 관련 스타트업도 등장하고, 진료 환경에 다양한 변화들이 생겼어요. 그리고 원래 환자가 치료를 받기 위해서도 반드시 의료기관에 방문을 해야 하잖아요. 최근에는 거동이 불편해 의료기관을 방문하기 어려운 장기요양보험 수급자의 집에 의사, 간호사, 사회복지사가 방문하여 의료서비스를 제공하고 돌봄 지원을

연계해주는 '재택의료' 시범사업이 도입되기도 했어요. 건강과 생명이 달려 있기 때문에 가장 보수적인 의료계에서도 사회 변화에 발 맞추어 다양한 변화들이 시도되고 있더라고요. 그 외에 학회나 회의 같은 경우는 꽤 많이 온라인 줌 회의로 변경되기도 했고요.

🌐 **최원선** | 저는 재택근무가 '워라밸 균형'이 가능한가에 대한 의문이 있어요. 집중하기가 어렵고 일이 끝나도 딱 명확한 시간에 퇴근! 이게 아니니까 그냥 하던 거니까 좀 더 해야 되지 않나? 이런 인식이 있는 것 같고 초반에는 재택근무라는 걸 약간 휴가 개념으로 생각하시는 사람들이 있었어요. 근무 시간에 집중을 해서 일을 해야 되는데 그냥 컴퓨터 켜놓고 온라인에 있는 상태로만 보이게 하고 딴 짓을 하는 경우도 있잖아요. 그런 경우 즉각적인 확인이 어려운 반면 직접 대면할 경우는 문의 사항이 있으면 곧장 물어볼 수도 있고 급하면 재촉할 수도 있잖아요.

제가 논문을 좀 찾아봤는데 '재택근무가 일 가정 양립에 도움이 되는가.'라는 연구가 있어요. 남성의 경우는 긍정적 영향이 관찰됐는데 여성에서는 유의미한 결과가 발견되지 않았다고 해요. 왜냐하면 재택근무를 하면서 돌봄과 가사노동이 더 부담이 된다고 합니다. 물론 코로나라는 특수 상황 때문에 아이들도 집에 종일 함께 있으니까 자녀도 돌봐야 되고 일도 해야 해서 오히려 재택근무가 긍정적이지 못했을 수 있죠. 그래서 근무와 퇴근을 명확하게 구분할 수 없는 부분이 재택근무의 문제점이라고 생각합니다.

근데 반면 육아 때문에 직장을 다니기 어려운 사람은 병행할 수 있어서 오히려 장점일 수도 있는 측면도 있습니다. 저는 회사 다닐 때 해외랑 일을 했기 때문에 회사에 출근은 하지만 해외에 있는 분들과 화상회의를 많이 했어요. 직접 얼굴 맞대고 일을 하지는 않지만, 그럼에도 일하는 데 어려움은 크게 없었어요. 왜냐하면 시스템이 다 잘 돼 있었어요. 코로나 시기를 겪으면서 많은 분들이 재택근무를 겪어봤지만 처음엔 이게 일이 될까 이런 생각을 했는데 막상 하다 보니까 회사마다 그런 시스템을 많이 개선을 했고 진행이 잘 되잖아요. 회사 다니면 회의를 너무 많이 해서 그걸로 시간을 뺏기는데 쓸데없는 회의 안 하는 장점도 있어요.

🖥 **고효민** | 일단 저는 2020년에 코로나 이후로 재택근무를 한 번도 못해봤고요. 그래서 이 주제에 대해 얘기하기 위해 IT기업 지인들의 인터뷰를 좀 따왔습니다. 간략하게만 지인들 얘기를 공유하고 시작할까 해요. 먼저 장점으로는 불필요한 출퇴근 시간과 준비 시간이 절약된다는 얘기해줬는데, 장점이 이것 밖에 없더라고요. 단점으로는 1) 제도 자체가 악용의 가능성이 있고 2) 근무 시간의 경계가 모호해져 오히려 야근 등을 많이 해야 하는 상황이 오기도 하고 3) 회의의 효율성이 떨어지는 부분이 있고 4) 동료들 과의 소통이나 친밀도 등이 아무래도 떨어질 수밖에 없다 정도 등을 얘기해주었습니다. 얼핏 보면 장점은 별로 없고, 여러 단점들이 많은 상황인데, 모두가 재택근무를 하고 싶어한다고 합니다. 그러니까 저 출퇴근 및 준비시간이 사라진다는 것이 너무나도 메리트가 큰 장점이구나 하는 생각이 들었습니다.

🎙️ **이효진** | 기업의 입장에서는 직원들이 출근을 꺼리게 되는 것이 가장 큰 단점일 수 있겠네요.

🖥️ **고효민** | 그게 사업장을 안 가는 것이지, 출근을 안 하는 것은 아니니까요. 그런데 기업 입장에서 생각해봤을 때는 한편으로 많은 인원들이 회사에 와 있으면 기업들이 해야 하는 지출들이 있거든요. 공간 관리나 식사 등 이런 부분들의 지출이 줄어드는 점은 기업 입장에서 장점이 아닐까 합니다.

🤝 **김지나** | 재택근무 중 가장 좋은 점은 아침에 눈 뜨자마자 컴퓨터를 켜면 출근이라는 거예요. 진짜 눈만 뜨고 컴퓨터를 켜고 앉으면 출근이더라고요. 회의도 얼굴을 보는 회의는 보이는 부분만 깔끔하게 하면 되고, 얼굴 안 보고해도 되는 회의는 그냥 자다 일어난 상태 그대로 하고 있기도 하고 그래요. 퇴근은 출퇴근시에 회사가는 데 1시간 반, 집으로 오는 데 1시간 반 총 3시간 정도고, 사람들 많고 차가 밀리면 편도만 거의 2시간 가까이 걸리는데, 그 에너지를 쓰지 않을 수 있으니까 그 부분에 대한 만족감이 진짜 컸어요. 그런데 일이 끝나는 시간이 명확하지가 않고 점심시간도 잘 못 챙기게 되더라고요.

점심식사 후나 피곤할 때 허리를 잠깐 펴고 누울 수 있는 장소가 옆에 있다는 것에 대한 만족도는 좀 있었어요. 생각보다 잠깐 누워서 쉬는 게 피로가 많이 풀리더라고요.

다만, 재택이나 온라인 회의로만 업무를 진행하는 게 직접 만나서 얘기하는 것보다는 커뮤니케이션이 원활하지 못한 것 같다는 생각이 드는 경우도 있었어요. 그렇지만 일단 출퇴근에 시간을 소비하지 않는 것에 대한 만족도가 기대했던 것보다 더 높았고, 저 같은 경우는 코로나 시기엔 제주도에서 한 달 살기를 하면서 재택을 했었기에 재택에 대해 좋은 기억들이 더 남아 있을 수 있어요. 지인은 회사에서 실제로 업무에 지장이 없는 한도 내에서 공간 활용도가 낮아진 부분에 대해 임대계약을 해지했고요. 절약한 임대료로 직원들한테 책상을 하나씩 선물로 주기도 하더라고요. 서서 일할 수 있는 책상을요. 그래서 개인적으로는 얼마나 절약이 되는지 좀 궁금하기도 하고 그랬습니다. 재밌는 건 재택하는 상태에서 메신저에 접속하면 상태 메시지가 뜨게 되어 있는데, 화장실만 다녀와도 자리 비움으로 뜨니까 직원 입장에서는 이 부분은 굉장히 부담스럽겠더라고요. 오히려 출근해서 자리에 앉아서 딴짓하는 게 더 마음이 편한 것 같다는 얘기는 나누기도 했었어요.

◉**최원선** | 재택근무 하는 것이 좋을지는 업종별로 고려를 해봐야 되지 않을까 싶어요. 예를 들면, 콜센터는 본사랑 따로 있는 경우가 많더라고요. 콜센터에 모여서 전화 받고 컴퓨터 시스템에 입력하는데 그런 경우는 집에서 전화 시스템만 잘 돼 있으면 문제없지 않을까 해요. 그래서 업종별로는 재택근무가 가능한 업종이 있고 불가능 한 분야가 있을 거예요. 연주 님, 효민 님 같은 경우는 재택근무가 불가능하다고 하는데 이런 업종을 제외하고는 새로운 업무 방식으로 도입을 해보는 게 어떨까 생각이 듭니다.

다만 미국이나 유럽은 재택근무가 되게 활성화돼 있을 것 같은데 의외로 이마존, 구글 이런 대기업들은 지금 재택근무를 줄이라고 하고 있고 테슬라는 아예 금지를 시켰어요. 테슬라 대표인 일론머스크가 워낙 강성 반대론자라서 그럴 수도 있지만, 주당 40시간 이상 사무실에서 근무를 해야하고 재택을 하면 해고인줄 알라며 전직원에게 메일을 보낸 바 있습니다. 먼저 재택근무를 도입했던 서구 회사들이 지금은 줄이고 있는 상황이라면 재택근무가 어떤 장단점이 있고 우리나라는 어떻게 도입하면 좋은가를 고민해 봐야 된다는 생각이 듭니다.

🎙️ **이효진** | 재택근무를 줄인다면 이런 논의 자체가 불필요할 것 같습니다. 반면, 만약 더 보편화된다면 해결해야 할 부분들은 무엇일까요?

🌐 **최원선** | 제가 노동을 잘 몰라서 논문을 또 하나 찾아봤는데요. 프랑스경제인연합 중부지역부에서 「2020년 재택근무자의 근로생활 질에 관한 영향 조사」를 했는데 재택근무를 통해서 집중도랑 업무의 질은 크게 상승을 했대요. 문제는 고립감과 정신 건강에 부정적 영향을 미칠 수 있다는 결과가 나왔어요.

사람이라는 게 사회적 동물이니까 직접 만나고 함께 식사하고 대화하고 하면 아무래도 업무 효율성이 제고되지 않을까 싶어요. 제가 회사 다닐 때도 같이 업무 협조가 필요한 다른 팀이나 다른 분들과 식사나 회식을 하면 그다음 날 업무 협조가 정말 달랐어요. 근데 재택근무하면서 서로 얼굴 안 보고 업무적으로 관계를 맺으면 사회성이 좀 떨어지지 않을까 하는 생각이 들어요. 그래서 재택근무가 정신 건강에는 그렇게 좋지 못하다는 결과입니다.

그리고 우리나라는 노동법상 재택근무와 관련된 규정이 없어요. 근무를 주 몇 회 어떤 형태로 할지 이런 법과 제도 시스템을 먼저 마련해야 되지 않을까 라는 생각이 듭니다.

☜ **김지나** | 사실 재택근무가 보편화되려면 일단 재택 근무를 하더라도 업무 관리가 되는 시스템이 있어야 되는데 그걸 도입할 수 있는 회사들이 사실 다수는 아닌 것 같아요. 특히 제조업 쪽은 더 그렇고 어느 현장에 모여서 같이 일해야 되는 직무들 같은 경우는 사실상 재택근무는 불가능하다고 보여집니다. 그래서 재택근무가 아까 잠깐 말씀을 하셨는데 직무 특성하고 굉장히 연관이 될 것 같고요. 앞으로 직업군이 더 다양해지면서 많은 부분에 도입될 수도 있겠지만 제조업 한정해서는 재택근무가 쉽지 않을 것이라는 생각을 갖고 있어요.

🖥 **고효민** | 제조업 쪽을 조금 말씀을 드리면 현재도 사실 시스템을 통해서 통제가 거의 다 되고 있기는 해요. 사실 설비 관리나 이런 것들도 대부분은(보안 부분이 조금 신경 쓰이지만) 원격으로 다 관리할 수 있게 시스템 구축은 되어 있습니다. 하지만 저희 회사 같은 경우에는 사업장 자체가 보안이 필요해서, 그런 원격 대응을 하더라도 사업장 내 오피스 공간에서 진행해야 하기 때문에 쉽사리 재택근무를 하기 힘든 환경은 있죠. 그런데 코로나 기간 때 보면 정말 필요한 경우, 동반가족 감염으로 인해 격리되어 있는 직원들 같은 경우에는 재택 근무를 일부 시키기도 하더라고

요? 결론적으로는 제조업에서도 재택근무가 아예 불가능할 것 같지는 않고, 현장에서 설비를 다루는 일들에 대해 교대 근무가 이루어지는 정도 선에서 절충안을 찾을 수 있지 않을까 싶고요. 이런 것들이 또다른 형태의 '쉬프트' 근무가 될 수도 있겠다는 생각이 듭니다.

◉ **최원선** │ 현실적으로 재택근무가 가능한 분야는 사무직인 것 같아요. 제조업에서 가능하다고 하는 것도 결국은 제조업 관리직인 거지 생산 라인에 근무하는 분들은 직접 조립하고 설비해야 하기 때문에 출근할 수밖에 없죠. 다만 우려되는 것은 재택근무 가능여부 업종에 따라 양극화가 벌어지지 않을까 하는 걱정입니다.

◔ **서연주** │ 재택근무가 가능한 직장을 꿈의 직장이라 부르죠. 요샌 강원도 양양이나 제주도 같은 휴양지에서 워케이션을 하기도 하더라고요.

▭ **고효민** │ IT 기업들 같은 경우에는 진짜로 출근할 이유가 없긴 합니다. 그리고 IT 기업에 취업하시는 분들은 사실 학생 때부터 개인 프로젝트에 길들여지신 분들이 많아서, 회사에 간다고 해도 굳이 여러 사람과의 커뮤니케이션을 꼭 필수로 해야 하는 직무가 아닌 경우가 많습니다. 제조업에 비해서 의사 결정할 포인트가 많지는 않은 거죠. 그래서 코로나 이후에 IT 기업들 대부분이 재택근무를 시행했고, 현재 시점에서도 100프로 복귀를 하지 않고 하이브리드 형태를 유지하고 있는 경우가 많은 것 같

습니다. 삼성 계열사 중에서도 삼성 SDS는 아직 재택근무를 하고 있다고 하더라고요.

🤝 **김지나** | 그렇죠 이게 연령대별로 좀 차이가 나는데요. 회사 같은 경우는 임원의 성향에 따라서 재택근무가 가능하냐 아니냐가 갈리기도 하고, 저희 위 세대 분들은 눈에 보여야 일을 한다고 생각을 하시더라고요. 눈에 보이는 데서 앉아 있어야 일을 한다 생각하시고 성과관리에 대한 것 보다는 무조건 오랜 시간 같이 일하면 잘한다 열심히 한다는 개념을 갖고 계신 분들이 계세요. 근데 또 이게 저의 밑에 세대 같은 경우는 일만 잘 하면 됐지 장소가 무슨 상관이 있냐, 그냥 기한 맞춰서 일만 잘하면 된다라는 생각을 하더라고요. 세대 차이가 이제 회사 내에서도 많이 발견되는 것 같습니다.

하지만 그런 문제는 있는 것 같아요. 조직은 만나서 일을 하는 관계 속에서 만들어지는 것도 있는데 그게 회사 내에서 없어지면 조직이 무너질 수도 있다는 리스크가 있을 것이고, 그리고 아까 성과 얘기 잠깐 했지만 우리나라가 성과 관리가 정확하게 되는 회사들이 별로 없거든요. 그래서 이게 재택근무가 활성화될수록 평가는 보여지는 성과 위주로 할 수밖에 없고, 근로자들 입장에서는 어떻게 보면 더 척박한 경쟁환경에 놓일 수밖에 없을 것이다. 직무별로도 성과가 보이는 직무는 조금 더 높은 페이를 가져갈 것이고 보여주지 못하는 사람은 일을 했는지 안 했는지 알 수 없는 그런 직무들로 그 성과에 대한 페이를 받겠죠. 그래서 재택근무 환경에 놓이는 게 저는 삶의 질은 좀 올라갈 수 있을 거라고 생각하고, 어떤 업무적인 역량에 대한 차이가 굉장히 크게 벌어질 수 있지 않을까 그런 생각을 좀 합니다.

◉ **최원선** | 노동자 말고 사측에서는 재택근무의 혜택이나 장점이 뭐가 있을까요? 왜냐하면 대학교를 비롯해서 중고등학교에서도 다 온라인 수업을 했었잖아요. 그래서 학생들이 등록금을 돌려달라고 시위까지 했는데 대학 측에서는 온라인 시스템을 구축하는 데 돈이 들었다면서 등록금을 전혀 안 돌려줬어요. 지나 님 남편 분 회사에서는 책상도 사줬다고 하셨는데 안 그런 회사가 대부분이거든요. 전기료나 식대도 절감되었을 거고 분명히 사측에서 이득을 본 면도 있다고 봅니다. 이 외에도 사측에서도 재택근무를 하면 혜택이 있어야 추진할 텐데 어떤 장점이 있을까요?

☞ **김지나** | 실제로는 비용 절감 효과는 분명히 있을 거예요. 그리고 직원 채용하는 것도 특정 지역에서만 채용하지 않아도 되기 때문에 인력 풀 굉장히 넓어질 거고요. 근데 이게 코로나 때문에 굉장히 갑자기 도입이 됐고, 다수의 직원이 적응이 안 된 상태에서 실행을 했기 때문에 아직까지는 기존에 재택을 준비해 왔던 회사들은 괜찮겠지만, 준비가 되지 않았던 회사들은 시스템 구축 비용이 좀 많이 들었을 것 같아요. 직원들이 적응이 안 되어 재택근무 하면서 성과가 떨어졌을 수도 있고요. 그런 회사들은 아직 과도기에 있기 때문에 재택에 대한 선호도가 낮지 않나 그런 생각합니다.

◉ **최원선** | 그러면 앞으로는 재택근무가 늘어날 거라고 생각하세요? 코로나 시기 회의를 줌 이런 걸로 굉장히 많이 했잖아요. 지금도 저

는 줌 회의를 많이 해요. 각자 먼 지역에 있는 경우 세미나도 줌으로 하고 있는데 이게 더욱 발달하면 재택근무가 늘어나지 않을까 생각합니다. 혹시 미래 전망들은 어떻게 생각하시나요? 구글이나 테슬라 같은 미국 기업들은 오히려 재택근무를 없애고 있는 추세지만 우리나라에서는 일해 보니까 괜찮더라 재택근무 늘려달라고 하는 근로자들도 많은 상황이라서 어떤 방향으로 갈지 좀 예측해 보고 싶습니다.

🤝 **김지나** | 직무 특성이랑 연관이 있을 거라고 말씀드렸는데 저는 재택근무를 할 수 있는 직무들에 대해서는 더 확대될 거라고 생각합니다.

🖥 **고효민** | 저도 그렇게 생각합니다. 현장에 있는 노동자들의 반응이 중요한데 현장에 있는 노동자들이 더 편하게 생각하는 방향이 재택근무라면 결국에 그 사이에 존재하는 과도기적인 시행착오나 불편함이나 이런 것들은 결국 논의를 거쳐서 해결이 될 거예요. 결국은 더 편한 방향으로 가게 되지 않을까 싶은 생각입니다. 저는 직무에 따라서 뿐만이 아니라 IT 직무에서 뭔가 변화가 생겨서 재택근무나 원격 근무가 활성화되면 학생들이 직업을 선택하고 학과를 선택하고 하는 데에서부터 영향을 미칠 거라고 생각해요. 그렇게 되면 다른 직종들도 무리를 해서라도 진짜 꼭 필요한 인력들을 제외하고는 그런 식으로 해야 적절한 인력들을 수급 받을 수 있다. 이런 피드백 작용들이 있을 거기 때문에 아마 직접 해본 노동자들이 둘 중에 선택하라고 하면 나는 재택근무 선택하겠다. 이런 방향이라면 결국에는 시간이 얼마나 걸리더라도 확대되는 방향으로 가지 않을까 그런 생각이

드네요.

　　✍️ **김지나** | 물론 의무적으로 출근하는 날들이 있긴 하겠지만 저
도 아마도 섞인 형태로 자리잡게 되지 않을까 하는 생각을 갖고 있습니다.

　　💻 **고효민** | 아까 재택근무가 미국에서 다시 조금 돌아오고 있다
는 말씀을 하셨는데 최근에 샌프란시스코의 공실률이 증가하고 마약 범죄
가 엄청 크게 증가하고 있대요. 그래서 그 원인을 살펴봤더니 재택근무예
요. 재택근무가 늘어나면서 회사들 몰려 있는 상업지구에 유동인구가 줄어
들면서 그쪽에 있는 백화점이 폐쇄를 하고 공실률이 늘어나면서 마약 범죄
를 한다거나 불황자들이 점거를 하고 뭐 이런 식으로까지 퍼지게 된거죠.
어떻게 보면 사람들의 동선의 변화와 인구 이동의 사이클의 변화 이런 것
들을 보면 사실은 이 재택근무를 하냐 안 하냐도 중요한지만, 했을 때 우리
사회의 모습이 지금의 모습이랑 되게 많은 부분에서부터 다를 수 있다는
것을 간접적으로 볼 수 있는 사례가 아닌가 그런 생각이 들더라고요.
　그래서 그런 부분에 있어서 더 생각해 볼 필요가 있고요. 오히려 새로운
형태의 비즈니스를 할 수 있는 그런 기회가 될 수도 있을 거고 변화의 사이
클이 크게 한번 일어나지 않을까 싶은 생각이 듭니다.

　　🎙️ **이효진** | 기업에서 앞으로 사람을 채용할 때 이력서에 재택근
무할 수 있음, 할 수 없음, 원함, 원하지 않음 이런 식으로 해서 체크리스트
가 좀 있지 않을까 라는 생각도 해봅니다. 재택근무가 가져올 새로운 세상

에 대해서 우리가 좀 상상도 해봤지만 또 그 기준도 만들고 관련된 기술도 좀 습득해야 될 것 같고요. 또 무엇보다 재택근무상에서 또 인간관계 맺기를 또 어떻게 해야 될지도 좀 정해야 될 것 같아요.

# 쉬운 해고의 신속한 도입 해야 한다 VS 안 된다

🎙️ **이효진 (사회)** | 일자리를 찾는 청년들은 정규직에 취업하기 위해 치열한 경쟁을 벌이고 있습니다. 과연 정규직이 근로자와 고용주 모두에게 최선의 선택일까요? 정규직 중심의 노동 문화와 연공급제의 문제점은 무엇인지, 그리고 글로벌 경쟁에서 살아남기 위한 노동조합의 역할과 기업의 대응 방안에 대해 논의해보면 좋겠습니다. 또한, '쉬운 해고 골든타임이 지나가고 있다.'라는 주제로, 한국에서 지금 쉬운 해고를 도입해야 할지, 아니면 아직 시기상조인지에 대해 토론을 진행해보겠습니다.

💻 **고효민 (찬성)** | 제가 이 주제를 가져왔는데요, 사실 회사를 다니면서 개인적으로 많이 하고 있는 생각입니다. 저는 제조업 연구원으로 일하고 있습니다. 우리나라 대기업들은 이미 치열한 글로벌 경쟁을 펼치고 있는지 꽤 오래되었습니다. 더군다나 우리나라가 주력하고 있는 대부분의 산업들이 팽창기를 지나서 정체되어 있습니다. 이런 환경에서 우리 노동 문화가 글로벌 기술 경쟁력을 확보할 수 있는 문화인가? 훌륭한 인재들에게 적절한 보상을 해 주고 있는가? 경직된 노동시장으로 인해서 새로운 인

재를 등용하지 못하고, 고여 가고만 있는 것은 아닌가? 이런 고민들을 많이 하고 있습니다. 여담을 좀 덧붙이자면 지난 2017년 대선 때 홍준표 후보가 내걸었던 공약 중에 가장 인상 깊었던 것이 '귀족노조 철폐'였잖아요. 그때 당시에는 제가 취업하기 전이기도 하고 그래서 단순히 보수 지지자들을 결집시키기 위한 선언적 문구라고만 생각했는데, 대기업을 다니다 보니 정말 '귀족 노조'들이 꿰차고 있는 철밥통으로 인해 우리나라 노동시장의 선순환이 일어나지 않고 있는 것은 아닌가 이런 생각이 많이 들더라고요, 제가 이렇게 관심이 많은 만큼 함께 얘기를 나눠보면 정말 좋을 것 같습니다.

🎙 **이효진 (사회)** | 현재 직장인이셔서 우리가 느끼지 못하는 부분들도 많이 깨닫고 또 느끼실 것 같아요.

🖥 **고효민 (찬성)** | 네 지금부터 그런 얘기들을 풀어보려고 합니다. 그리고 여기 워낙 전문가가 와 계셔서 좀 긴장하는 마음으로 얘기를 하고 있습니다.

🎙 **이효진 (사회)** | 살짝 민감한 주제에 대해 이야기를 나누게 된 것 같은데요. 우리 크루 중 한 분이자 노무사이신 지나 님께서 정규직 위주의 우리나라 노동 문화의 역사적 배경과 특징에 대해 본격적인 논의에 앞서 간략히 설명해 주실 수 있을까요?

🤝 **김지나 (중립)** | 우리나라가 정규직이라고 하면 뭔가 안정되

고 좋은 직장 그리고 비정규직이라고 하면 불안정하고 잠깐 있을 곳, 이직하기 위해서 도약하기 위한 직장이라든지 불안정하게 이동하는 사람들 이렇게 많이 생각을 하시는데요. 우리나라가 1970년대 굉장히 빠른 속도로 성장을 했잖아요. 정부 주도로 성장을 했고, 제조업 위주다 보니 대형 공장들이 많이 생겼고요. 그것을 기반으로 해서 직원들이 고용되었고, 복리후생도 기업이 그 수입으로 자체에서 제공을 해주다 보니 일을 하시는 분들 입장에서는 '여기가 평생 직장이다.'라는 개념으로 자리를 잡게 됐고, 복리후생도 국가 위주의 복리후생이 아니라 기업이 돈이 많으면 복리후생을 많이 해주고 돈이 없으면 적게 해주고 이런 형태로 운영이 돼 왔습니다.

노동조합 자체도 사실은 그 분배가 명확하게 되지 않았던 1970년에서 1980년대에 임금 인상 그리고 열악한 현장들이 굉장히 많았습니다. 그때 당시는 최저임금도 없었고 현장도 굉장히 지저분하고 위험한 현장들이 많았는데 그런 것에 대한 인식 또한 별로 없었고, 일단 성장한 다음에 분배를 하자라는 생각으로 경제발전을 시작했기 때문에 그때의 노동운동은 정말 살기 위한 노동운동이었던 것으로 저는 알고 있습니다. 그렇게 진행을 하다 보니 노동조합은 계속적으로 임금 인상과 안정된 직장을 요구하게 되었던 것이죠. 우리가 조선시대부터 가부장적인 사회였잖아요. 아버지가 수익을 얻으면 그것으로 가족들이 다 먹고 사는 그런 구조다 보니까 정규직으로서 오랫동안 아버지가 돈을 벌고 그것으로 생계를 가족들이 이어가는 구조가 되어 있었기 때문에 사회 전반적으로도 이 정규직 위주의 노동 문화가 자리 잡을 수밖에 없지 않았을까 이렇게 보고 있습니다.

그런데 이게 지금은 가족 구성원들이 개개인이 각자 돈을 벌다 보니까 예전에 비해서 가정의 구조 그리고 사회 문화적인 부분도 많이 바뀌었고, 기업도 우리나라 국내에 국한된 국가 주도의 기업성장이 아니라 국외로 나가거나 외국에서 들어와 있는 외국 법인도 많이 생기다 보니까 경쟁의 범위가 넓어진 거죠. 그러면서 기업 내에서 세대 간의 갈등도 많이 생기게 되었고요.

예전에는 인간이 그 삶의 사이클에 따라서 젊었을 때 이 회사에 기여를 하면 내가 나이가 들면 천천히 조금 업무 능력이 좀 떨어져도 지속적인 수입을 올리면서 정년까지 있을 수 있을 것이다 이런 개념이 있었는데 요즘은 그게 많이 깨져 있는 상태입니다.

🎙️ **이효진 (사회)** | 제가 예전에 어느 회사에서 인턴을 한 적이 있는데요. 약 6개월간 인턴으로 근무하다가 정규직 전환 시기가 왔습니다. 그런데 당시 저는 프리랜서로 강의를 하고 행사에 참여하는 일이 많아서 너무 바빴고, 그래서 고민이 많았어요. 그때 사장님께서 저를 설득하시면서 이렇게 말씀하셨습니다. "효진 씨, 지금은 젊으니까 여기저기 뛰어다닐 수 있지만, 나이가 들면 힘들어서 못해요. 나중에는 무임승차라도 해야 하지 않겠어요?" 그때 말씀하셨던 '무임승차'라는 단어가 지금도 제 머릿속에 강하게 남아 있습니다. 우리는 정말 정규직을 선호하는 이유 중 하나가 노후까지 보장받을 수 있다는 느낌 때문인 것 같아요.

🤝 **김지나 (중립)** | 그렇죠. 그리고 '언제까지 내가 이 회사를 다닐 수 있다.'라고 하면, 우리나라 일반적인 임금 구조가 연차가 쌓이면 임금이 계속 올라가는 연공급제이기 때문에 내가 예상되는 수익이 있잖아요. 그러니까 이거를 가지고 어떤 미래를 설계할 때 기반이 될 수 있다는 게 가장 큰 메리트라고 생각을 하시는 것 같아요.

저는 가끔 저희처럼 전문직이라고 얘기하면 굉장히 좋을 거라고 생각을 하시지만 사실 저는 "전문직은 반영업직 반운전직으로 한 20% 일하는 것 같다." 이렇게 말씀을 드리는데, 자격증을 따는 순간 우리나라에서는 사실 평생 계약직으로 일을 해야 되는 상황이에요. 법적으로도 그래서 몸이 좀 안 좋거나 사람이 사이클이 떨어질 때가 있잖아요. 그러면 나도 어디 들어가 있으면 좀 편할 텐데 이런 생각 저도 가끔 하게 됩니다.

🐢 **최원선 (반대)** | 저도 회사를 다닐 때 너무 힘들었거든요. 요즘은 법적으로 업무 시간 제한을 두지만, 제가 6년 전 쯤에 퇴사를 했는데, 그때는 야근도 많이 하고 회식도 많이 했어요. 그럼에도 그때가 좋았다라고 생각해요. 왜냐하면 매일 야근도 하지만 어느날은 한가하기도 하고 회식해서 맛있는 것도 먹고 했으니까요. 또 매년 건강검진이나 휴양소 지원 등 일뿐만 아니라 회사가 부여하는 복지도 무시할 수 없는 문제죠. 해고가 된다면 일자리가 없어지는 것에 더해 복지혜택을 국가가 해줄 수 있는 것인가의 문제가 있죠. 국가적으로도 실업자의 실업 수당이라든지 사회적 비용이 증가할 수밖에 없죠.

💻 **고효민 (찬성)** | 얘기를 듣다 보니까 제가 너무 온실 속의 화초 같은 생각을 했다는 그런 생각도 좀 드는데 그런 개인적인 관점에서 봤을 때는 말씀하셨던 것들이 다 맞고 저도 회사에서 사실 밥도 주고 버스도 해주고 지난주에는 회사에서 가족 초청 행사가 있어서 다녀오기도 했고요. 그러니까 그런 포근한 회사의 품에 일정 나이 이상이 되어 현업에서 조금 멀어지는 시기가 되더라도 계속 안정적으로 회사를 다닐 수 있고, 일정 수준의 수익이 보장되고 하는 측면에서는 현재 우리나라 노동 환경이 가지고 있는 정규직의 장점이라는 것을 정말 무시할 수 없을 것 같아요. 그런데, 서두에 말씀드린 것처럼 기술개발을 하는 입장에서 사실 글로벌 경쟁이 너무나도 치열하거든요. 저는 한낱 직원일 뿐이지만, 까딱하면 경쟁에서 뒤쳐져서 회사가 휘청거리는 것이 순식간이겠구나 하는 생각이 들 때도 정말 많습니다. 대기업이 굴러가는 방식은 임원들의 강한 목표의식과, 그 밑에 임원이 되고자하는 열심히 하는 직원들의 피, 땀을 중추로 한다고 보시면 되는데, 만약 나는 임원이 될 생각은 없고, 적당히 자기 발전 없이 회사에서 안정적 지위만 누리겠다는 사람이 많아질수록 회사의 경쟁력은 떨어질 수밖에 없죠. 물론, 개개인들에게 모두 동기부여를 할 수는 없겠지만, 이러한 결과로 결국 우리가 글로벌 경쟁에서 뒤처진다면 그 결과 다가오는 것은 혹독한 구조조정 혹은 아예 회사가 폐업하는 거거든요. 그래서, 지금의 구조가 과연 지속가능한 구조인가? 하는 생각을 계속 하고 있습니다.

💬 김지나 (중립) | 실제로 임원분들은 계약직이시다 보니까 성과나 실적에 대해서 굉장히 민감하시고 이게 직원으로 내려오면 또 달라지

는 거죠. 본인이 처한 환경이 어디냐에 따라서 달라지는 건데, 경쟁은 심화되는데 우리나라 인건비 수준이 같이 비교되는 베트남이나 동남아 쪽 그런 국가들이랑 차이가 많이 나다 보니까 공단에는 한국에 있는 공장을 접고 아예 베트남에 있는 공장만 남기겠다는 계획을 하고 넘어가는 데들도 굉장히 많이 있습니다.

업무 실적이나 성과에 대한 부분을 보면 개개인이 다 일을 다 잘할 수는 없겠죠. 잘할 수는 없고 어느 정도는 이제 같이 간다는 생각은 갖고 있긴 한데… 요즘 우리나라의 문제점이 투자를 해서 같이 나아가야 되는 시점에서 경제가 성장 시기가 아니다 보니까 노동조합은 옛날에 그 노동조합의 운동 행태를 버리지 못하고 있고, 무조건적으로 임금 인상이나 뭔가를 얻어내야 된다 이게 조합원을 설득하는 어떤 원동력이 되고 있다보니 기업은 위기감을 느끼고 움직이는 데 있어 노동조합이 걸림돌이 된다고 생각을 하고 있는 것 같아요. 성장 시기에는 괜찮았는데 지금은 성장하지 못하고 도약을 해야 되는 시기이기 때문에 여기에서 어긋나면서 맞지 않으면 '강성노조다.' 얘기하는 것이죠. 그리고 실제 권력으로 변질되기도 했지만 정규직들도 노동조합에 문제가 있다 이런 얘기들 많이 하시는 것 같고요.

요즘은 비정규직에 대한 인식이 조금은 바뀌는 시점이라고 느껴지는 게 "비정규직의 전문직화다."라는 그런 명제가 떠오르고는 있어요. 근데 걱정이 되는 부분은 기업은 어떻게든 수익을 창출하기 위한 조직이잖아요. 근데 어떤 보호의 수준을 조금씩 낮췄을 때 이걸 어떻게든 기업에게 유리하게 적용을 할 텐데 어느 수위로 이걸 조정할 수 있을까 이거는 실무에 있는 입장에서는 굉장히 고민이 되는 부분이죠.

ⓦ **최원선 (반대)** | 해고가 좀 유연화 되면 기업 입장에서는 경기가 좋을 때 인력을 더 많이 뽑는 거에 대한 두려움이 좀 적어질 테고, 경기가 안 좋으면 해고를 해서 기업을 유지하는 데 도움이 될 수는 있겠죠. 다만 무작정 해고를 한다면 사람들이 살아가는데 어려움이 있을 수 있으니 해고에 대한 보조장치가 마련이 돼야 되지 않을까합니다. 고용의 유연화가 어느 정도 필요할 수는 있지만, 한국에서 당장 쉬운 해고를 도입하기에는 한계가 있다는 생각입니다. 기업이 해고를 남용할 수도 있고 노동자는 지속적으로 고용 불안을 느낄수도 있는 문제거든요. 기업이 무작정 해고할 수 없도록 법률적 장치가 먼저 마련이 된 다음에 유연화가 되어야 되지 않을까요? 이탈리아나 프랑스 같은 유럽 같은 경우는 노동법을 개정해서 유연화를 시켰어요.

그리고 제가 의문이 드는 게 '한국에서 고용 유연화를 하면 과연 실업률이 완화가 될 것인가?'예요. 흔히 해고가 유연화되면 고용이 늘어날 것이다는 주장으로 쉬운 해고를 찬성을 하는데, 그게 과연 한국에서 가능한 문제일까라는 의문이 들거든요. 오히려 기업이 숙련된 노동자를 육성하는데 더 이상 노력하지 않고 필요할 때만 경력자들을 뽑아다 쓴다면, 장기적으로는 기업의 성장이나 일자리 촉진에 도움이 될지 의문입니다. 어떻게 생각하십니까?

ⓦ **김지나 (중립)** | 제가 답을 드리기는 좀 어렵겠지만 저는 시대적인 흐름에서 과연 해고를 유연하게 해준다고 고용을 창출할 것인가에 대해서는 좀 의문이 있습니다. 실제로 대기업이나 강성노조로 크게 대두되

는 기업들을 제외하고는 아직도 위장도급이라고 얘기하는 불법 파견이 횡행하고 있고 그것 마저도 기준을 못 잡아주고 있는데 그쪽으로 고용이 전환될 수 있는 리스크는 배제하고 강성노조가 있는 업체들이나 대기업에 해고를 유연화시켜 주기만 하면 고용이 늘어날 것이다고 하는 것은 장밋빛 미래만 보는 것 같아요. 지금 당장 해고를 하고 싶어 하는 기업인들 입장에서는 그렇게 얘기는 할 수 있겠죠. 그런데 지금 일자리가 계속 없어지고 있다고 우리가 얘기하고 있고, 모든 조직에서 한 20% 정도가 일하는 것으로 80%가 나머지 80%까지도 다 같이 가는 면이 없지 않아 있기 때문에 정말 효율성만을 생각한다면 고용 창출이 크게 변동이 없을 수도 있다는 우려를 좀 하거든요.

🖥 **고효민 (찬성)** | 저는 좀 다르게 생각하는 게, 지금도 우리나라 중소기업 평균 근속년수가 3.3년밖에 되지 않는다고 합니다. 2019년 통계라 조금 지난 자료이긴 합니다만, 같은 자료에서 대기업 통계가 7.9년으로 절반도 안 되는 수준이거든요. 하고 싶은 얘기는 쉬운 해고를 남용할 거라 우려되는 중소기업의 경우는 이미 근속년수가 매우 짧기 때문에, 크게 문제가 되지 않을 것이다. 오히려 대기업 고용의 빗장이 풀리면서 일종의 낙수효과가 생기지 않을까요?

🤝 **김지나 (중립)** | 우려되는 부분이 뭐냐면요. 왜 대기업이나 이런 데들을 좀 제외하고 얘기를 했냐 면 대기업 같은 경우는 자체적으로 풀어갈 능력이 얼마든지 있다고 저는 봐요. 그런데 법에서 쉬운 해고를 허용

한다고 했을 때, 보호하는 기준이 낮아지면 항상 그 영향은 가장 낮은 곳부터 미치게 되거든요. 예를 들어 기간제법 생기면서 청년 세대라고 얘기하는 3040들 이력서를 보면 2년마다 직장을 옮겨 다닐 수밖에 없는 사람들이 있어요. 그리고 해고가 쉬워지면 사실상 업무 능력이 좀 떨어지거나 좋지 않은 환경에 회사를 갈 수밖에 없는 사람들이 첫 번째 타깃이 될 거라는 거죠. 근로기준법과 같은 노동법의 특징은 최저 기준을 정하고 있는 거예요. 그러다 보니 이 기준을 낮춘다라고 했을 때 그 피해를 보는 계층이 현재 보호를 받는 사람들보다는 받지 못하는 사람들이 될 가능성이 높기 때문에 이게 신중할 수밖에 없는 문제다. 그런 얘기를 좀 해드리고 싶어요.

🖥 **고효민 (찬성)** | 제가 너무 기업 입장에서….

◉ 최원선 (반대) | 최저임금 얘기 나와서 그런데 현 정부에서 주 120시간 노동도 가능하게 해야 한다는 이야기도 나왔었고, 앞으로 한국도 현행보다는 노동 유연화 기조로 가지 않을까 하는 예상이 되거든요. 그러면 직종이나, 정규직 비정규직 간의 사회적 양극화가 더 강화될 것이 우려가 됩니다. 최저임금에 대해서도 얘기를 하자면, 윤석열 정부에서는 최저임금 아래로도 충분히 일할 용의가 있는 사람들이 있는데 그걸 못하게 하면 어떡하냐는 말도 나왔잖아요. 그래서 최저임금 위원회에서 업종별 최저임금 차등 지급해야 한다는 논의도 있어왔고요. 경영계와 노동계 의견이 대립되고 있는 부분이죠. 최저임금 차등지급이 과연 한국에 맞는 정책일까요? 일본이나 중국은 지역별 차등 지급하고 독일은 업종별 차등지급을 하

고 있어요. 근데 한국의 경우는 직종별로 최저임금 차이를 두면 오히려 양극화, 직종 격차가 더 커지지 않을까라는 생각이 드는데 이점에 대해서 노무사 님은 어떤 생각이신지요?

🤝 김지나 (중립) | 이게 노무사의 생각은 아니고 그냥 저의 생각을 말씀드리자면 그 비교 대상으로 나오는 지역별 차등 임금 같은 경우가 지역이 굉장히 넓은 나라들 그래서 지역별로 물가가 다르고 생활 수준이 다른 거죠. 그 지역에서 일하면서 정말 그 국가 내에 있는 모든 도시도 한 번씩 돌아보지 못할 정도로 넓은 나라들이기도 하고요. 이게 우리나라로 넘어왔을 때 어떤 지역을 임금을 낮추고 어떤 지역을 높일 거냐를 생각을 해보시면 이게 맞는 건가라는 의문이 좀 드실 수 있을 거예요. 산별 노조가 우리나라는 되게 드물지만 산별 노조가 돼서 업종별로 임금에 대한 교섭을 한다 그러면 그거는 좀 타당성이 있는 어떤 대안이 될 거라는 생각은 합니다. 근데 이게 지역이 돼 버리면 우리나라는 정치적으로도 굉장히 지역 색에 의해서 영향을 많이 받고 있는데 해결책이 정말 될 수 있을까 이런 생각이 드는 거죠.

그러니까 지금 저는 정치권에서 나오는 그 지역별 차등 이슈는 어떻게 보면 일이 더… 뭐라 그럴까요? 노후화된 어떤 공단이라든지 일이 더 어렵거나 하는 쪽에 임금이 올라가는 게 아니라 잘 살고 발전된 그 도시에 임금을 몰아주는 그런 형태가 될 수도 있다는 생각을 좀 해요. 정치권에서는 최저임금을 낮추자는 얘기는 절대 못하죠. 그러니까 이런 얘기들을 자꾸 던지는 것 같고 사실상 우리나라에서는 현실성이 없는 얘기라고 저는 생각을 합니다.

🖥 **고효민 (찬성)** | 이런 최저임금이나 정규직/비정규직 이슈가 제 생각에는 정치권의 아주 오래된 주제인 성장과 분배에 관한 논의가 아닐까 싶은데, 우리나라가 고도의 성장 시기를 거쳐왔고 성장률이 정체되어 있는 시기에 와 있는 상황에서 어느 정도 분배에 대해서 다양한 의견들이 나오고 많이 발전했다고 생각해요. 이런 부분들에서 현재 시점에서 우리나라가 성장과 분배 중에서 어떤 것을 더 포커싱을 해야 할 것이냐에 가치 판단에 따라서 결국 정책 기조나 방향이 결정될 수밖에 없다는 생각이 듭니다. 저는 한 업계에 속해 있을 뿐이지만, 제가 이 업계에 있으면서 그리고 반도체에 다니는 많은 친구들이랑도 얘기를 해보면서 느껴지는 건, 심하게 말해서 모두 다 안고 갈 수 있는 상황이 안 된다. (회사 입장에서) 모든 사람들을 다 챙겨가면서 가기에는 우리의 경쟁자들이 너무 빨리 앞서가고 너무 빨리 추격해 오고 있다. 이런 문제의식이 좀 강하게 들거든요. 그래서 제가 기업 입장에서 좀 얘기를 하게 되는 측면이 좀 있었던 것 같고요, 아까 말씀하셨던 것처럼 이런 쉬운 해고 같은 제도가 도입이 됐을 때 업무 능력이 좀 떨어지는 사람들이 직접적으로 피해를 입겠죠, 하지만 그렇다 하더라도 업무 능력이 더 좋은 사람들이 더 일을 잘 할 수 있게 해줘야 한다. 그렇게 해야만 우리나라의 기업 생산성을 높이고, 개개인의 경쟁력 또한 강화되지 않을까 싶습니다.

⊛ **최원선 (반대)** | 근데 현실적으로 노조가 있는데 그게 가능할

까요? 조금이라도 이런 유연한 방향으로 간다면 소위 말하는 강성노조들의 반발이 있을 텐데요.

　　　🤝 김지나 (중립) | 그럴 수 있겠죠. 전반적인 사회 위기감이 비춰진다면 그때는 아마 변화할 수 있을 것 같은데, 우리나라가 노동법을 만들 때 다른 나라의 좋은 것들만 모아왔어요. 그리고는 정치권에서는 계속 뭔가를 해주겠다는 얘기를 하면서 법을 계속 보완해 왔거든요. 그것을 한번 손볼 때가 아닌가라는 생각을 저는 합니다. 제조업 기반이다 보니 시간 단위로 임금을 책정을 하고 하는 것들이요. 사실 그 시간에 내내 일하는 거 아닐 수 있거든요. 앞으로의 직업군은 시간으로 책정할 수 없는 일들이 많을 텐데 그거에 대한 논의가 시작이 돼야 될 거고 어떤 장소적인 속박이 있는 업무들도 아닐 거기 때문에 직업이 많이 변화할 거라는 전제로 법의 체계가 완전히 바뀌어야 된다는 게 노동 쪽에서 좀 얘기가 많이 나오고 있고요. 기업 위주로 복리후생 제도를 설정하기 때문에 기업의 규모에 따라서 영향이 있었던 것을 사회 전반적인 복지로 풀었어야 되는 거 아닌가 그러니까 사회 안전망이 좀 더 탄탄해지고 한다면 그때는 이런 쉬운 해고가 논의가 되더라도 직업을 바꿀 수 있는 어떤 자유가 보장될 것이고, 그렇다면 저는 그때가 쉬운 해고가 논의될 시점이 되는 것이 아닐까 생각해요.

　　　🎤 이효진 (사회) | '파레토의 법칙', 즉 20대 80의 법칙이라는 시사용어를 본 적이 있습니다. 세상은 20%의 인재가 나머지 80%를 이끌어 간다고 하더라고요. 그 말을 들으면서 20%는 훌륭한 사람들이겠지만, 나

머지 80%는 어떻게 될까 하는 생각이 들었습니다. 그런데 오늘 이 자리에 와서 이야기를 들어보니, 20%의 우수한 인재들은 더욱 육성하고, 나머지 80%도 자신에게 맞는 역할과 대우를 받는다면, 보다 유연한 노동 문제가 해결될 수 있지 않을까 싶습니다.

지난 20년 동안 우리 사회를 가장 크게 바꾼 것은 '스마트폰'일 것입니다. 혁신적인 기술, 혁신적인 제품은 우리 사회의 모습을 크게 바꾸고, 그에 따라 다양한 일자리가 생기고 사라지곤 합니다. 인공지능으로 대표되는 다가오는 또 다른 20년간도 많은 변화가 있겠지만, 그 속에서 우리 인간들이 할 일은 여전히 있을 것이고, 또 다른 많은 기회가 있을 것입니다. 그 과정에서 벌어지는 여러 사회적 비용과 진통들은 정치인들에게 확실하게 역할을 맡기고, 우리는 다가올 미래를 두려워만 말고 능동적이고 진취적으로 대응할 수 있도록 준비하여야 하겠습니다.

# 인구

## : 늘어나는 노인,
##   줄어드는 아기

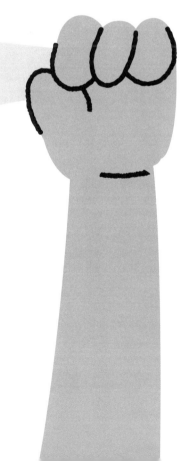

2장

# 1

## 대한민국 인구 소멸, 대안은 있을까?

🎙 **이효진** | 우리나라는 낮은 혼인율과 출산율로 인구소멸 위기에 닥쳐 있습니다. 인구감소와 고령화는 국가경쟁력 저하뿐만 아니라 국가와 사회의 지속가능성에도 영향을 미치는 중요한 문제죠. 낮아지는 혼인율과 출산율 원인에 대해 이야기를 나눠보겠습니다.

💬 **고효민** | 모두가 너무 잘 아시다시피 우리나라의 합계출산율이 2023년 기준 0.72명으로 전 세계적인 기록을 세웠고, 2024년도의 수치도 0.74명으로 크게 다르지는 않은 것 같습니다. 이 추세대로 가면 2070년에는 우리나라 인구가 3천만 명으로 줄어들 거라는 예측도 있는데요, 합계출산율이라는 것은 한두 가지 요인으로 설명하기 힘든 다양한 사회적 요인들이 얽혀 있는 최종 지표 같은 것이라고 봐야겠죠. 그래서 무엇을 잘했고, 잘못했고 이런 것을 따지기가 쉽지는 않을 것 같습니다. 단순하게 생각해서 일단 아이를 많이 낳으려면 결혼을 해야 되잖아요. 그럼 결혼을 옛날보다 요즘 세대들이 더 많이 하는지 혹은 많이 안 하는지 그런 걸 한번 먼저 살펴보고 그 이후에는 아이를 낳는 환경, 그리고 육아하는 환경이 예전에

비해서 어떻게 변화하였는지 이런 것들을 같이 한번 얘기하면 좋을 것 같습니다.

🎙️**이효진** | 네 요즘 말씀해 주신 것처럼 결혼을 안 하잖아요. 저도 몇 가지 통계를 봤는데 조혼인율이라고 하죠. 인구 천 명당 결혼 건수가 지속적으로 감소해서 2011년에는 6.6건이었다고 해요. 그리고 2021년 3.8명까지 줄어들었고요. 평균 초혼 연령도 2011년에는 남성 31.9세 여성 29.1세였던 것이 2024년에는 남성 34.0세, 여성 31.5세로 증가하는 추세고요. 2020년 기준으로 30대 중에 미혼의 비율이 남성은 50.8%, 여성은 33.6%였다고 합니다. 이 정도면 결혼을 안 하는 것 자체가 저출산의 가장 중요한 원인이 아닐까라는 생각이 들기도 하는데요. 우리나라 혼인율이 급감하고 있는 원인 어떻게 설명할 수 있을까요?

⊕**최원선** | 여성 평균 초혼 연령 31.5세라고 하셨는데, 요즘 서른살에 결혼해도 왜 이렇게 일찍 해? 이런 얘기 나오잖아요. 높은 집값, 교육비와 같은 결혼해서 견뎌내야 할 경제적 문제들이 많아요. 이전에 비해 지금의 청년들은 취업하고 안정적으로 자리를 잡고 결혼하기까지 시간이 오래 걸리기 때문에 초혼 연령도 올라가고 있어요. 또 예전에는 결혼을 굉장히 필수로 생각하는 사람이 많았지만, 요즘은 비혼 주의자나 동거라든지 다른 방식의 혼인형태도 많아지고 새로운 문화들이 등장을 해서 꼭 결혼을 안 해도 된다는 생각을 갖고 있는 청년들이 많은 것 같습니다. 결혼하신 분들은 어떻게 생각하시는지?

🎤 **서연주** | 저도 막연히 '결혼'할 준비가 되어 있지 않다는 생각을 했던 것 같아요. 그리고 결혼뿐만 아니라 출산, 육아를 생각하면 여성으로서 헌신이 필수적인 영역이기 때문에, 커리어를 생각하면 쉽게 엄두가 안 나기도 했고요.

🎯 **박일정** | 결혼 생활을 경험하고 있는 사람 중 하나로서, 저는 결혼 전에 '결혼 생활'에 대해서 특별한 환상이 있지는 않았어요. 제가 스타트업에 몸담고 있다 보니 주변에 미혼이면서 저보다 어린 친구들이 제법 많아요. 가끔 밥을 먹거나 커피를 한잔하면서 이야기를 하다 보면 제가 기혼자다 보니 자연스럽게 본인들의 결혼에 대한 가치관 같은 것들을 언급하게 되더라고요. 다수의 친구들에게서 보여지는 공통점은 결혼에 대해서 막연하게 느껴지는 '공포감'이더라고요. 어떤 포인트에서 공포감을 느끼는지를 찾다 보면 이유가 명확하지 않은 경우가 많아요. 대부분은 결혼하신 분들 보니까 왠지 모르게 힘들어 보이고 개인으로서의 여유가 없는것처럼 느껴진대요. 그래서 '나처럼 기대없이 결혼하면 생각보다 힘들지 않다.'라고 농담처럼 이야기하면서 개인적으로 느낀 결혼의 장점들을 이야기해줘요. 지금의 사회 분위기가 결혼이 굉장히 어렵고 힘든 과제 같은 측면이 강조되는 게 아닌가 하는 느낌이 들어서 걱정이 되더라고요.

🌐 **최원선** | 일정 님이 굉장히 전문가 같은 발언을 하신 게 오은영 박사님이 한 인터뷰에서 저출산의 원인을 젊은 세대의 양육에 대한 두려움 때문이라고 얘기를 하시더라고요. 애착관계에서 벗어나 부모로부터

정신적 독립이 되어야 하는데 기존의 우리 부모 세대들은 자식을 부모가 책임져야 한다는 세대로 자랐기 때문에 그거를 보고 자란 지금의 세대들은 부양에 대한 부담이 너무 큰 거예요. 그래서 결혼을 하고 양육을 하는 거에 대한 공포나 두려움이 있어서 결혼하는 걸 꺼리고 있다고 이렇게 진단을 하시더라고요.

🎙️ **이효진** | 막연한 공포감 되게 와닿네요.

💻 **고효민** | 저도 공감을 하는 게 아까 평균 초혼 연령이 점점 높아지고 있다는 말씀해 주셨잖아요. 그러니까 사회에서 안정적으로 자리를 잡는 나이가 점점 높아지면서 결혼에도 영향을 미치는 것 같아요. 제 주변에는 상대적으로 결혼하는 비율이 높긴 하거든요. 아무래도 직장들이 안정적이다 보니까? 결혼하는 친구들도 거의 30대 초반에 많이 하는 것 같고요. 아직까지도 안정적인 직장을 잡은 후 3~5년 뒤 결혼하는 것은 비슷한 경향을 띠고 있는 것 같습니다. 결국, 사회에 진출하는 나이가 늦어지는 것이 결혼, 나아가 출산에까지 영향을 끼치고 있다라고 봐도 될 것 같습니다.

💇 **서연주** | 가방 끈이 길었던 한 사람으로서 무척 공감이 되는 이야기네요.

🧭 **박일정** | 저는 이런 이야기를 들으면 좀 갸우뚱하게 되더라고요. 사람들마다 "이 정도면 결혼을 해도 돼."라는 이야기를 하는데, 이 기준

에 저는 공감이 잘 안 되더라고요. 그런 기준을 들어보면 상대적으로 제가 너무 생각이 없었나라는 생각이 들 때도 있어요. 앞서 말씀드렸듯이 저는 결혼할 당시 결혼에 대해 특별한 기대감이나 기준을 가지지 않았거든요. 예를 들어, 결혼할 상대방이 어떤 사람일 것 같고, 내가 부족한 부분은 상대방이 채워줄 것 같고, 최소한 이 정도의 경제적 여건은 필요할 것 같다는 식의 기대감 말이죠. 그런데 나름 짧지 않은 결혼 생활을 경험하면서 느낀 바로는, 그런 기대감이 현실적이지 않은 경우가 많다는 생각이 들어요. 아, 이거 와이프가 들으면 가만히 있지 않을지도… 하하.

　　 ♀️ **서연주** | 어찌 보면 현대사회의 비교 경쟁 심리와 보여주기 식의 소비를 자극하는 SNS도 비현실적인 기대감을 갖게 하는 데 한몫했겠네요.

　　 🌐 **최원선** | 기혼자 두 분은 그래도 기본적인 경제적 역량이 되셔서 가능한 거고, 그 조차 안 되시는 분들은 경제적 문제에 대한 두려움이 클 거예요. 기본적으로 임대주택도 얻기 힘든 신혼부부들은 이런 상황에서는 주거 문제가 해결이 안 되면 결혼하지 못하는 큰 원인으로 작용을 할 거라고 봅니다. "그냥 노력해서 살면 돼, 돈은 나중에 키워가는 거지."라는 말이 경제적으로 어려운 분들에게는 이게 말처럼 쉬운 상황이 아니에요. "대출받으면 돼."라고 하지만 이것도 효민 님 같은 경우 대기업이기 때문에 대출이 가능한 거지 그것도 쉽지가 않아요. 경제적 어려움으로 결혼에 대한 두려움이 클 수 있습니다.

💻 **고효민** | 남들도 다 준비되어 있지 않은데 일단 결혼은 하는 거야 이런 분위기가 퍼져 있으면 좋을 것 같은데요. 그래서 우리가 잘 알고 있는 〈슈퍼맨이 돌아왔다〉 같은 육아 프로그램들이 오히려 결혼이나 출산에 악영향을 끼치고 있다는 얘기도 있었죠. 제가 읽은 사설 중 하나에서 우리나라 출산율이 급감하기 시작했던 2015년에 있었던 가장 큰 변화 세 가지를 꼽은 것이 있었는데, 첫 번째가 부동산 급등의 시작, 두 번째가 2030대 결혼율 감소, 세 번째가 인스타그램 국내 상륙이었습니다. 남들과 비교하고, 남들이 하는 만큼은 하고 살아야지 하는 풍토가 더욱 진해진 것도 원인 중 하나라고 볼 수 있을 것 같습니다.

🌐 **최원선** | SNS의 역할 저도 굉장히 동의를 해요. 결혼이나 출산이나 본인에게 이득이 돼야 할 텐데 지금 그게 피부로 와닿지 않는 거예요. SNS로 보면 모든 사람이 굉장히 잘 사는 것 같고, 행복한 것 같고 〈슈퍼맨이 돌아왔다〉 같은 방송에서도 보면 연예인들이나 유명인 분들의 집이 굉장히 좋잖아요. 근데 저렇게 갖추지 못한 상황에서 내가 어떻게 결혼을 하고 아이를 키울 수 있을까 하는 두려움이 큰 것 같아요. 요즘 20대들 오마카세를 자주가고 명품을 구매해서 SNS에 많이 올린다고 논란이 됐잖아요. 근데 왜 이렇게 명품을 사고 오마카세를 먹고 그 나이대 수입에 맞지 않는 행동들을 할까요? 사실 지금 청년 세대는 아무리 노력을 해도 본인이 돈 모아서 집 사기는 힘든 세대라는 거예요. 그러니까 집을 사거나 저축을 하는 대신 그냥 지금 즐길 수 있는 선에서 최대한 가능한 소비로 오마카세나 명품 구매나 이런 걸로 쓸 수밖에 없는 거죠. 그렇기 때문에 미래를 위

해 돈을 모아가면서 결혼을 하고 출산을 하고 육아를 하는 것까지는 더 생각하기가 어렵고 두렵다고 생각을 합니다.

🎤**이효진** | 인스타그램 영향력으로 결혼율도 낮아지고 출산율도 낮아지고, 그리고 여성들이 요즘 예전보다는 사회 활동을 많이 하잖아요. 맞벌이도 하고 이러다 보니까 그게 자연적으로 출산율과 바로 직결되는 것 같기도 좀 해요.

🖥**고효민** | 요즘 2030대 남녀 모두가 예전보다 눈이 좀 높아졌다? 이런 생각도 듭니다. 제 주변의 30대 중반의 지인들 소개팅을 매치해 주려고 하면 사실 쉽지가 않습니다. 원하는 조건들이 많고, 외모 기준도 물론 만만치 않고요. 결국 연애를 해야 결혼을 하는 것인데, 연애 자체가 예전보다 더 활발하게 일어나지 않는 것 같다는 생각도 듭니다. 그래서 오히려 반대 급부로 다른 사람들이 연애하는 것을 지켜보는 데이팅 프로그램들이 성행하는 것이 아닌가 하는 생각도 들고요.

🌐**최원선** | 예전에 비해서 할 게 너무 많아요. 지금은 결혼 안 해도 취미생활이며 혼자 즐길 수 있는 게 많잖아요. 결혼을 해도 부부가 같이 할 게 너무 많아요. 굳이 아이를 안 낳더라도 둘만이 할 수 있는 것들이 많은 사회이기 때문에 굳이 결혼이라는 제도 안에서 살아야 하느냐라는 생각이 드는 거죠. 변화하는 사회에 맞춰서 가족제도도 좀 변화해야 되지 않을까 싶어요. 예를 들면 동거 가족이라든지 한부모, 미혼 출산 등에 대한 인

정이 필요한데 우리나라에서는 아직은 결혼 제도 안에 묶여 있을 경우만, 출산을 가능하게 하고 가족으로 인정하고 있어요. 사회 복지도 가족을 기준으로 하고 있지, 개인을 중심으로 복지 체제가 이루어지지 않기 때문에 그런 부분에 변화가 필요할 시기인 것 같습니다.

🖥 **고효민** | 근데 그런 걸 좀 더 인정하게 되면 결혼을 더 안 하는 거 아닌가요?

🌐 **최원선** | 우선 인식 전환이 필요하다는 거죠. 미혼으로 싱글 출산한 사유리 씨 같은 경우도 〈슈퍼맨이 돌아왔다〉 처음 출연할 때 반대 여론도 있었어요. 한국의 정서와 문화에 맞지 않다는 거죠. 어떻게 싱글맘으로 혼자 아이를 낳은 사람을 육아 프로그램에 보내냐면서 반대하시는 분들도 있었어요. 그런데 저는 새로운 방식의 출산, 가족 문화가 인정이 돼야 된다고 생각합니다. 요즘 미혼 여성들 사이에서 난자 냉동을 약간 유행처럼 얘기를 하고 있어요. 근데 저는 사실 적극적으로는 권장하지 않아요. 난자 냉동만으로 임신 성공률도 그렇게 높지는 않고 난자 동결을 했더라도 결혼을 안했을 경우 한국에서는 혼자 출산이 불가능해요. 요즘 지자체에서 출산율 장려 정책 중 하나로 미혼 여성 난자 동결 비용을 일부 지원하겠다는 정책들도 나오고 있어요. 근데 저는 난자 동결 같은 개인적 선택의 문제를 모두에게 지원해 주는 것보다는 건강검진 시에 여성의 경우 난소 기능 수치 이런 거를 필수로 넣어서 수치가 현저히 떨어지는 사람에게 난자 동결할 수 있도록 지원을 해주는 거는 좋다고 생각해요. 제가 너무 진지하게

너무 깊이 들어갔나요?

　　💻 **고효민** | 제가 엔지니어의 시각에서 이 이슈를 들어보면서 정리를 해보면 결국 현대사회에서의 여성의 사회적인 사이클과 여성의 생물학적인 사이클이 불일치하고 있는 현상이 나타나고 있다고 봐요. 사회적 사이클을 여성의 가임 가능한 그 나이대에 맞출 거냐 아니면 여성의 사회적 사이클을 그대로 두고 냉동 난자와 같은 과학기술을 통해서 그 사이클을 맞춰줄 것이냐 두 가지의 기로에서 정책 방향을 선택해야 하는 것 같네요.

　　🩺 **서연주** | 전문직 여성으로서 매우 공감해요! 사회에서 주어진 체계에 맞추어 공부하고, 시험보고, 배우며 단계를 밟아가다 보니 어느덧 30대가 넘었는데, 사실 그 이후부터가 커리어에서는 가장 중요한 시점이 되다 보니 생물학적 사이클과는 무관하게 삶이 굴러가더라고요. 그런데 사실 냉동 난자 같은 과학적 기술의 성공률이나 효과가 아직은 높지 않다 보니 사이클을 맞추는 것은 한계가 있어요. 제가 생각하는 가장 최선은 사이클을 억지로 맞추는 것은 불가능할 것 같고, 사회적 사이클을 유지하는 안에서 정책적인 배려와 사회 구성원들의 합의를 통해 생물학적 사이클의 출산과 육아가 인정받는 분위기가 만들어져야 할 것 같아요.

　　🌐 **최원선** | 저는 결혼 안 해서 시댁이라는 그 문화를 잘 모르겠는데 여성들이 결혼을 생각하면 시댁에 대한 두려움이 있는 것 같아요. TV 프로그램들을 보면 패널들이 출연해서 시댁이나 시부모들과의 불편한 에

피소드들을 얘기하는데 그런 걸 보고 나면 두려워지는 것이 아닌지 하는 생각이 듭니다.

🎙 **이효진** | 근데 저는 방송 프로그램도 사실 시청률을 위해서는 '뭐 이런 일이? 뭐 이런 아이가 있다고?'라고 생각이 드는 내용이 좀 많잖아요. 그래서 그런 것도 우리의 사고에 굉장히 많은 영향을 주는 것 같아요. 그래서 방송을 보며 시댁살이를 저렇게까지 해야 되는 거구나라는 생각도 들고, 아이 관련한 프로그램도 아이를 낳아서 행복해야 되는데 부모가 저렇게 고생을 해서 삶이 저렇게 피폐해지는구나 라는 생각이 드니까 그런 게 혼인율과 출산율에 많은 영향을 주지 않을까라는 생각이 듭니다.

🌐 **최원선** | 방송프로그램이 미치는 영향력을 무시할 수는 없겠죠. 근데 방송에서 만남을 주선하고 데이트하는 모습을 보여주는 데이팅 프로그램들이 많이 늘어나고 있잖아요. 〈나는 솔로〉, 〈환승연애〉, 〈돌싱글즈〉, 〈하트시그널〉 같은 데이팅 프로그램은 흥행하지만 혼인율은 계속 떨어지고 있습니다.

정부나 지자체들은 결혼을 안 하는 게 출산율 저하의 원인이 된다고 보고 결혼율을 높이기 위해서 지방 정부 차원에서 20~30대 청년들을 위한 소개팅 미팅을 장을 마련해 줬어요. 대표적으로 성남시는 〈솔로몬의 선택〉이라는 미팅행사를 지속적으로 진행중이고 결혼 커플도 탄생했어요. 보건복지부에서는 미혼 남녀 20명이 주말 1박 2일간 조계사에서 템플 스테이를 하면서 인연을 찾도록 돕는 〈나는 절로〉라는 프로그램을 진행했고요. 서울시도 예산 8천만 원 정도를 편성해서 〈서울팅〉이라는 프로그램을 하겠다는 기획을 했었는데 예산 낭비라는 야당의 반대에 부딪혀서 결국 하지는 못했어요. 서울시는 2024년 다시 민간기업의 후원을 받아 〈설렘, in 한강〉이라는 미팅 행사를 개최했습니다. 이런 행사에 많은 지원자들이 몰렸어요.

일반 대중들 사이에서도 '획기적이다. 출산율을 높이고 결혼율을 높이기 위해서 이렇게 정부나 지자체가 나서는 것도 참 신선하고 좋은 아이디어다.'라고 보는 측면이 있는 반면, '시대착오적이다. 결혼을 나라가 책임질 것이냐.'라면서 비판적 의견도 있는데 어떻게 생각하세요?

💬 **고효민** | 저는 지자체에서 이런 아이디어들을 생각하고 있다는 것은 정말 좋은 방향이라고 생각합니다. 특히 〈나는 절로〉라는 것도 콘셉트가 아주 참신하고 시도해볼 만하다고 생각해요. 연애 관련 사업을 단순히 남녀를 매칭해줘서 너희 한번 만나봐 이런 식으로만 하는 것이 아니라 취미 활동을 함께 공유해줄 수 있는 장을 만들어주면서, 그 안에서 자연스러운 만남을 유도하는 방향이잖아요? 사실 제가 한 정당의 정책 제안 프로그램에 참여할 때 이와 비슷한 아이디어를 낸 적이 있습니다. 공공 데이팅 앱을 출시를 해서 남녀를 매칭을 해 주는데, 단순히 사람 매칭이 아니라 지역 내 매장들과 연결해서 함께 취미생활을 할 수 있는 기회를 만들어주는 식의 콘셉트였어요. 데이트 약속이 성사가 된다면 매장에서 지역화폐를 통해서 결제할 수 있게끔 유도하는 아이디어를 낸 적이 있습니다. 하지만 결과는 그리 좋진 않았었네요.

◉ **최원선** | 서울시에서 기획했던 〈서울팅〉이랑 약간 비슷한 것 같네요. 동아리 모임을 추진해서 지원을 하겠다 그런 거였더라고요.

조선시대에도 국가나 마을에서 혼기가 찼는데 결혼 못하신 분들에 대해서 책임지고 맺어주고 혼수를 지원해주는 제도가 있었다고 해요. 예전부터 나라에서 출산율 혼인율에 대해 굉장히 신경을 썼던 것 같아요. 그러나 자유주의와 개인주의 성향이 강한 지금의 MZ세대한테 이런 정책이 맞느냐라는 반대가 있는거죠. 혼인율이 낮은 것은 사람을 못 만나서가 아니라 결혼을 하고 싶어도 못한다. 부동산이 비싸서 결혼을 못하고 교육비가 너무 많이 들어서 자녀를 못 키우고 이런 거지 단순하게 연애한다고 결혼을 하겠냐면서 반대를 하시는 분들이 있는데 그것도 이해는 해요. 결혼율, 출산율이 그냥 남녀 맺어준다고 쉽게 높아지는 문제는 아니죠. 근데 워낙 낮으니까 이런 사소한 부분에서도 조금이라도 더 지원을 해보면 조금이라도 늘지 않을까 이런 생각을 해보는거죠.

💻 **고효민** | 저희가 지금 연애 관련된 얘기를 하고 있는데, 큰 범주에서 보면 저출산 대책 중 하나라고 볼 수 있잖아요? 말씀하신 것처럼 저출산 관련 예산 활용처를 좀 다양화할 필요는 있을 것 같습니다. 노무현 정부 때부터 저출산 지원 정책들이 본격적으로 시행되었는데, 거의 현금 지원 위주로 많이 이루어져왔잖아요. 물론, 아이 키우는 입장에서 나라의 다양한 지원 제도가 정말 도움이 많이 되는 것은 틀림없긴 합니다. 하지만, 현금 지원이라는 것들이 아이를 낳을 의향이 없거나, 여건이 되지 않는 사람들을 유도할 수 있는 정도의 수준까지 도달하지는 못하는 것 같고, 그런

수준이라는 것이 애초에 불가능할 수 있겠다는 생각도 들어요. 그래서 이렇게 연애 단계부터 지원을 해 줄 수 있는 정책들을 한번 시도해보는 게 꼭 필요하다고 봐요. 아주 개인적인 연애를 위해서 국비를 지원하는 것이 온당하냐와 같은 논쟁도 있을 수 있지만, 일단 이렇게 심각한 저출산 문제 해결을 위해 이렇게도 해 보고 저렇게도 해 봐야죠! 그런 아이디어들이 하나하나씩 모이다 보면 결국 이 어려운 문제에 대한 해법도 서서히 나오지 않을까 하는 기대를 가져 봅니다.

🎤 **이효진** | '왜 청년들은 결혼을 안 할까?'라는 주제에 많은 원인들을 이야기해 주셨어요. 또 데이팅 프로그램의 인기와 저혼인, 저출산 대책 중에 하나로 지자체에서 진행한 소개 프로그램까지 이야기해봤습니다. 대한민국의 인구 소멸을 막기 위한 대책을 고민해 본 시간이었습니다.

# 2

## 초고령화 사회, 지속가능한 보건 의료는?

◉ **최원선** | 대한민국은 저출산 초고령화 사회로 고령인구에 대한 사회적 정책 정비가 필요합니다. 변화하는 인구구조 속에서 지속 가능한 보건, 의료 체계를 어떻게 준비해야 할 것인가에 대한 논의도 필요하겠죠. 초고령화 사회를 대비하여 지속 가능한 보건 의료 제도를 위해 대비해야 할 것들을 살펴보고자 합니다. 먼저 내과 전문의인 서연주 님의 보건의료 체계에 대한 생각을 들어보겠습니다.

♀ **서연주** | 여러분들 우리나라가 고령화로 지속 악화되고 있는 상황에 대해서는 모두 다 아실 겁니다. 우리나라는 2019년부터 데드크로스를 지났다고 하고 65세 이상 고령 인구가 2017년에는 인구 구성비의 13.8%였는데 2025년도에는 이 20%에 다다를 것으로 전망을 하고 2036년엔 30%, 2051년도에는 40%를 초과할 거라고 전망하고 있어요. 사실 고령화는 사회 정치적인 부분에서 큰 변화를 초래하기 마련인데 특히 보건의료 영역에서 문제가 커질 거에요. 사람들이 평생 동안 쓰는 의료비의 대략 70~80% 정도가 70세 이상에서 발생하기 때문에 의료비 지출 측면에서 굉

장히 큰 이슈로 다가오게 될 겁니다. 그래서 우리가 저출산 고령화 사회에서 어떻게 의료 체계를 지속 가능하게 유지할 것인가에 대한 고민이 반드시 필요한데요. 실제로 우리나라의 보건의료는 전 국민 건강보험제도가 도입된 이래로 굉장히 전 세계적으로 우수한 성과를 유지하면서도 값싸고 질 좋은 의료를 국민들이 제공받을 수 있는 체계를 유지하고 있습니다. 다만 현시점에서 우리가 당면한 문제는 필수 의료라고 일컫는 생명과 직결된 바이탈을 다루는 의료 분야가 붕괴되고 있다는 부분인데요. 이는 언론에 나오는 부분들만 봐도 아실 수 있을 거예요. 그래서 사실 이와 결부된 문제로 의대로 쏠림 현상들이 발생하고 의대 블랙홀 등의 교육적인 측면에서의 사회적인 문제들도 발생하고 있어요. 이는 차치하더라도 보건의료 영역만 가지고도 고령화 사회에서 우리가 맞닥뜨린 문제점들이 많아요. 우리가 반드시 풀어 가야 할 숙제죠.

◉**최원선** | 네, 그럼 필수의료과는 어떤 과를 말하는 건가요?

♡**서연주** | 사실은 필수 의료라는 용어도 지금은 의료계 안에서도 사용을 지양하고 있어요. 뭐가 필수고 뭐가 필수가 아니냐, 그 기준은 무엇이냐 하는 논쟁이 있는 거죠. 예를 들어 필수의료를 생명과 직결된 분야, 즉 환자들이 죽고 사는 분야로 한정을 짓는다면, 예를 들어, 정신과는 환자가 자살하기도 하는데, 필수의료가 아니냐 이런 혼란과 비판이 있는 거죠. 그래서 저희는 이제 '바이탈(Vital) 의료'라고 얘기를 하고 있는데 과 기준으로 나누는 것이 아니라 해당 분야에서 발생하는 보건의료 행위가 환

자의 생명과 직결되느냐, 그리고 죽고 사는 정도의 중증, 그리고 응급 질환을 다루느냐를 기준으로 판단합니다. 같은 전공과 의사라고 해도 하는 일의 종류나 그리고 일하고 있는 근무 기관의 형태에 따라서 어떻게 보면 그룹이 나눠져요. 같은 신경외과 의사라고 해도 뇌출혈 등 사람이 죽을 수도 있는 중증 응급 질환을 다루는 바이탈 분야가 있고, 척추 통증을 다루는 비바이탈 분야가 있는거죠. 바이탈 분야 의료에 종사를 하면 24시간 365일 응급 상황이 발생할 수 있고 환자 모니터링이 필요하기 때문에 야간 당직이 필수가 되고, 숙련된 전문 인력 상주가 반드시 필요해요. 사실은 의사들마다도 추구하는 바나 생각이 굉장히 많이 다른데, 바이탈의료에 종사하는 의사들의 경우에는 상대적으로 경제적 보수보다는, 사회적인 지위나 보람 같은 부수적인 가치를 굉장히 높게 사는 사람들이 선택하게 되죠. 하지만 현재 수가 제도나 사회적인 시스템인 법적인 보호 같은 것들이 뒷받침하지 못해서, 점점 이 바이탈 의료에 종사하는 사람들의 수가 급감하고 붕괴로 이어지고 있는 현실입니다. 중증, 응급 상황의 환자를 살리려면 약제, 시술, 인력 등 비용이 많이 들어가는데, 만성적인 저수가 구조가 유지되다 보니, 바이탈 의료를 하면 적자가 쌓여 병원 차원에서도 부담이 되고요. 그러다 보니 추가 인력을 고용하고 투자할 유인도 사라지게 되죠. 오늘은 이 문제를 우리가 어떻게 해결할 것인지에 대한 화두를 던져보려고 합니다.

◉ **최원선** | 2024년 논란이 되었던 의대 정원 확대의 중심에는 필수의료과 기피를 들 수가 있죠. 초고령화 사회를 대비해서 지속가능한 보건 의료를 위해서는 바이탈과에 대한 전문의 증대는 필수 불가결한 조건

일 것입니다. 초고령화 사회를 대비하여 지속가능한 보건의료 체계를 이루기 위해서는 먼저 논의가 필요한 주제에 대해 설명해주시겠어요?

서연주 | 첫 번째 주제는 저출산 고령화가 진행되며 세금을 내는 사람은 없는데, 혜택을 받아야 할 사람은 많아지는 건강보험 제도에 대한 고민이에요. 결국엔 국민연금과 비슷한 사회적인 합의가 필요한 시점이라고 생각하는데요. 우리는 다 나이가 30대 40대로 아직은 병원 갈 일이 별로 없는 사람들이잖아요. 근데 지금 시점에 어떤 노령화 인구들의 건강 부담을 짊어질 준비가 됐는가, 건강보험 분납금이 안 그래도 월급에서 많이 빠져나가고 있는데 세금을 늘리는 부분에 대해서 공감하는가에 대한 질문을 던지고 싶어요. 두 번째는 바이탈 의료에 종사하는 전문 인력들을 늘려가는 것이 우리의 최종 목표인데요. 가장 필요한 부분들을 조사를 해봤더니 의료 행위에 수반되는 소송 리스크를 감소시켜줘야 된다는 의견이 많아요. 왜냐하면 그래야 이 사람들이 자부심을 가지고 힘든 일을 할 수 있는 환경이 마련이 된다는 거죠. 보람이라는 가치가 돈보다 최우선인 사람들이 바이탈 관련 진로를 선택하게 되는데, 내가 최선을 다했는지만 여기서 발생한 문제로 내가 막 20억 이런 식으로 민사소송 판례를 받고, 거기에 더해 형사 재판까지 받게 된다면 누가 그 힘든 일을 계속 할 수 있을까요? 이러한 의료계 분위기가 형성되고 있는 가운데 생명을 다루는 바이탈 분야의 소송 리스크를 감소시켜줄 수 있는 의료사고 특례법의 도입에 어떻게 생각하시는지 이 두 가지 화두를 먼저 던져보겠습니다.

**◎최원선 |** 그럼 건강보험료 인상과 의료사고에 대한 의료 소송 리스크를 감소시켜줄 수 있는 의료사고 특례법 이렇게 나눠서 얘기해 보도록 하겠습니다. 먼저 건강보험 보험료 인상은 불가피한 문제인 것 같아요. 생산 가능 연령들은 적어지고 우리가 부담해야 될 노인 연령은 증가할 수 밖에 없는 상황에서 보험료 증가는 불가피하다는 생각이 생각이 드는데 여러분들은 어떻게 생각하세요?

**◉박일정 |** 건강보험료가 올라가는 것은 사실 어쩔 수 없는 일이라고 생각해요. 얼마 전에 읽었던 아티클에서 충격적인 숫자를 봤는데요, 제 나이를 기준으로 60대가 되었을 때, 저를 부양해줄 수 있는 사람은 한 명이라고 하더라고요. 현재 시점 기준으로는 약 10명이 현재의 60대를 부양할 수 있는 상황인데, 제가 60대가 되면 저를 책임질 사람이 단 한 명뿐이라는거죠. 결국 나머지 9명분의 공백을 누군가는 메워야 하는 상황이고, 그 부담을 지금 젊은 나이에 조금씩 적립한다고 생각하면, 살짝 속은 쓰리지만 받아들일 수 있을것 같아요. 그래서 운영만 제대로 된다면 건강보험료가 올라가는 것에 대해서는 뭐, 물론 운영만 제대로 된다면요.

**🐢정그린 |** 그게 정답이겠죠. 근데 지금 어떻게 보면 낀 세대인 것 같은데, 현재의 생산 인구가 위에 계신 분들을 서포트를 해야 되는 입장인 거고 향후에 서포트를 받아야 되는 입장이 될 때는 아래 세대에서 그걸 감당해줘야 되는데 아래 세대의 절대적인 수치는 적잖아요. 그러니까 앞으로 인구가 줄어드는 게 당연한 상황에서 어떻게 보면 낀 세대로서 굉장히

좀 억울할 수 있는 부분이 있어요. 건강보험료 오르는 것은 불가피한데 문제는 지금까지는 사회가 계속 산업사회로 발달해 왔으니까, 우리나라도 발전을 했고 건강보험료 오르는 만큼 월급이 올랐어요. 하지만 앞으로는 근로자 입장에서 월급이 건강보험료 오르는 것만큼 안 오를 가능성이 높은 상황이니까 건강보험료가 올라가는 게 불가피함에도 현재 생산 연령대에 계신 분들이 그 합의에 동의를 할 수 있을지… 항상 정답이라고 사람들이 동의해 주는 건 아니거든요. 앞으로 우리나라 성장의 정체가 예상되어 있는 상황 속에서 정답이 있음에도 고민해야 되는 거죠. 건강보험료만 오르는 게 아니고 매달 내는 연금 같은 부분들도 같이 오르기 때문에 여러 사항들을 복합적으로 고려하고 조절하며 인상되어야 하는데 월급만 인상이 되지 않는 상황에서는 세금과 보험료 등을 초과 부과하고자 할 때는 비율적인 부분에서 조정이 필요한 것 같습니다. 제도적으로 고민해야 해요.

◈최원선 | 월급에서 빠져나가는 금액을 보면 건강보험료 비중이 꽤 커요. 미래를 위해서는 인상을 해야 되는 게 맞다고 하지만 지금 경제도 어려운 상황에 월급은 안 오르는데 세금은 빠져나가는 게 부담될 수도 있어요. 제가 1년에 거의 한 번도 병원을 안 갔던 적이 있어요. 근데 1년간 낸 건강보험료를 보니까 너무 아까운 생각이 드는 거예요. 그래서 개혁이 필요하지만 정치권에서도 다 알고 있지만 이걸 올리기가 쉽지가 않을 거예요. 연금 개혁도 정권이 바뀔 때마다 언제나 해야 된다는 말은 나오지만 모든 정부가 쉽사리 못하는 게 당장 느껴지는 경제적 어려움 때문에 단순히 필요하니까 올려야 된다라고 설득하기는 쉬운 게 아닌 거죠. 그래서

어떻게 설득을 해야하는가와 어떻게 세금 재원을 마련하는가는 나눠서 생각을 해봐야 될 것 같습니다.

🐾 **정그린** | 사실 굉장히 조심스러운 말이긴 한데 방금 말씀을 해 주신 것과 더불어 연속적으로 얘기를 하자면 우리나라 국민들은 너무 병원 의존도가 높은 것 같아요. 그 말은 조금 아픈 것임에도 불구하고 일단 병원을 가는 빈도가 너무 높은 것 같아요. 사실 다른 나라는 병원을 예약하고 가기 어렵기 때문일 수도 있겠지만 많은 부분들은 그냥 범용적인 약으로 해결한다든지 이런 식으로 하는데 우리나라는 조금만 아파도 병원을 가는 빈도가 너무 높아요. 그렇게 되면 당연히 많은 비용이 들기 마련이죠. 그래서 필수라고 말하기 좀 조심스럽지만 어쨌든 바이탈 위주로 가면 그나마 조금 나을 건데 그렇게 아프지도 않은데 병원을 가는 경우들이 너무 많아지다 보니까 그런 문제들도 생기는 것 같습니다.

👤 **서연주** | 네 그리고 우리 원선 님처럼 열심히 일하시는 분들 병원 갈 시간이 없잖아요. 그리고 사실 감기 같은 경우는 원래 치료법이 없어요. 약도 없고 그냥 증상 조절제고 그래서 1~2주 지나면 낫는 것이 감기인데 이런 경우로 '저 약간 감기 기운이 있으니까 CT 다 찍어주세요.' 하며 응급실로 오는 분들도 많단 말이에요. 의료기관에서도 환자가 원할 때 거부할 명분이 없고, 또 수익도 발생하니까 불필요한 검사 건수가 늘어나는 모랄해저드가 발생하게 되는 거죠. 그래서 최근 뉴스에 따르면 심지어 1년 동안 같은 질환으로 병원에 3천 번을 간 사람이 있다고 해요. 이렇게 해서

건강보험료들이 누수가 되는 거죠. 꼭 필요한 환자가 의료를 적절하게 이용을 하고, 건강보험료를 낸 국민들이 골고루 혜택을 받을 수 있게끔 절차나 규칙 같은 걸 만들어 놓을 필요는 있다고 생각해요. 그래야지 국민들이 각각 낸 건강보험료를 공평하게 그리고 필요한 사람에게 나눠서 쓸 수 있게 할 수 있거든요. 저는 그런 부분들이 되게 필요하다고 생각합니다.

두 번째는 제가 병원에서 내과 의사니까 중환자실에서 의식 없이 누워 계시는 노인분들의 주치의였던 적이 많아요. 사실 그런 분들 보면은 과연 이렇게 쓰는 비용들이 의미가 있을까 그리고 이 환자분 본인이 원하는 일일까 이런 생각들을 되게 많이 하거든요. 생애 마지막 순간에 쓰는 의료비용이 가장 많대요. 정확한 수치는 저도 기억이 안 나지만 병원에서 보다 보면 임종을 앞둔 환자들에게 중환자실에서 쓰는 약물이나 인건비, 아니면 입원비 이런 것들이 굉장히 높거든요. 우리가 흔히 회복 가능성이 없는 환자의 생명을 장치에 의존해 연장하는 것을 무의미한 연명 치료라고 하죠. 그 무의미한 연명 치료를 지속하면서 발생하는 의료 비용이 굉장히 많을 거고 그 비용이 정말 필요한 것인지, 그리고 적절한지 점검을 해야 된다고 생각해요. 당연히 생명 유지장치를 의사나 보호자 마음대로 중단할 수는 없어요. 법적으로도 그리고 윤리적으로도요. 하지만 저는 내과 의사로 이런 환자들을 볼 때 마음이 너무 아프거든요. 나는 이렇게는 죽고 싶지 않다. 이렇게 의식도 감각도 없는 상태로 기계에 매달려 죽고 싶진 않다. 이런 생각이 들어요. 우리나라 국민 한 명 한 명이 본인 삶의 마지막 모습, 그리고 어떻게 죽는 것이 본인이 원하는 것인지에 대해 생각해 봐야 한다고 생각해요. 무의미한 연명 치료에 대해서도 충분한 교육을 받고, 원치 않는 사람들은 하지 않을 수 있는 선택도 할 수 있게끔 하는 환경을 만드는 것도 필요하다고 생각해요. 돈 보다는 존엄한 죽음을 위해서요. 그리고 그렇게 되면 오히려 원치 않는 무의미한 지출이 줄어들면서 건강하고 안정적인 건강보험 재정 그리고 지속가능한 보건의료 체계를 만들 수 있는 되게 중요한 시사점이 되지 않을까 하는 생각이 듭니다.

◉**최원선** | 변화하는 인구구조 속에서 의료보험료와 보건 의료 체계에 대한 수정은 반드시 필요한 부분일 것이라고 생각합니다. 이어서 의료사고에 대한 의료 소송 리스크를 감소시켜줄 수 있는 의료 특례법 그리고 원격의료 진료에 대해서 이야기해보도록 하겠습니다.

제가 코로나 걸렸을 때 비대면 진료를 봤어요. 밖에 나갈 수도 없는 상황인데 그냥 전화통화로 진료를 하고 약도 보내줘서 무척 편했어요. 하지만 우리나라에서 지금 한시적으로 일부 승인을 한 상태로 원격의료에 대해서도 의료계에서는 지금 반대를 하고 있잖아요. 그 이유 중 하나가 녹음이라든지 녹화를 할 경우 의료 사고의 증거 자료로 쓰일 수 있다면서 반대를 하더라고요. 의료 특례법을 검토하는 한편 원격 진료가 도입되는 것에 대해서 의료계에서는 어떻게 생각하는지 들어보고 싶어요.

⟨♥⟩**서연주** | 원격의료 같은 경우도 되게 다양한 형태가 있죠. 원격 디바이스를 이용해서 생체 정보를 측정하는 기술을 활용하는 것도 있고 말씀하신 것처럼 비대면으로 화상이나 음성을 이용해서 대면이 아닌 비대

면 형태로 진료를 하는 경우도 있고요. 말씀하신 비대면 진료에 대해서 의사 입장에서는 가장 걱정되는 부분이 책임 소재에 대한 문제예요. 의료인으로서 환자의 질환을 진단할 때 활용하는 진단 기술로 '시-청-타-촉'이라는 것이 있어요. 시진, 청진, 타진, 촉진의 줄임말로 환자를 직접 보고 듣고 누르고 만져보는 과정을 뜻해요. 이 과정은 환자를 대면해서만 할 수 있는 것들인데, 비대면 진료를 할 경우는 이 필수적인 과정이 생략돼요. 예를 들어서 환자가 오른쪽 아랫배가 아파서 왔어요. 그런데 꼭 배를 눌러보고 확인해야 진단이 가능한 맹장염이었어요. 하지만 환자가 병원에 내원하는 대신 비대면 진료 화상 연결을 해가지고 "저 배가 좀 아픈데 약을 좀 주세요."라고 한다고 해봐요. 그런데 직접 환자를 만져보지 않고 질문만 해서는 맹장염인 것을 놓칠 수 있단 말이죠. 맹장염인 경우는 특정 부위(오른쪽 아랫배)를 눌러서 반응을 확인하고, 복부 컴퓨터단층촬영을 추가로 촬영해야 확인할 수 있거든요. 그리고 진단 후 빠른 시간 내 수술을 해야지 안 그러면 맹장의 염증이 심해지고 혹시나 터지면 복막염으로까지 번질 수 있는 급성 질환이에요. 하지만 이런 경우를 만약에 놓쳤다. 그래서 이 환자가 맹장염인 줄 모르고 약만 먹다가 맹장이 터져서 복막염으로 번지고 패혈증이 심해져 사망을 했다면 그럼 이거는 누구 책임일까요? 문제가 될 수 있는거죠. 그리고 진료에 필수적인 증상이나 정보를 화상 기기를 통해서 충분히 전달할 수도 없을뿐더러 우리 의사들의 기본적인 진료과정이나 시청 타촉이라는 보고 듣고 만지고 두드려보는 진찰 과정들이 생략된 진료가 과연 안전하게 진행할 수 있는 방식인가에 대해서 일단 의문점이 있어요.

결국 궁극적인 문제는, '비대면 진료과정에서 발생하는 리스크들을 의사들이 다 책임질 수 있거나, 그럴만한 여유나 이유가 있는가, 그리고 그런 것들을 다 책임지면서 발생하는 수익은 누가 가져 가는가?' 이거든요. 결국에 플랫폼 회사에서 이익을 가져가고 책임과 부담은 개인 의사들이 지고, 부작용은 환자들이 져야 하는 상황이라, 결국 의사들 입장에서는 반대할 수밖에 없죠. 환자의 안전을 위해서도 반대할 수밖에 없고 이 수익 배분의 문제에서도 반대할 수밖에 없어요. 다만 기술의 발전을 안전하게 환자에게 유익한 형태로 이용할 수 있는 영역은 의사들도 다르게 평가할 수 있어요, 그러니까 긍정적이라고 검토하는 것들은 우리 생활형 생체 징후를 측정하는 디바이스 있잖아요. 혈당이라든지 아니면 혈압, 심전도 이런 생체 정보들을 환자가 차고 있는 디바이스를 통해 측정하고 기록해서 원격으로 전송을 한 후, 그 의료 정보를 의사들이 보고 환자의 상태를 좀 더 구체적으로 안전하게 판단하고 진단과 치료에 활용할 수 있는 방향에 대해서는 의사들도 열려 있다고 보시면 될 것 같아요.

🐾 **정그린** | 결국은 사회적 합의를 보면 좋을 것 같은 데, 직접 만나서 확인해 보는 게 제일 정답이겠죠. 하지만 실제로 병원에 와서 진찰해 보기가 어려운 상황에 있는 환자들에게는 비대면도 필요할 수 있죠. 물론 비대면을 했을 때 오진이 일어날 수 있다라고 하는 가능성은 환자들도 인지와 동의를 해야 되는 부분이 있고, 동의가 되는 상황 속에서도 비대면을 원하면 의사들도 환자에게 서비스를 해야 한다고 생각해요. 물론 진료의 범위를 지정해야겠죠. 말씀하셨듯이 이 필수의 정도를 나누기가 어렵겠

지만, 그럼에도 불구하고 실제 대면으로 직접 관찰하고 진찰을 해야 되는 영역이 있을 것이고 반면 덜한 요소들도 있을 거예요. 그런 것들을 체계적으로 분류를 해 놓으면 어느 정도 범위까지 비대면 진료를 허용할지 논의가 가능하지 않을까 싶습니다. 물론 허용하더라도 환자가 오진의 가능성에 대해서는 인지 및 동의를 해야 되고요. 최근 여러 의료 관련 이슈들에 관하여 만약 국민들이 훨씬 더 이해도가 높으면 의사들이 어떤 부분들을 문제시하고 있고 우려되는 부분이 무엇인지에 대해 국민들도 충분히 공감할 수 있을 것이고, 궁극에는 사회적 합의에 이를 수 있지 않을까 기대합니다. 하지만 사람들한테는 죽고 사는 문제가 될 수 있고 이걸로 부익부 빈익빈이 일어나서도 안 되고 아직까지는 사회적 합의가 쉽지는 않을 것 같거든요. 앞으로는 서로 현실적인 부분들에 관해 상황들을 서로 이해하도록 노력하고, 어느 정도 선에서 사회적 합의를 이루어 나가기 시작한다면 비대면 진료와 그에 따른 책임 소재 문제 등을 해소할 수 있지 않을까 싶습니다. 이상적인 말만 늘어놓은 것 같은데… 그게 정답이겠죠.

🎙️ **서연주 |** 좋은 말씀이신 것 같고 결국 상호 현재 상황들을 이해를 하고 거기서 최적의 방향을 찾아가는 것이 중요한 것 같아요. 그래서 서로 이해를 하고 합의를 하는 과정들이 정말 필요하다고 저도 요새 생각을 하고 있습니다.

◎ **박일정 |** 건강보험료에 대한 이슈도 의료특례법 관련된 이슈도 전제는 '투명성 확보'인 것 같아요. 저는 연주 님이 말씀하신 것처럼 생

명과 직결된 중대한 수술로부터의 의사가 져야 되는 책임이나 부담은 최소화해야 한다고 생각해요. 단, 진짜로 우리가 납득할 수 있는 상황에서 벌어진 상황이냐 아니냐를 판단할 수 있는 근거가 있어야죠. 저도 의사는 아니지만 일반인인 우리도 내가 잘한다고 해서 다 잘 되는 것도 아니고, 내가 부족했지만 잘되는 경우도 많잖아요. 의사도 사람이에요. 누구도 하고싶지 않은 부담감이 있는 수술을 사명감과 책임감 강한 누군가가 집도하다가 좋지 않은 결과가 나왔을 때, 이걸 비난하거나 처벌하는 것이 아니라 위로와 보호를 해줘야 되는 게 당연하다고 생각해요. 생각해보니 그 '책임감'에 대해서 저도 일찍이 고민은 해본 것 같아요. 제가 고3 5월에 기흉 수술을 했어요. 아주대학교 병원에서 양쪽 폐 모두를 수술했는데, 생긴 것과는 다르게 수술로 입원하기 전까지 저도 꿈이 의사였다는….

👄 **서연주** | 진짜요?

🧭 **박일정** | 하하. 안 어울리죠? 수술 전 까지는 제 진로는 의사였어요. 특히나 흉부외과 의사가 되고 싶었고요. 당시에 제 수술을 집도해 주신 의사 선생님께서 저에게 좋은 말씀들을 많이 해 주셨어요. 그때의 말씀들을 계기로 오히려 의대를 가면 안 되겠다는 생각을 했어요. 의대로의 진학을 생각하는 다른 분들은 어떨지 모르겠지만, 저의 경우는 의대 진학의 이유가 굉장히 단순했어요. 의대를 가서 의사가 되면 뭔가 좀 있어 보일 것 같고, 생활의 여유도 생길 것 같고요. 그런데 그 의사 선생님께서 강조했던 '책임감'이라는 단어에 대해 많은 생각을 하게되더라고요. 특히 흉

부외과는 제가 생각했던 그런 여유 있는 생활과는 거리가 멀다는 현실적인 조언도 포함해서요. 의사 선생님께 이야기를 계속 듣고, 질문하고, 고민하면서 제가 그 정도의 책임감을 감당할 수 있는 '깜'이 아니라는 생각이 들었어요. 의료 사고에 대한 법적인 책임보다도 도의적인 책임의 무게가 저에게는 더 크게 다가왔던 것 같아요. 제가 겁이 많아서 그런가 봐요. 하하. 그래서 이미 누군가의 '생명'을 담보로 책임감을 가지고 일하시는 분들께 투명성을 전제로 부담을 조금이라도 덜어줄 수 있도록 제도적으로 보완하는 것이 필요하지 않을까 하는 생각을 해봅니다.


◉ **최원선 |** 초고령화 사회가 되면서 우리가 겪게 되는 문제도 증가하고 있습니다. 건강 의료 보험 개혁의 필요성과 의료사고 특례법, 원격의료 진료와 의사들이 바이탈과에 종사하기 어려운 주요 요인까지 이야기 나눠봤습니다. 결국 앞으로 변화하는 인구 구조 속에서 우리나라가 지속 가능한 보건의료 체계를 어떻게 준비해야 될 것인가에 대한 방법론의 차이에서 오는 것이 아닌가 생각합니다. 초고령화 사회는 우리가 불가피하게 맞이하게 될 미래로 지속 가능한 보건의료를 고민하고 대책을 마련할 필요한 시점이라고 생각합니다.

# 3

### 애보다 개, 반려동물과 인간과의 관계는?

🌐 **최원선** | 대한민국은 1,500만 반려인 시대를 맞이했습니다. 세 명 중 한 명은 반려동물과 함께하고 있다고 할 수 있는데요. 증가하는 반려동물 사회에서 인간과 반려동물의 관계를 어떻게 바라봐야 할 것인가? 에 대한 이야기 나눠 보겠습니다. 반려동물과 관련된 동물학대와 유기, 반려인과 비반려인 간의 갈등은 무엇이 있는지 고민해 봐야 할 시기이기도 하고요. 또 유망한 반려동물 사업은 무엇이 있을 지에 대해 살펴보면 좋겠습니다. 혹시 우리 크루 님들 중에 현재 반려동물과 함께 생활하고 계신 분이 있으신 가요?

🦻 **서연주** | 저는 본가에서 강아지 한 마리 키우고 있습니다.

⊘ **박일정** | 견종이 어떻게 되시나요?

🦻 **서연주** | 치와와인데요. 거대 치와와 5kg짜리입니다.

⊘ **박일정** | 치와와 무게가 5kg라면 치와와 치고 정말 큰 거 아닌가요?

♀ **서연주** | 네, 염소 같아요. 먹을 거를 너무 좋아해서….

🌐 **최원선** | 다른 분들은 반려동물 안 키우시나요?

🐾 **정그린** | 저는 와이프가 강아지 근처에도 못 갑니다. 옆집에 강아지를 키우고 있는데 어쩌다가 엘리베이터 기다리려고 같이 오면 허겁지겁 뛰어서 다시 집으로 들어와요.

🌐 **최원선** | 저는 동물을 싫어하는 게 아니라 무서워해요. 저는 어릴 때 금붕어를 키웠는데 생명 있는 걸 못 키우겠어요. 금붕어가 죽어서 물에 떠 있는 걸 봤을 때 너무 슬퍼서 울었던 것을 생각하면, 저는 생명체를 키우면 안 되겠다는 걸 깨닫고 계속 못 키우고 있습니다.

⊘ **박일정** | 저는 최근까지 키웠던 강아지 두 마리를 노환으로 보내줬어요. 두 마리 모두 장수했어요. 한 마리는 12년 살았고 한 마리는 15년 살았으니 말이죠.

🌐 **최원선** | 헤어질 때 견디기 힘들지 않았어요?

◉ **박일정** | 둘 중에 조금 더 마음이 쓰였던 녀석은 나름 혈통이 있다는 시츄였어요. 이 녀석을 보내기 직전까지 병원을 끊임없이 다녔죠. 시츄는 다른 견종보다 피부병 발생 확률이 높고, 피부병으로 인한 다른 합병증도 많아서, 보내기 3~4년 전부터는 동물병원에 계속 다녔는데, 그 과정을 지켜보는 것이 보내는 순간보다 더 마음이 아팠어요. 제가 정말 운이 나쁜 케이스였겠지만, 다녔던 병원 중 어느 곳에서도 이 병을 고칠 수 있는 정확한 방법을 제시해 주지는 못하시더라고요.

◖ **서연주** | 마음도 아프고 답답하죠

◉ **박일정** | 병원에서는 "이 약을 먹여보죠", "이번엔 이렇게 해보시죠?" 같은 이야기를 하며 여러 방법을 제시했지만, 다 시도해 봐도 효과가 없더라고요. 결국 마지막에 보내줄 때는 여기저기가 간지러워서 눈 주변을 긁다가 눈도 잘 보이지 않고, 악취까지 나는 상태였어요. 그래서 보내줄 때, 마음 한구석에는 "그래, 이제는 좀 편하게 쉴 수 있겠다."라는 약간은 복잡한 심경이 들었던 것 같아요.

◉ **최원선** | 저희 중 절반이 반려동물을 키웠던 경험이 있고 오늘 참석하지 못한 다른 넥스트패러다임 멤버들 중에서도 현재도 강아지를 키우고 있는 분들이 계세요. 여기에서도 거의 절반을 차지하듯이 한국에서 반려인 인구가 한 30% 그러니까 거의 세 집 중 한 집은 반려묘라든지 반려견이라든지 반려동물과 함께 생활하고 있는 상황입니다. 반려라는 표현에

서 알 수 있듯이 이제 동물들을 대하는 우리의 태도가 기르는 게 아니라 함께 살아가는 단계로 인식이 전환되고 있다고 볼 수 있을 텐데요.

이러한 반려동물에 대한 사회 인식이 소위 선진국이라고 불리는 서구권과 유사해지는 것 같기도 합니다. 영국의 경우 2022년 기준 전체 가구의 62%, 독일의 경우는 2021년 기준 69%가 반려동물을 기르고 있다고 합니다. 서구권 국가들의 모습들에서 우리 사회가 앞으로 반려동물과 어떻게 공존하게 될지에 대해서 일종의 힌트가 될지는 모르겠습니다. 그래서 저희가 반려동물과 함께 살아가는 사회에서 어떻게 반려인들과 비반려인들 간에서 조화를 이룰 수 있을지 이야기를 조금 더 나눠보도록 하겠습니다. 요즘 보면 가끔 동물 학대에 대한 기사도 많이 나고 유튜브같은 소셜 미디어가 활성화가 되다 보니까 구독자라든지 조회수를 위해서 임의로 또 학대하는 사람까지 등장을 하더라고요. 이런 동물 학대의 심각성 이런 것들은 어떻게 생각하시는지 여쭤보겠습니다.


ⓧ **박일정** | 동물 학대 이슈는 정말 오래전부터 존재해 왔던 것 같아요. 그런데 저는 동물 학대라는 개념이 단순히 동물에게 위해를 가하는 행위만을 의미하는 것이 맞는지 잘 모르겠어요. 반려견이나 반려묘들도 각각 고유한 특성을 가지고 있는데, 그 특성을 존중하고 살려주는 환경에서 키우지 못하는 것 또한 학대의 한 형태가 아닐까 생각이 들어서요. 앞서 말씀드렸던 저의 경험을 떠올리면, 저 역시 무지에서 비롯된 학대를 한 것은 아닐까 하는 생각이 들기도 합니다.

🐾 **정그린** | 사실 저도 조금 비슷한 느낌은 가지고 있었던 게 우선적으로 서구권과 비교하여 우리나라 역사에서의 동물은 가축의 형태로, 그러니까 일종의 생존을 위한 도구로서 인식이 되어 왔었고, 문화적으로 계속 그러한 인식으로 이어져 왔고⋯ 결과적으로 반려동물과 함께 사는 생활 속에서도 단지 자기 만족을 위한 도구로서 인식하고 반려동물들을 키우는 분들도 여전히 적지 않은 것 같습니다. 즉, 반려동물의 행복을 위한 시스템을 만들어주기보다는 키우는 사람들 자신의 행복을 위해서 반려동물을 도구 삼아 활용하는 것은 아닌지 그러한 인식부터 변화가 있어야 된다고 생각을 하고요. 물론 계속된 노력으로 우리나라에서도 문화가 많이 바뀌었지만 여전히 환경적인 측면에서는 아직은 멀었다고 봅니다.

서구권에서 반려동물을 키우는 시스템과 우리나라에서 반려동물 키우는 시스템을 비교해 보면 물론 서구권과 비교하는 게 어폐가 있을 수 있습니다만, 아파트 등 좁은 실내 공간에 주로 머무는 반려동물 입장에서는 갑갑할 것 같아요. 답답함을 많이 느낄 것 같아요. 그런 부분들이 차츰 개선을 해 나가야 되는데 제도적 개선은 단기간에 이루어지기는 쉽지 않아요. 문화적 개선은 사실 더 오래 걸리기도 하구요. 하지만 어느 정도 인식의 개선이 진행되는 중이기 때문에 차츰 환경적 개선에 대해서도 반려동물을 키우는 사람들도 깊이 생각하고 행동할 수 있었으면 좋겠습니다. 이상적인 바람이겠지만 그렇게 되도록 제도적으로도 고민해야 하고요.

🐱 **서연주** | 저는 동물 학대에 대해서 또 드는 다른 생각은 뭐냐면 우리 사회에 보편적인 잔인성이 높아지는 행태가 아닌가예요. 비단 동

물에게만 잔인한 학대가 반복되는 것이 아니고 사실 인간에 대한, 그러니까 타인, 사회적 약자에 대한 잔인한 학대도 현재 진행형으로 드러나고 있지 않나 싶어요. 보면 어린이 혹은 여성 노인 장애인 등 사회적 약자라고 할 수 있는 그룹들에 대한 혐오 시선도 굉장히 많이 늘고 있고요. 그런 사회적 현상이 어떻게 보면 동물학대랑 비슷한 감정으로 일어나는 행태가 아닌가라는 생각을 했거든요.

그래서 사실은 경제 사회적으로 자기보다 약한 타자를 괴롭히고 학대하고 힘들게 하는 것이 인류의 잔인한 보편성이라 볼 수 있고, 현대 사회의 면모로서 드러나는 모습들이 있는 것이 아닌가라는 생각이 들고, 그럼 우리가 이런 잔인성을 극복하기 위해서 어떤 사회적인 장치를 마련해야 되는가에 대해 우리가 같이 생각해 볼 수 있을 것 같아요.


◉ **최원선** | 그동안 우리나라에서는 반려 동물을 약간 물건으로 간주되었기 때문에 법적 장치가 미비했죠. 다른 사람의 동물을 다치게 하거나 죽게 해도 '재물손괴죄'로만 처벌을 받았고 주인의 경우 동물을 학대하거나 유기해도 그 범죄 처벌 수위가 굉장히 낮았어요. 근데 2023년에 동물보호법이 개정이 되고 처벌 수위가 좀 높아지긴 했는데 여전히 학대하거나 유기하는 사건이 많이 발생하긴 합니다. 저는 개인적으로 동물을 키우고 있지 않지만 사육장이라고 해야 되나 그런 것들이 정말 싫더라고요. 강제로 임신시키고 강아지 팔고 이런 것들은 좀 규제를 강화해야 한다는 생각이 들어요.

⏺ **박일정** | 저는 가끔 그런 엉뚱한 생각도 해요. 밖에 나가 가족끼리 외식하는 모습을 관찰하다 보면, '개 팔자가 사람 팔자보다 낫나?'라는 생각이 들 때가 있거든요. 많이들 보셨겠지만, 부모님은 부모님대로, 아이들은 아이들대로 각자 스마트폰을 보며 식사하는 장면이 흔히 보이잖아요. 그런데 반려견이나 반려묘와 함께 있을 때는 그런 모습이 잘 안 보이더라고요. 오히려 반려견과 놀아주고, 껌이나 공이라도 던져주면서 상호작용하는 모습을 더 자주 보게 되는 것 같아요.

⏺ **서연주** | 저도 거기서 드는 생각이 뭐냐면, 이런 학대가 동물에게만 해당되는 게 아니라 인간에게 해당되듯이, 마찬가지로 인간이 사회 안에서 가져야 될 마땅한 유대를 사실 인간과 인간 사이에서 충분히 갖지 못하니까 그게 동물에게로 전가된 느낌도 들거든요. 그래서 사실 더 큰 문제는 어떤 혐오나 학대 같은 부정적인 행태가 동물에게 넘어간 것보다도 더 심각한 것은, 그럼 진짜로 우리 사회 안에서 유지되어야 할 인간과 인간 사이의 마땅한 유대가 사라져 버려서, 그걸 대체하는 동물과 인간의 유대들이 더 강화되고 있다. 그게 사회 현상이다. 이게 저는 더 심각하다고 생각해요.

⏺ **최원선** | 점점 아이를 낳지 않는 가정이 많아지고 있잖아요. 그럼 아이를 키우지 않고 반려동물을 키우는 가정이 더 증가할 것 같아요. 얼마 전에 엘리베이터를 탔는데 유모차가 하나 탔어요. 근데 어떤 할머니가 이렇게 보시더니 "어머, 아기가 있네?" 이러시는 거예요. 요즘에 유모차

보면 그 안에 강아지가 많아서 아기가 있는 거 오랜만에 본다고 하시더라고요. 낯선 얘기인 거잖아요. 유모차엔 당연히 아기가 있어야 하는데 "아기가 있네."라는 단어를 듣고 세상이 정말 많이 변화하고 있다는 생각이 들더라고요.

또 반려인과 비반려인 사이에 갈등이 생기기도 합니다. 창가에서 바라보고 있는데 강아지 데리고 오신 분이 강아지 배변을 하게 하고 안 치우고 가더라고요. 배변 봉투를 준비 안 해 오셔서 갑작스러운 일인지 모르겠는데 저희가 잡을 수도 없고 대변도 그렇겠지만 소변 같은 경우는 마르는 거니까 청소를 안 하고 가면 비반려인 입장에서는 냄새도 나니까 논쟁이 일어나는 경우도 많긴 하더라고요. 짖는 소리, 소음 때문에 싸우기도 하고 그래서 서로 좀 배려하고 반려인들이 스스로 노력하고 그런 게 필요하지 않을까라는 생각이 듭니다.


🐾 정그린 | 앞서 언급한 대로 반려동물을 위한 시스템이 부족하다고 한 것과 더불어서 우리나라는 아파트형 거주와 같은 공동거주가 굉장히 보편화된 상황 속에서 반려동물을 키우는 게 반려동물 입장에서도 안 좋지만 주변 상황 고려에도 적절하지는 않은 환경이긴 해요. 말씀하신 대로 그런 문제들을 사회적인 동물인 인간은 계몽이 되지만 반려동물은 그것까지는 안 되잖아요.

결국 반려동물을 키우고자 하는 사람이 다 케어를 해줘야 되는데 여기에서 또 시민의식에 대한 문제가 적용이 되는 거죠. 하지만 실제 생활에서는 모두가 시민의식대로 행동하지 않잖아요. 반려동물로 인하여 분명히 피해를 보는 사람도 있을 것이고, 그런 부분들이 부작용으로서 나타나는데 이러한 부분들은 사실 규제를 가지고 해결할 수 있는 문제는 아니겠지요. 그렇다면 서로 간에 도덕적인 배려에 기댈 수밖에 없는데, 점점 현실적으로 어려워지는 것 같습니다. 어느 정도 까지는 상호간에 상황을 감안하고 서로 배려하고 이렇게 가야 되는데, 그럼에도 불만은 필연적으로 나올 수밖에 없는 상황이죠. 어렵습니다.

◉ **최원선** | 이렇게 반려동물이 많아지고 시장이 커지는데 그럼 앞으로 반려동물 관련 산업도 굉장히 성장할 거라고 보거든요. 반려동물 관련 산업 어떻게 전망하시나요?

◉ **박일정** | 제 지인중에 홍채 인식으로 반려견들의 보험 이력을 관리하는 서비스를 만드는 분이 있어요.

◉ **최원선** | 강아지 장례 이런 것도 되게 커질 것 같고

🐾 **정그린** | 개인적인 말씀 하나만 드리면 제 고등학교 친구가 있는데 그 친구 가족이 한의원을 했었어요. 물론 그 친구도 대학 갈 때 한의사를 꿈꿨었는데 실제로는 수의대를 갔어요. 수의대 진학해서 전공을 반려동물 피부과 쪽으로 해서 박사까지 하고 병원을 개원했는데 현재 대단히 수요가 높다고 합니다. 특히 반려동물 피부 쪽을 전공의 자격으로 전문적으로 보는 곳은 아직 별로 없다고 해요. 본인 나름대로는 블루오션을 찾아

서 공부를 해서 전문가 됐는데, 전국적으로 인기가 생겨서 외부에서 굉장히 많이 와서 또 진료도 보고 가신다고 하더라고요.

저희가 공부할 때는 허준 신드롬으로 인해 한의사가 제일 핫했거든요. 인구 구조와 사회 패러다임이 바뀌어 가면서 반려동물 관련 산업이 앞으로 미래가 기대되는 분야라는 생각이 들고, 따라서 앞으로 이 시장은 굉장히 커질 거라고 봅니다.

🎤 **서연주** | 그러니까요. 지금 저희 집 강아지 이름 만두인데 그 만두도 건강보험을, 아 정확히 말하면 건강보험이 아니라 사보험이죠. 강아지 보험을 들었거든요. 실제 동물 병원을 가보면 거의 비슷한 질환이어도 애견한테 청구되는 비용과 사람에게 청구되는 비용이 차이가 많이 나요. 그래서 보험이 없이는 동물에게 어떤 질병을 진단하고 치료하는 데 비용 부담이 너무 크더라고요. 그래서 저는 수의사를 할 걸 그랬다 생각도 하고 친한 외과 교수님하고 장난으로 요새 의료계 환경이 너무 안 좋으니까 선생님 우리 이러고 있을 게 아니라 강아지 탈장 수술, 강아지 내시경을 했어야 했다고 그랬어요. 요새 강아지들은 내시경도 한대요. 참 이 사회의 변화가 굉장히 놀랍습니다.

🌐 **최원선** | 궁금한 게 동물병원은 진료비가 표준 진료비가 안 정해져 있지요?

🎤 **서연주** | 없어요. 정하기 나름이에요.

◉ **최원선** | 그럼 수의사가 부르는 게 값이죠? 표준 진료 가격을 확정하는 게 필요한 문제지 않을까 라는 개인적 생각이 드는데요?

◔ **서연주** | 근데 사실 동물 진료비는 국가에서 통제하는 시스템이 아니라 표준 진료 가격을 확정하는 것은 어려워요. 예를 들면 마트마다 코카콜라가 있다고 해요. '코카콜라 가격을 천원으로 정해.'라고 강제하는 건데 그게 사실 자유 시장 경제에서 옳은 판단은 아니잖아요.

예를 들면 국가 건강 보험에서 사람에게 필수적이고 응급한 질환에 대해 적정 수가를 정하고 통제해서 커버하고 있어요. 하지만 반려견 시장은 국가에서 필수적으로 가격을 관리하고 통제해야 되는 시스템은 아니라고 판단하는 건데, 모든 국민이 반려 동물을 키우는 것도 아니고, 반려 동물 관련한 세금을 내는 것도 아니기 때문에, 그런 동일한 형태로 국가 보험을 반려 동물에게 적용하는 것은 불가능하죠. 그렇기 때문에 사실 진료 가격을 통일한다는 것 자체도 납득하기가 어려운 거죠.

◉ **박일정** | 그래서 제 생각에 시급한 문제는 제도적으로 뭔가를 하는 것보다는, 반려동물을 키우고자 하는 분들에게 실질적인 교육을 제공하는 것이 아닐까 싶어요. 반려동물을 키우면서 생길 수 있는 문제점과 그에 대한 대책을 미리 알려주는 것이 중요하다고 생각해요. 왜냐하면, 만약 반려동물이 아파서 병원에 가게 되면 기본 평균 진료비가 10만 원 중반에서 30만 원 정도 되거든요. 그런데 이게 한 번으로 끝나는 경우가 드물고, 더 큰 문제는 그것이 진짜 원인인지조차 확신할 수 없다는 점이에요. 반려

동물들은 의사 표현을 할 수 없으니, 보호자로서 느끼는 답답함과 어려움도 훨씬 클 수밖에 없고요. 결국, 반려동물 양육에 대한 사전 교육이 단순히 문제를 예방할 뿐 아니라, 반려동물과 보호자 모두에게 더 나은 삶의 질을 제공하는 데 핵심적인 역할을 할 수 있을 것 같다는 생각입니다.

🦻 **서연주** | 그러니까 요새 유튜브 이런 게 엄청 핫 한 거죠. 사람들이 정보를 얻을 데가 없으니까

🌐 **최원선** | 저는 동물 입양할 때 물론 지금 유기견들이나 유기묘들을 입양을 많이 보내기 위해서는 좀 완화돼야 된다고 생각하시는 분도 있지만, 전 입양 절차가 조금 더 까다로워야 된다고 생각을 해요. 그래야 더 책임감이 갖고 유기하는 수도 줄어들지 않을까 생각해요. 지금도 반려동물 등록제는 하고 있지만 한번 등록하면 그 이후에는 등록이라는 절차도 없어요. 세금 문제도 그렇고 반려동물 관련해서 선거 때마다 공약이 나오거든요. 근데 그런 공약을 내면 찬반이 갈려요. "나는 안 키우는데 왜 내 세금으로 반려동물한테 돈을 써야 해?" 하면서 반대하는 분도 계세요. 근데 지금 반려동물을 세 집 중 한 집이 키우고 있는 상황임에도 국가가 관여할 문제가 아니라고 치부할 수 없다고 봅니다. 그래서 등록제라든지 반려동물 관련 세금을 내고 낸 거에 대해서 혜택을 받는 절차가 필요하다고 생각해요. 세금에 관련해서는 어느 분야든지 찬반이 갈리는 문제이지만, 동물 관련 세금도 한번 고민해야 될 문제가 아닐까라는 생각을 해봅니다.

⊘**박일정** | 아, 그럴 수도 있겠네요.

◉**최원선** | 1,500만 반려인 시대를 맞이해서 인간과 함께 살아가야 할 반려 동물과의 관계에 대해 이야기해봤습니다. 동물 관련 사업은 저출산 세대에서 앞으로 키즈 산업에 투자했던 많은 분야가 동물과 관련 사업으로 이어지지 않을까라는 생각이 듭니다.

# 저출산 극복을 위해 '싱글세' 도입 해야 한다 VS 안 된다

🎙️ **이효진 (사회)** | 이번 주제는 사회적으로 민감한 주제 중 하나라고 할 수 있는데요. 바로 '싱글세' 도입에 관한 찬반 토론입니다. 싱글세는 국가적 차원에서 결혼과 출산을 유도하기 위한 적극적인 세제 정책 중의 하나로 거론되고 있는 건데요. 이에 대해서 찬성과 반대 입장으로 나눠 이야기 나눠보도록 하겠습니다. 이번에 싱글세를 찬성하시는 측은 고효민 님, 정그린 님 두 분이고요. 싱글세에 반대하는 분은 최원선 님, 박일정 님이 하도록 하겠습니다. 먼저 찬성 측에서 모두 발언 열어 주시죠.

💻 **고효민 (찬성)** | 싱글세라는 개념이 대두된 이유는 지금 현재 우리나라의 심각한 저출산 이슈 때문입니다. 2020년대 들어 우리나라의 합계 출산율이 1 이하로 떨어지면서, 초저출산 국가가 되었는데요. 이렇게까지 낮아지기 전인 2013~2014년 즈음부터 싱글세를 도입해야 한다는 의견들은 꾸준히 제기되어 왔었습니다. 저희 찬성 측에서는 비단 싱글세라는 개념을 저출산을 극복하기 위한 대책의 관점이 아니라, 앞으로 달라지는 인구 구조에서 아이를 기르는 사람들과 아이를 기르지 않는 사람들의 재화

를 공평하게 배분하는 부의 재분배 관점에서 꼭 필요하다는 측면으로 말씀 드리려고 합니다.

🎙️ **이효진 (사회)** | 반대측 입장에서 말씀 부탁드리겠습니다.

⊘ **박일정 (반대)** | 저는 사실 싱글세라는 주제에 대해 이전에는 크게 관심을 가지지 않았고 잘 몰랐는데, 이번에 토론을 준비하면서 여러 자료를 찾아봤어요. 자료를 찾아보면 찾아볼수록 싱글세라는 개념이 앞서 효민 님이 말씀하신 저출산 문제와 크게 연관성이 있지는 않다고 느꼈어요. 또한, 세금을 어떻게 분배하는 것이 좋은지라는 관점에서 보아도, 싱글세가 실제적으로 세수에 큰 도움이 되지 않는다는 자료들이 많았습니다. 그래서 저는 굳이 무리수를 둬가며 본인의 선택으로 싱글을 선택한 사람들에게 추가로 세금을 부과해야 할 필요가 있나 싶습니다.

🐢 **정그린 (찬성)** | 본 토론에서 개인의 의견과는 별개로 찬성측 입장에서 논지를 펼치도록 하겠습니다. 자료 조사에서 싱글세를 도입했을 때 세금 증대에 큰 영향이 없다고 말씀하셨는데 사실 좀 이해가 안 가는 부분이거든요. 분명히 세수는 더 늘어날 것 같은데 왜 그게 별 영향이 없다고 보시는 거죠?

⊘ **박일정 (반대)** | 제가 찾아본 자료에서는 실질적으로 싱글세를 어떤 사람들에게 부여할 것이냐에 대한 정의에 따라 결과가 달라질 수

있는 것으로 보입니다. 싱글세가 세수에 큰 영향을 미치지 않는다는 점은, 싱글로 정의된 사람들이 생각보다 적다는 점과 연관이 있어요. 즉, 기존 제도에 따라 싱글로 분류되는 사람들에게 세금을 부과한다고 해도, 그 범주가 넓지 않아 결과적으로 많은 세수를 확보하지 못한다는 것이죠. 또한, 과거에 싱글세와 유사한 제도가 다양한 형태로 적용된 사례를 보면, 적극적인 형태의 싱글세부터 소극적인 형태까지 여러 방식이 있었는데, 이로 인해 확보된 세수의 차이를 분석한 결과, 완전한 싱글과 자녀가 있는 외벌이 가구에 부과된 세금의 차이를 계산해 보면 비중이 최대 8% 이내였다고 하면서, 실제 세수에 큰 차이를 만들지 못한다는 점이 강조되었습니다.

🐢 정그린 (찬성) | 싱글세 관점에서의 싱글의 정의는 추후에 사회적으로 논의를 하면 되는 부분이에요. 그걸 지금부터 이게 모호하다는 관점에서 부여하기가 힘들다고 생각할 필요는 없을 것 같고, 일단 논의는 시작해 봐야 하는 게 맞지 않나… 어쨌든 사회의 패러다임이 바뀌고 있는 상황이잖아요. 삶이 바뀌어지는 사회 속에서는 당연히 세수를 어떻게 부과를 할 것인가에 대한 논의가 필요하고, 그런 관점에서 큰 사회적인 변화에 따른 세수 부과 방법의 변화가 필요하고, 따라서 싱글세에 대한 논의가 시작이 되어야 하지 않나라는 생각을 합니다.

◉ 최원선 (반대) | 우리나라 1인 가구의 비율이 어느 정도인지 혹시 아시나요?

🛵 **정그린 (찬성)** | 50% 정도?

◎ 최원선 (반대) | 50%면 심각한 거고요. 2023년 기준 35.5%입니다. 우리나라에서 가장 많은 비중을 차지하는 가구 형태는 1인 가구인데 그분들이 비자발적 1인 가구가 많아요. 왜냐하면 경제적 문제로 인해서 1인 가구가 되는 경우가 많다는 거죠. 2022년에 서울연구원, 서울시가 발표한 청년 크루 기초분석 결과에 따르면 1인 가구 청년 빈곤율은 62.7%로 전체 청년보다 7.1%가 높대요. 그러니까 만약 싱글세를 매기면 가임 연령인 청년층이 싱글세를 내게 될 텐데 지금 싱글로 지내는 분들의 빈곤율이 높은 상황이에요. 그런데 세금까지 내게 한다는 부담을 가중시키는 거죠. 이미 싱글들은 세제 혜택을 못 받음으로써 싱글세와 비슷한 간접적 세금을 이미 지불하고 있다고 봅니다. 공제 중에 가장 큰 인적 공제를 못 받고 있고, 부양가족수당이나 육아 수당 같은 수당을 전혀 못 받고 있습니다. 각종 서비스에서 배제되고 있는 상황에서 싱글세까지 낸다면 오히려 역차별이 아닐까라는 생각을 합니다.

🛵 **정그린 (찬성)** | 제가 50%를 얘기한 건 어디서 봤던 자료인데, 머지 않아 그렇게 까지 올라갈 수 있다는 내용이었던 것 같네요(2024년 1인 가구는 1000만 세대, 약 40%을 돌파하였음. 1~2인 가구는 약 63%). 저는 1인 가구가 반드시 비자발적인 상황은 아니라고 생각합니다. 사실 인구 변화와 더불어 청년들이 조금이라도 문화생활 즐기고 양질의 직장을 위해서 서울로 많이 상경하면서 수도권 집중화도 일어나고 있는 상황인데요.

물론 부동산 문제도 있지만은 그런 것들의 어떤 사회적인 분위기 때문에 집중화되고 있죠. 하지만 이게 비자발적으로 어쩔 수 없이 하는 건 아니거든요. 물론 말씀하신 대로 공평성에 있어서는 분명히 양육을 하는 쪽에 세금이 투입이 되는 부분이고 그에 관한 혜택은 받는 집단은 아니기 때문에 그런 면에서 논의는 얼마든지 필요하다고 생각을 하지만, 글쎄 1인 가구의 비자발성과 빈곤율과 연관을 짓기에는 조금 더 구체적으로 살펴봐야 하는 부분인 것 같습니다.

⚙ 최원선 (반대) | 단순히 빈곤의 문제가 아니라 이미 그 혜택을 덜 받음으로써 간접적으로 싱글세를 내고 있다는 거죠. 국가적 차원의 사회 복지뿐만 아니라 직장에서도 굉장히 많은 복지들이 있어요. 근데 싱글이 받는 복지를 생각해 보시면 거의 없어요. 결혼을 하면 축의금, 출산을 하면 출산선물이라든지 그런 것들을 회사에서 제공을 하죠. 축하금을 주는 것에 대해서는 당연히 축하할 일이고 반대하는 건 아니에요. 근데 싱글에게는 별도의 축하금이나 지원금을 주는 경우는 거의 없죠. 또 배우자 건강 검진 같은 것도 무료인데 싱글일 경우에는 배우자 대신 다른 가족 1인에게 혜택을 주는 것도 아니라서 회사 차원에서 제공하는 혜택을 전혀 받지 못해요.

🐾 정그린 (찬성) | 사실 말씀하신 활동들은 지원받는 내용보다 훨씬 더 비용이 많이 들기 때문이지 않을까요? 양육을 하는 데 있어서 비용들이 그 혜택 이상으로 사실 많이 드는 부분이 있기 때문에 그쪽으로 정책

들이 가는 것인데, 이게 공평하지 못하기 때문에 싱글세를 부과해선 안 된다는 것은 다소 무리가 있어 보입니다.

◎ 최원선 (반대) | 세법으로 보면, 2023년 세법 개정안에 따라 결혼을 할 경우 양가 직계 존속으로부터 1억 원씩 받을 경우 증여세가 면제되잖아요. 기존 5천만원까지 가능했던 증여에 더해 총 1억 5천만 원까지 증여세가 부과되지 않는데, 싱글들은 필요한 상황에서도 증여 혜택을 받을 수 없어요. 싱글이라고 무조건 경제적 여유가 더 있지 않거든요. 육아를 하니까 돈이 더 많이 든다. 결혼을 했으니까 더 많이 든다고 하지만, 혼자 살면 혼자 오롯이 책임져야 할 문제들도 많기 때문에 흑백으로 나눠서 볼 수는 없는 문제인 것 같아요. 결혼을 하거나 자녀를 키울 경우 자녀 장려금도 대폭 확대가 됐어요. 소득 지급액, 육아 수당도 있죠. 제가 싱글로서 자녀를 키우는 사람들에게 지원을 해주는 것을 반대하는 것이 아니라 육아하는 데 돈이 많이 드니까 싱글이 부담을 더 해야 한다는 주장에 싱글은 그만큼 덜 받고 있고, 이미 지불하고 있지 않나라고 생각을 합니다. 사회적 책임을 하고 있다라고 생각을 합니다.

💻 고효민 (찬성) | 말씀하신 것처럼 자녀를 양육하면서 국가로부터 받는 다양한 형태의 지원이 존재합니다. 하지만 지금 저희가 강조하고자 하는 바는 '연금 문제'입니다. 개개인의 입장에서 보면 연금이라는 것은 내가 낸 만큼 돌려받는 금액이라고 당연히 생각할 수 있지만, 실제 운용은 그렇게 되고 있지는 않습니다. 결국 현재 세대가 그 앞 세대를 부양하게

되는데, 현재의 출산율을 보면 저희 자녀 세대들은 거의 두 배에 가까운 인구를 부양해야 합니다. 그러면 우리 세대가 어떠한 형태로든 자녀 세대에게 우리의 재화를 일정 부분 이상 이월시켜주는 작업이 필요할텐데, 그 방법 중에 가장 직관적이고 공평한 방법이 싱글세라는 이야기를 하는 겁니다.

물론, 앞서 말씀하신 것처럼 여러가지 간접적인 혜택들이 있죠. 하지만 정말 택도 없는 수준이라는 건 잘 아실 겁니다. 조사에 따르면 자녀 한 명을 키우는데 월 평균 72만 천 원이 든다고 합니다. 한 명을 18세 때까지 키우는 데에는 평균 3억 천만 원의 돈이 든다고 하고요. 평균값이니까 더 많이 쓰는 경우도 비일비재하게 찾아볼 수 있겠죠. 물론, 내 자식 키우는 데 내가 돈 들이는 거다 생각할 수도 있겠지만, 그렇게 자라난 아이들이 사회 구성원으로서 또 역할을 해내고 윗세대를 부양하지 않겠습니까? 그러니까 자녀를 낳지 않은 사람들도 그러한 부담을 일정 부분 나눠 질 필요가 있다. 지금보다 더 적극적인 방식으로 이를 이루어야 한다고 생각합니다.


🎙️ **이효진 (사회)** | 지금 짚고 넘어가야 할 문제가 싱글세인지 무자녀세인지 결혼을 안 하면 매겨야 되는 건지 자식이 없으면 세금을 내야 하는 건지 정의해야할 것 같아요.


🖥️ **고효민 (찬성)** | 조금 더 직관적으로 와닿게 하기 위해서 싱글세라는 이름을 했지만 저희가 논의하고 있는 본질은 무자녀세라고 생각을 합니다.

**최원선 (반대)** | 그러면 과세 대상자를 어떻게 지정할 것인가, 가임 연령을 어떻게 볼 것이냐 하는 것이 문제예요. 요즘은 가임 연령에서도 난임이 굉장히 많거든요. 그렇다면 난임의 기준을 어떻게 볼 것이냐 난임을 증명하는 것 또한 그분들에게는 상처일 수도 있는 문제거든요. 남성의 경우 고령의 경우도 임신이 가능한데, 그러면 나이 들어서까지 계속 내야 하느냐 이런 문제가 있을 수 있죠.

**정그린 (찬성)** | 이제부터 논의를 해야겠죠. 다만, 세부적인 각론에 들어가서 문제가 생기기 때문에 해서는 안 된다는 건 옳지 않다고 봐요. 일단 논의를 시작을 하고 거기서 다양한 의견 공유와 논쟁을 통해서 결정해 나가야겠죠.

**고효민 (찬성)** | 우선, 전체적인 복지 정책의 흐름을 잡아야겠죠. 2000년대 초반에 출생아 수가 60만대에서 40만대로 한번 떨어졌었고요. 2017년 즈음부터 다시 급감하기 시작해서 현재는 20~30만대를 왔다갔다하고 있죠. 이미 인구구조 변화는 시작되었고, 이것은 다른 교수님의 책 제목이기도 합니다만, 정해진 미래입니다. 새로운 인구구조에 맞는 적절한 연금 개혁, 조세 정책 등을 지금 당장 논의해서 수정하지 않으면 정말로 골든 타임을 놓칠 겁니다. 저는 그 핵심이 무자녀세라고 보는 것이고요, 아마 5년 내로 더 강력하게 어젠다로 떠오르지 않을까 생각합니다.

**최원선 (반대)** | 싱글세 도입 관련 설문을 했던 여론조사 결과

를 보면, 싱글세 도입에 찬성 비율이 높은 연령층이 50대 이상 분들이고 만약 싱글세가 도입이 된다면 대상이 되는 20대, 30대 분들은 오히려 찬성도가 제일 낮아요. 결혼율, 출산율이 왜 낮을까라는 문제를 살펴봤을 때, 경제적 요인이 굉장히 컸는데, 경제적으로 안정적인 조건을 갖추지 못해서 결혼을 못하고 출산을 못하는 사람들에게 세금까지 더 내라는 것은 더욱 힘든 상황으로 몰고 가는 거죠. 그렇기 때문에 제도적으로 결혼하기 안정적인 환경을 조성하는 게 우선이지 어찌 보면 가장 손쉬운 방법인 징벌적인 세금으로 해결하는 것은 문제가 있다고 봅니다. 지금 찬성파들이 주장하는 게 너희는 의무를 다하지 않았고 노년에 남의 자식이 내는 돈으로 생활을 할 거니까 지금 미리 내야 한다는 거죠. 그러나 싱글들은 지금 혜택 받지 못하는 복지와 지금 내고 있는 세금들로 육아를 위한 사회복지에 일부 기여를 하고 있다고 생각을 해요.

🖥 **고효민 (찬성)** | 정도의 문제인데 이런 정책들을 아이를 낳지 않는 여러 가지 계층의 사람들 중에서 정말 경제적으로 힘든 분들도 있겠지만 경제적으로 넉넉한 분들인데도 결혼하지 않고 그냥 마이 라이프 하면서 사는 분들도 많아요. 그러니까 결국 그런 분들이 본인들이 아동수당을 못 받고 양육수당을 못 받고 양육수당은 어차피 그거 다 어린이집으로 가는 거예요. 그리고 최근에 얘기했던 임신하면 주는 100만 원 이런 것들을 못 받는다고 해서 본인들이 저 아이를 내가 키우고 있어라고 생각을 할까요? 그 정도의 수준의 지금 현재 금액이 절대 아니거든요.

🛵 정그린 (찬성) | 이것은 저출산 문제 해결책이 절대 아니에요. 앞으로 사회적인 구조 변화에 따라서 세수 부과 방식이 달라져야 되고 그런 부분에 있어서 어쨌든 1인 가구가 늘어나는 상황 속에서 국가 차원에서는 세수가 있어야 사회 시스템이 돌아가는 거 아니겠습니까? 앞으로 1인 가구가 계속 증가할 테고, 제가 말씀드린 대로 50%까지 갈 수 있죠. 그런 현실에서 어쨌든 국가가 운영이 되려면은 세수 부과에 대한 생각은 다시 재조정을 분명히 해야 된다. 재조정을 하는 데 있어서 굉장히 큰 포션을 차지하고 있는 1인 가구에 대해서도 세수 조정에 대한 고민을 시작해야 한다. 헌데 각론적인 상황 때문에 지금 논의하기가 어렵다기에는 시기적으로 골든 타임은 지나가고 있다고 생각을 합니다. 논의를 하고, 싱글세 도입이 적절하지 않다고 결정이 나면 그에 따라 다른 세수 부과 방법을 고민하면 되겠지요.

🎧 박일정 (반대) | 저는 사실 싱글세라는 개념 자체에 대해 아까 효민 님이 언급하신 연금이나 다른 문제들과 연결지어 보더라도, 이 세금을 부과하는 대상을 무자녀 싱글세라고 해서 자녀가 없는 사람들로 한정하는 점이 문제가 있다고 생각해요. 왜냐하면 세수를 늘리는 방법은 싱글세나 무자녀세를 도입하기 전에 검토해야 할 다른 요건들이 충분히 많다고 보기 때문입니다. 예를 들어, 1인 가구가 점점 늘어나는 상황에서, 단순히 1인 가구라는 이유로 세금을 부과하는 것은 적절하지 않다고 생각해요. 결국 세수를 늘려야 한다면, 1인 가구 여부와 상관없이 전반적인 세금 구조를 개선하거나, 급여에서 기본적으로 공제해야 하는 세금을 조정하는 방식으

로 보완책을 마련하는 것이 더 바람직하다고 봅니다. 제가 싱글세에 반대하는 이유는 단순해요. 개인의 선택으로 나는 싱글로 살아가거나, 자녀 없이 살아가기로 결정한 것을 국가가 나서서 추가적인 세금을 부과하는 방식으로 규제하는 것은 굉장히 위험한 발상인거죠.

💻**고효민 (찬성)** | 개인의 자유가 있지만, 개인이 국가의 구성원으로서 가져야 할 의무도 있는 것 아니겠습니까? 아이를 낳는 것을 의무라고 하기는 좀 그렇지만, 아이를 낳는 것 자체가 사회를 구성하는 데에 있어서 필수불가결한 요소인데, 그것을 하는 사람들과 하지 않는 사람들에 대한 결과적인 차별은 당연히 둘 수 있다고 생각합니다. 아이를 낳지 않는 것은 당연히 자유지만, 그것과는 무관하게 나는 사회에서 누리고 싶은 것은 다 누리고, 어떤 추가적인 부담도 할 생각이 없다라고 하는 것도 정말 이기적인 생각 아닐까요?

⊘ **박일정 (반대)** | 그러니까 무자녀라는 개념을 제도적으로 해결하려는 시도는 이미 한계에 다다른 것이 아닌가 하는 생각이 들어요. 개인적인 의견이지만, 현재 출산율이 낮아지고 결국 국민 수가 줄어드는 것이 문제라면, 이를 해결하는 방식은 결국 출산율을 높이는 방향으로 돌아갈 수밖에 없는 것 같습니다. 그렇다면 출산율을 높이기 위해 지금처럼 단순히 금전적 지원이나 혜택을 제공하는 방식이 아니라, 출산과 육아의 정당성과 당위성을 강조하는 캠페인이나 사회적 공감대를 형성할 수 있는 방법을 더 적극적으로 고민해야 한다고 생각합니다. 강력한 제도나 세금 부

과를 통해 문제를 해결하려 하기보다는, 사회적 인식과 환경을 바꾸는 방식이 더 지속 가능하지 않을까요?오히려 이런 세금 정책이 도입되면, 이미 생활이 팍팍한 국민들에게 또 다른 부담을 지우는 것이 되어버릴 것 같아서 저는 여전히 이에 반대하는 입장입니다.

🎤 **이효진 (사회)** | 마지막으로, 싱글세에 대해서 마무리 발언 한 마디씩 부탁드리겠습니다.

🛵 **정그린 (찬성)** | 세금 얘기니까 어쩔 수 없이 비용적인 측면에서 얘기를 할 수밖에 없는 상황이고, 다른 제도적인 부분들은 고민하면 다른 방법이 있을 것이라 생각을 합니다. 납세는 국민의 굉장히 중요한 의무입니다. 세금과 관련해서는 개인의 선택과 자유에 관한 존중을 넘어 국가 차원에서 볼 때 의무의 관점에서 바라봐야 할 필요가 있고요. 물론 세금을 부과하는 방식에 대해서는 그건 의무가 아니죠. 사회적인 합의랑 계속해서 치열한 논의가 필요한 상황이지만 어쨌든 국민들한테 민감한 사항인 세수 부과에 대해서는 보다 국가적 차원에서 고민할 필요는 있다 그런 관점에서는 싱글세에 대한 논의가 시작이 되어야 된다고 생각합니다.

🖥 **고효민 (찬성)** | 정확히 말하면 제가 주장하는 바는 무자녀세이고요. 저는 결혼을 했더라도 무자녀인 분들에게까지 부과하는 세금을 염두에 두고 말씀을 드렸고요, 저는 이런 자녀 유무에 따라서 세금을 얼마나 내고 사회적 혜택을 얼마나 받고 이런 것들을 지금보다 조금 더 공평하게

만드는 이 작업들이 인구 구조가 어떻게 변화하느냐에 따라서도 그걸 유연하게 대처할 수 있는 근본적인 시스템을 바꾸는 일이라고도 생각을 합니다. 그래서 이러한 논의가 조금 더 활발하게 일어났으면 좋겠어요. 무자녀세나 싱글세와 같은 얘기가 조금 더 사회적 이슈가 된다면 그때 조금 더 목소리를 한번 높여보는 걸로 하겠습니다.

최원선 (반대) | 싱글은 아까도 말씀드렸지만 세제 혜택을 못 받고 있기 때문에 사실상으로는 세금을 더 내고 있는 상황이라고 말씀드리고 싶습니다. 그리고 인구 구조가 변화하고 있고 사회 문화가 변하고 있고 가족 구조도 변화하고 있는 상황에서, 기존의 개념과 문화대로 결혼을 안 하고 자녀를 안 낳으면 책무를 다하고 있지 않다고 하면서 세금을 매기는 건 현재의 관점에서 맞지 않다고 생각을 하게 됩니다.

박일정 (반대) | 이 문제를 해결하기 위해서 앞으로 논의할 수 많은 난제가 있겠죠. 또한 심각한 출산율을 개선하는 방법에 대해 깊게 논의하는 것은 찬성할 수 있습니다. 하지만, 아이를 가지느냐, 가지지 않느냐는 매우 다양하고 복합적인 이유가 있을 수 있다고 생각합니다. 그렇기 때문에 이를 기준으로 세수를 부과할지 말지를 논의한다는 것은 개인적으로나 사회적으로 큰 갈등을 초래할 가능성이 크고, 세금으로 풀기에 적절한 이슈는 아니라고 생각합니다.

🎤 **이효진(사회)** | 저출산 세대의 대응책의 하나로 논의되고 있는 싱글세에 대해서 토론해 봤습니다. 결론을 내릴 수 없을 만큼 치열하게 대립되는 문제로 정책을 만드시는 분들이나 고민하고 있는 분들 타협할 수 있는 정책을 내놓았으면 좋겠습니다. 오늘 토론 여기서 마치겠습니다.

대한민국은 세계 최저 수준의 출산율과 급격한 고령화로 인해 지속 가능한 사회 구조가 크게 위협받고 있습니다. 청년들은 결혼과 출산을 꺼리고 있으며, 비혼 출산이나 동거 같은 새로운 가족 형태가 등장했지만 이를 충분히 수용하지 못하는 제도적 한계가 문제를 더욱 심화하고 있습니다. 고령화로 인한 건강보험 재정 악화와 필수 의료 인력 부족 문제는 국가 보건 체계의 지속 가능성을 위협하며, 과도한 생애 말기 의료비 지출과 의료 소송 리스크는 의료 체계의 효율성을 떨어뜨리고 있습니다. 한편 반려동물을 기르는 인구는 1,500만 명에 이르렀으며, 반려동물은 이제 단순히 '기르는 대상'이 아니라 가족의 일부로 여겨지고 있습니다. 하지만 반려동물 학대와 유기 문제는 여전히 해결되지 않았으며, 동물 복지를 보장하기 위한 제도적 개선이 필요합니다. 이러한 인구 변화와 사회적 갈등은 단순히 현재 세대의 문제가 아니라, 미래 세대의 삶에도 심각한 영향을 미칠 수 있는 중대한 과제로 여겨집니다. 지속 가능한 사회를 위해서는 경제적, 제도적 개혁과 더불어 사회적 합의를 통해 문제 해결에 나서야 합니다. 지금의 논쟁과 정책적 논의는 다음 세대를 위한 안정적이고 지속 가능한 기반을 마련하는 중요한 과정이 될 것입니다.

# 교육

## : 경쟁주의적
## 입시 교육의 위기

3장

# 1

매맞는 선생님, 교실 회복은 가능할까?

🎙️ **이효진** | 교육에 관한 얘기를 안하고 넘어갈 수 없겠죠. 서초구의 한 초등학교에서 부임한 지 얼마 안 되는 초임 교사가 생명의 끈을 내려놓은 아주 안타까운 사건이 있었습니다. 또 인기 웹툰 작가인 주 모 씨와 특수교사의 소송이 세상에 알려지면서 논란이 되기도 했습니다. 사회적으로는 학생 인권 또 교권이 대립하는 양상이 펼쳐지는데요. 무너진 학교 현장 공교육 정상화는 가능할까요? 이번에 이런 얘기에 대해서 좀 논의를 해보도록 하겠습니다.

🏛️ **우종혁** | 음, 먼저 무너진 학교 현장에 대한 개인적인 생각을 말씀드리면 굉장히 다양한 문제가 산적해 있다는 생각이 듭니다. 정치적인 사안으로 느껴지실 수도 있겠지만 학교 현장이 많이 무너졌다는 생각이 들고요. 무너진 공교육과 교권 추락 등 여러 생각이 스쳐 지나가는 것 같습니다. 먼저 말씀하셨듯이 서이초 사건으로 부상된 교권 보호 문제부터 말씀 나눠보시죠.

한국교총 조사 결과 교원의 명예퇴직 비율이 굉장히 증가한 것으로 나타났다고 합니다. 저는 교단에 계신 선생님들의 열정과 사기가 굉장히 많이 저하가 된 상태라고 보고 서이초에서 일어났던 안타까운 사건 이전에도 그런 비슷한 사건이 비일비재했다고 하더라고요.

서이초 사건을 기점으로 봇물 터지듯이 그 이전 일들도 수면 위로 올라오고 있는 것 같은데 교원의 사기와 열정이 훼손되어 바닥으로 떨어졌다는 생각이 듭니다. 학교 현장에 대한 학생과 학부모의 존중도 바닥을 치고 있는 것 같아요. 제가 어렸을 때만 하더라도 선생님께 존경심을 표하고 예의를 다하는 게 학생의 도리였던 것 같은데 요즘의 학교는 그렇지 않다는 거죠. 학부모들은 교사를 끊임없이 견제, 감시하고 개입하려 듭니다. 그리고 학생은 교사를 무시하죠. 이런 식의 교권 침해가 계속되니 학교 현장이 무너져 내릴 수밖에 없는 상황이라고 생각해요.

일단은 교사들의 처우에 대해서 조금 잠깐 얘기를 해보자면 악성 민원에 시달리는 교사들이 너무 많다고 하고요. 행정업무에 시달리는 무기력한 환경이 돼 버린 지가 오래라고 합니다. 이분들의 어떤 명예퇴직 비율이 높아지는 이유 중에 하나가 그리고 학생들과의 관계 유지가 힘들다. 교사로서의 어떤 자긍심을 충족하기가 어렵다. 이런 어떤 근본적인 문제도 있을 것 같고요. 그래서 교권에 대한 얘기들도 한번 해보면 좋을 것 같습니다.


🎙 **서연주** | 저도 전문직 직종에 몸 담고 있는 한 사람으로서, 전문직으로서 자괴감이 드는 무기력한 환경이라는 표현이 매우 와닿습니다. 슬픈 일입니다. 직업적 소명을 존중한 교권 회복이란 어떻게 가능할까요?

우리나라에서 처우 개선이 가능한 영역일까요?

💻**고효민** | 결국 체벌 얘기가 나올 수밖에 없는 것 같아요. 지금 체벌을 다시 허용을 해야 한다 말아야 한다 이렇게 얘기가 또 나오고 있는데, 사실 체벌 문제는 기존에는 체벌을 많이 해서 문제가 됐기 때문에 체벌을 규제하는 조항들이 생긴 거잖아요. 학생인권조례가 그 예 중 하나일 텐데, 그렇기 때문에 이 주제가 체벌이 아닌 다른 대안을 통해서 교권을 일정 수준 이상 회복? 혹은 교사들에게 최소한의 통제 수단 등을 마련해주어야 하는 것이 아닌가 하는 의견입니다. 가장 쉽게 접근하면 교사들이 학생들에게 정말 진심으로 존경받고, 그들이 자발적으로 따를 수 있는 교육 현장이 된다면 좋겠지만 이건 너무 이상적이고 실질적으로 불가능한 생각이 잖아요? 그래서 저는 교사들의 학생 통제 수단으로 초등학생 때부터의 '유급제'를 실시하는 것을 제안 드리고 싶네요. 제가 이런 생각을 한 이유는 제 개인적인 대학원 생활의 경험에서부터 착안했어요. 대학원에서 사실 교수님들의 갑질이나 횡포 같은 문제들이 공공연하게 문제가 많이 있어 왔는데, 학생들이 그것에 대해 쉽게 문제제기를 못하는 점이 바로 교수가 가지고 있는 졸업이라는 권한 때문이에요. 결국 이 문제를 너무 감정적으로 접근하지 말고, 학생과 교사가 서로 이해관계가 맞물리도록 관계 설정을 다시 해줄 수 있는 제도적 장치가 필요하다 정도로 의견 정리할 수 있을 것 같습니다.

🌐**최원선** | 많은 사람들이 단순히 교권 강화 방안을 체벌 허용

으로 많이 보고 계시는데 그게 해결 방법은 아니라고 생각을 합니다. 문제는 학생들이 교사한테 폭행을 가할 때도 교사는 지금은 참을 수밖에 없는 상황이에요. 이런 경우 방어 행위에 대한 면책권이 이루어져야 하지 않을까라는 생각이 들어요. 학생인권조례 때문에 교권이 하락했다는 의견이 있는데 조례 시행 이전부터도 교권 하향의 양상을 보여왔고요. 단순히 학생인권조례보다는 아동학대 처벌 등에 관한 특례법 영향으로 이렇게 복합적으로 생산된 것이라는 의견들이 있습니다. 교사가 교육을 하는 데 있어서 한 행위로 아동학대 신고를 하면 수사 대상이 되고 수사가 들어가면 자동으로 직위 해제가 돼요. 교사를 보호할 수 있는 그런 체계가 없었어요. 2023년 서울시 교육청에서는 아동학대 신고된 교사를 곧바로 직위해제 하지 않고 전문가 의견을 듣겠다며 검토 단계를 도입했는데 그전까지는 그런 절차가 없었고요. 저는 우선적으로 이런 일이 발생하면 교사와 아동은 분리는 하되 제대로 된 조사의 절차를 거쳤으면 좋겠습니다.

그리고 아까 미국을 예로 들으셨는데 미국의 경우 아이가 문제를 일으키면 우선 격리 조치를 하고 학부모를 소환해서 아이를 데려가도록 합니다. 육체적 충돌이 일어날 경우에는 경찰이 개입을 하고 심한 경우에는 학부모를 방임으로 고발할 수도 있습니다.

저는 아동이나 학생의 기본 교육은 가정에서 이루어져야 한다고 생각합니다. 학부모도 책임의식을 갖고 학교는 보육이 아니라 교육하는 곳이라는 인식이 강화돼야 될 것 같습니다. 교사에게 폭행을 저지른 학생에 대한 처벌 강화는 필요합니다. 왜냐하면 지금은 강력 처벌이라 하더라도 기껏해야 전학 정도인데, 문제아를 전학 보낼 경우에 새로운 학교의 교사는 또 다시스트레스나 불안감을 느낄 수 있어요. 폭탄 돌리기일 뿐이니까요. 지속적인 교육은 가정으로부터 시작되어야 한다는 생각을 합니다.

🐢 **정그린** | 개인적으로 원선 님의 의견에 동감을 하고요. 안타까운 현실은 우리나라의 경우 부모님 모두 일하시는 분들이 대부분이죠. 사실 미국 같은 경우는 그렇지 않은 가정들이 많기 때문에 학교는 교육기관으로서의 역할만 해도 보육은 집에서 어느 정도는 가능한 부분이 있습니다. 하지만 우리나라는 맞벌이 가정이 많다 보니 학교가 교육기관만 역할을 하기에는 좀 모호한 부분들이 분명히 있는 것도 사실이에요. 이러한 우리나라의 현재 상황을 고려할 때, 미국식과 같은 자기 본연의 역할만 하고 그 이후는 형사처벌이라든지 이런 쪽으로 가는 방향이 효율적인 측면이 분명히 있지만 우리나라 상황에 적용하기는 다소 어려운 점이 있어 보이고요. 보다 더 적합한 제도적 개선이 필요하고 많은 고민을 해야 하지 않을까 싶습니다.

🏛 **우종혁** | 사실 학교가 병들기 시작한 건 꽤 오래됐다고 생각을 하거든요. 무너진 학교 현장에 대해서 고민을 해보면 그러니까 비단 이게 불과 한 몇 개월 만에 일어난 일들이 아니라 점차 학교가 병들어왔다는 생각이 드는데 저는 무너진 교권과 교실 교육을 회복하는 것이 교육의 질을 향상시킬 수 있고 또 교육개혁을 이끌 수 있는 가장 큰 원동력이라고 생각합니다.

일정 부분 교사의 정당한 지도와 훈육에 대해서는 이게 학부모도 용인을 해야 된다는 생각이 들고 이 무너진 교권을 회복하는 게 공교육 정상화의 저는 첫 단추일 수도 있다라고 생각을 합니다. 그렇기 때문에 일단은 진짜 이런 문제점들과 부작용들을 하나하나 해결해 나가는 과정이 필요할 거라고 생각을 하고요.

🖥 **고효민** | 좀 더 심각하게 이 문제를 생각해보기 이전에, 최근에 일어난 일련의 사건들이 과연 우리 사회에서 교권이 걷잡을 수 없이 무너져 있기 때문에 벌어진 일인지, 아니면 특정 몇 명의 아웃라이어들을 효과적으로 제어할 수 있는 시스템의 부재로 인한 일인지에 대해서 생각해볼 필요는 있는 것 같아요. 저도 아직 아이가 학교에 다니지는 않지만, 어린이집에만 보내 봐도 선생님들께 소위 말하는 막말이나 하대 같은 것을 하는 게 상상이 잘 안 가거든요. 이게 너무 당연한 마음처럼 느껴지는 것이 일단 학부모 입장에서는 장시간 교육 공간으로 자녀를 보내 놓은 상태이고, 혹여나 교사들이 돌발적인 행동을 해서 우리 자녀에게 해가 끼치는 일이 생기면 정말 돌이킬 수가 없지 않습니까? 그래서 지금 교사들이 겪는 일들을 정말 일반 사회현상으로 볼 것인지, 혹시 그렇지 않은 많은 학부모들조차 한꺼번에 엮여 들어가는 것은 아닌지 생각하게 됩니다. 몇몇 아웃라이어의 행동으로 인해 정책적인 조치를 취하게 되면 또 그로 인한 부작용들이 생기는 사례들은 정말 무수히 많이 찾아볼 수 있거든요.

🎤 **서연주** | 효민 님 말씀대로라면 결국 사회 구성원들 사이에

무너진 신뢰와 그로부터 발생하는 기회비용 중 하나일 수도 있겠네요. 하지만 교육 분야에서 언급되는 문제들이 과연 아웃라이어에만 국한된 일일까요? 그러면 그들을 효과적으로 제어할 수 있는 시스템이란 게 과연 있을지 의문입니다.

🏛 **우종혁** | 처음에 말씀드렸던 것처럼 교사의 명예퇴직, 중도하차 비율이 상상초월로 늘었다고 하고 교사가 학교 부적응으로 일을 그만두는 사례가 정말 동시다발적으로 많다고 합니다.

제가 이번 주제를 준비하면서 관내에 근무하시는 선생님들과 몇 번 만남을 가졌었는데 정말 괴로워하시더라고요. 특히 강남, 서초 지역이어서 더 그런 부분도 있을 테지만 정말 많이 힘들어 하시더라고요. 이제는 조금 바꿔 나가야 할 필요가 있지 않을까 합니다. 아까 미국 얘기하셨지만 미국 같은 경우에는 교사의 개인 전화번호를 학부모가 알 수 없다고 하더라고요. 이메일로서 학부모와 소통한다고 하더라고요. 교사와 학부모가 왜 연락을 나누어야 하는지에 대한 본질적인 질문을 주시는 분들도 계시고요.

서이초 사건 이전에 논란이 됐던 유치원 학부모 갑질 같은 경우는 '내가 카이스트 경영대학원 나와서 공부 꽤나 한 사람인데 당신한테 이런 얘기 들어야 되냐.' 그러니까 교사에게 일방적으로 본인의 어떤 감정 표현을 하는 거고 아이의 교육과는 별개로 이루어진 폭력이잖아요. 그러니까 이런 부분에 있어서의 제도적인 방지책은 분명 필요하다고 생각합니다.

💻 **고효민** | 어린이집 같은 경우에는 학부모와 교사가 반드시 앱

으로만 소통하고 직접적인 연락은 못하게 가이드가 있긴 하죠. 급한 일이 있어 당장 전화를 해야 하는 상황에도 원장을 통해서 담당 교사에게 전달이 가도록 시스템이 있고요. 종혁 님 말씀주신대로 이런 부분들이 전체적으로 잘 제도화되어 있는지 확인해보고, 부족하다면 원천적인 보호를 더 강화할 필요는 있을 것 같네요.

◈ **최원선** | 저는 두발 자율화가 안 되던 시기에 학교를 다녔던 사람이라서 아주 옛날 학교 문화를 겪었던 사람이에요. 그때는 교사의 개인 번호를 학부모가 알지 못하던 시절이었어요. 근데 지금은 교사에게 개인적으로 연락을 하고 일일이 응대를 해야 하는 이런 시스템에서 어려움이 있는 것 같아요. 학생인권조례로 돌아가서 얘기를 한다면 조례에 대한 과도한 해석이 문제를 일으킨 것 같아요. 기사를 봤는데 학생이 잠을 자도 휴식권 보호라는 이유로 못 깨운다. 학생이 휴대폰을 몰래 사용해도 휴대폰도 뺏을 수가 없다고 하더라고요. 이런 상황은 학생 보호에 대한 조례의 과도한 해석으로 인하여 교사의 권한을 차단한 게 아닌가 싶습니다.

◉ **박일정** | 가끔 고등학교나 중학교에 강연 초빙을 받아 가보면 교실을 지나면서 학생들을 볼 기회가 생기는데요. 늘 그런 것은 아니지만, 선생님이 수업 중인데도 마치 쉬는 시간처럼 개인적인 행동을 하는 학생들이 간혹 보이더라고요. 이번 사건도 여러 가지를 종합적으로 봤을 때, 교권이 우선이냐 학생의 인권이 우선이냐의 관점에서만 논의할 것이 아니라, 학교 현장에서 실제로 벌어지는 다양한 상황들을 고려해야 할 필요가 있다

고 생각합니다. 이 주제는 할 이야기가 많으실 것 같으니, 다음에 좀 더 깊이 생각을 나눠보면 좋겠네요.

🏛 **우종혁** | 마무리를 하자면 저희가 공감대를 형성하고 있는 내용은 이 부분인 것 같아요. 학생인권조례를 폐지한다고 해서 교권이 향상되는 것도 아니고 교권 조례를 새로 제정한다고 해서 정말 교사의 교권이 실질적으로 보호되는 게 아니다. 무너진 학교 현장을 바로 세우기 위한 어떤 작업을 착수할 때 교권 회복의 본질적인 방법이 어떤 게 있을지에 대한 심도 있는 토의가 좀 필요할 것 같다는 것이죠.

🩺 **서연주** | 말씀에 매우 공감해요. 초반에도 언급했지만 기본적으로 교사라는 전문 직종에 대한 존중, 신뢰가 제대로 자리 잡는 것이 모든 문제의 해결책 일 것 같네요. 교육의 본질이 훼손되고, 공교육 현장에서 보편적 교육이 이뤄지지 못하고 있기 때문인 건 아닐까요? 요새 학생들은 사교육 선생님들은 거의 신처럼 따르는 경우도 많던데요.

🏛 **우종혁** | 저는 무너진 공교육에 대해 정리를 하자면 우리 교육이 획일적 평등주의에 사로잡혀서 아이들의 개개인 특기를 키워주는 것보다는 평균성적이 높은 학생만 키워내고 있는 게 아닌가 하는 안타까움이 있고요. 더 많은 이야기를 별도로 나눠야 하겠지만, 교육이라는 사안에 정치가 개입되었을 때 발생하는 문제점들. 이런 논의도 해보고 싶거든요. 특히 학교현장이 앞으로 가야 할 방향성은 학력과 인성을 키우는 교육의 본

질을 회복하는 학교. 그리고 교육에서의 자유도가 높은 학교, 공정한 경쟁을 통한 실력주의의 확립 그리고 교육의 다양성 보장, 수월성 교육을 통한 세계 일류 인재 양성 등을 우리가 만들어 나가야 할 필요가 있다. 이런 말씀을 드리고 싶습니다.

◉ **최원선** | 저는 혁신교육에 대해 비판적인 입장에서 말씀을 조금 드리고 싶은데요. 먼저 학생들이 하향 평준화되고 있다는 생각입니다. 피터 드러커는 '측정할 수 없다면 관리할 수 없고 관리할 수 없다면 개선시킬 수도 없다'는 말을 했습니다. 측정이 왜 필요한지. 측정이 어떠한 역할을 하는지에 대한 중요성을 피력한 것인데요. 우종혁 의원님께서 항상 말씀하시듯이 현재의 우리 교육은 3無 교육에 불과합니다. 숙제가 없고, 평가가 없으며, 훈육이 없습니다. 그렇기 때문에 학교가 무너져 있다는 것입니다. 학생 개개인의 학습 수준을 진단하는 것이 왜 줄 세우기이고 교육격차를 심화하는 요인이라고 할 수 있습니까? 교육격차도 기본적으로는 어느 정도의 격차가 있는지를 파악한 이후에 해소가 가능한 사안입니다. 학생에게 필요한 맞춤형 교육을 제공하기 위해 객관화된 데이터가 확보와 공유가 필요합니다.

🏛 **우종혁** | 공감되는 부분이 많네요. 저는 이렇게 생각합니다. 현재로선 공교육에서 제공되는 객관화된 평가 데이터가 전무하다 보니 학부모는 사교육을 통해 평가비용을 지출하고 자녀의 학습 수준을 보완하기 위한 사교육비를 지출하고 있는 악순환이 이뤄진다는 생각이거든요. 결국

엔 공교육 정상화는 이러한 시선에서 절대 이루어질 수 없습니다. 특히 제가 정말 존경하는 선생님 한 분이 계신데, 이분께서 정책 토론회에서 이런 말씀을 하셨어요. "학생 평가를 가지고 왈가왈부할 때가 아니다. 국가가 실시하는 건강검진을 두고 국민을 건강으로 한 줄 세우기 위해 실시하는 정책이라고 비난하는 국민은 아무도 없다. 학생 평가도 그렇다. 예방−진단−지원이라는 기초학력보장 3단계 안전망 구축을 위해서는 국가 차원의 신뢰할만한 정책입안이 필요하다." 저는 이 말씀에 정말 많이 공감하고요. 현재로선 숙제도 없고 시험도 없고 어떠한 평가 없이 학교에서 허송세월을 보내는 것부터가 근본적으로 해소되어야 할 문제점이라는 생각을 합니다.

◉ **최원선** | 분명 평가나 이런 것들이 있어야 한다는 생각이 들고요. 다만 이러한 평가가 교육격차해소와 학생수준 상향평준화를 위한 취지에만 부합되게 활용될 수 있도록 해야 한다는 그 말씀도 덧붙입니다.

▢ **고효민** | 저는 일단 두 분의 말씀에 정말 많이 공감했고요. 특히 내 아이가 다닐 학교교육에 대해 관심 없는 부모가 어디에 있겠습니까? 그래서 정말 더 많은 생각을 하면서 경청했는데요. 저는 이러한 혁신교육, 나아가 대한민국 공교육의 문제점들뿐 아니라 학교교육의 다양성도 필요한 부분이라고 생각해요. 특히나 우리가 추구하고자 하는 교육이 사교육과는 명확히 대비되는 공교육이라고 한다면 저는 학교이기 때문에 가르칠 수 있는 것들에 더 많은 노력을 기울여야 한다는 생각이거든요.

**🏛 우종혁** | 네 그래서 제가 주목하고 있는 것 중에 하나가 국어, 영어, 수학, 탐구과목 등 교과학습에만 치중한 입시중심 교육이 아니라 다양한 교과 외 교육, 특히 융합교육. 학교라는 공간에서만 아이들이 배울 수 있는 것들, 성인으로 나아가는 과정에서 꼭 가르침을 받아야 할 것들, 이런 분야에 대한 투자와 개발이 시급하다. 이런 생각입니다.

저는 일례로 한창 정치권의 화두였던 '만 18세 (피)선거권 연령 인하'가 제도화되고 시행되었지만, 그 이전에 학교현장에서 민주시민교육이나 정치교육 등이 선행되었다면 더 나은 모습을 그릴 수 있지 않았을까 하는 아쉬움이 남고요. 민주시민교육에 대해서는 정치적으로 굉장히 예민한 사안이 되어버렸는데 전 이부분은 정치권이 만들어낸 괴물이라고 생각합니다.

청소년들을 민주시민으로 양성해야 할 의무는 우리 어른들에게 있습니다. 이 부분을 좌파 전교조 교육이라고는 생각하지 않고요. 정치적으로 이념화 되지 않은 민주시민교육의 도입이 필요하다는 생각도 합니다. 특히나 제가 주목하는 것은 우리 사회의 세계화가 급격하게 진행되고 있고 국경의 개념이 희미해져 '초월사회'가 되었기 때문에 이러한 관점에서 세계시민 교육이라거나 글로벌 국제교육을 학교현장에서 더 다각화해서 진행을 하는 게 타당하지 않나 하는 생각을 합니다.

**💻 고효민** | 글로벌 국제교육은 정말 필요할 것 같네요. 왜냐면 사실 기업에 입사를 해도 요즘에 가장 필요로 하는 인재상이 글로벌 인재상이거든요. 대기업이 아니더라도 정말 중요한 부분 중에 하나라는 생각이 들고요. 이동수단이나 통신수단이 급격히 발전함에 따라 세계가 굉장히 축

약된, 또 물리적으로도 단축된 듯한 세상에서 살아가고 있잖아요. 그래서 필요하겠다는 생각이 드네요.

🎙 **서연주** | 저는 경제금융교육도 반드시 필요하다고 봅니다. 세상을 살아가기 위해 꼭 필요한 능력들을 키워주어야 할 것 같아요.

🏛 **우종혁** | 네 그런 관점에서 정말 다양한 수업이 이루어져야 할 필요가 있다는 생각이 듭니다. 기후 환경에 대한 다양한 문제점이 제기됨에 따라 각 급 학교에서는 환경교육을 테마교육으로 진행하기도 하거든요. 그런 부분들이 더 확대, 개선되어서 아이들이 사회에 첫발을 내딛을 때, 정말 이 사회의 구성원으로서 잘 어우러질 수 있기를 바라는 마음입니다.

🎙 **이효진** | 네 지금까지 공교육 정상화에 대한 이야기를 함축적으로 나누어 보았는데요. 무너진 학교현장을 되살리기 위한 두가지를 논의해봤습니다. 교권 회복과 학교 교육 정상화. 이 두가지인데요. 앞으로도 더 깊은 논의를 나누어 가겠습니다.

# 2

## 아직도 개천에서 용이 날 수 있을까?

🎤 **이효진** | 지금껏 정부의 교육 개혁 기조 그리고 무너진 학교 현장을 살리기 위한 민관학의 협력체계 구축 등 아주 다양한 논의를 이어 왔는데요. 사실 교육이라는 주제는 우리 모두에게 너무 가깝고 또 친숙한 주제죠. 우리 모두 또 입시를 겪은 수험생이기도 했는데요. 경쟁주의적인 입시 제도를 해소하기 위한 방법으로 고교 교육과정을 개편해야 하느냐 대학의 학생 선발 방식을 개편해야 하느냐에 대해 논의를 해 보려고 합니다.

🌐 **최원선** | 학령 인구가 계속 감소를 하고 있고 대학들이 통폐합을 하고 있는 추세잖아요. 그렇기 때문에 저는 경쟁 주의적인 입시 제도를 해소하기 위한 방법으로는 고교에서부터의 교육과정의 개편이 필요할 거라고 생각합니다. 이를테면 학령 인구가 계속 감소를 하고 대학이 아무리 통폐합이 된다고 하더라도 과거처럼 무한 입시 경쟁적인 풍토가 지속되지 않을 수도 있을 거라고 생각을 합니다. 근데 반대로 의대 쏠림 현상 문제도 있고 의 · 치 · 한 같은 인기가 높은 군에 대해서는 지속적으로도 계속 경쟁주의가 뿌리내릴 수도 있겠다라고 생각을 하는데 한번 같이 논의를 좀

해봤으면 좋겠습니다.

🏛 **우종혁** | 저는 이 주제를 보면서 한 가지 생각했던 것 중에 하나가 '23년도 정시 미달 대학의 86%가 지방대였다'라는 기사를 봤었거든요. 부산 지역에는 또 폐교를 한 대학이 한 2개 정도 있었다고 하고요. 부산뿐만 아니라 여러 지자체에서 폐교를 하는 학교들 통폐업을 하고 있는 학교들이 많아졌다고 하는데 지금 우리나라는 출생아가 27만 5800명이고 사망자가 30만 명 넘어서 인구가 줄어드는 데드크로스를 지난 지가 꽤 오래된 시점이라고 합니다.

그렇기 때문에 대입 이후에 수험생 수가 입학 정원보다 적은 현상도 우리가 확인을 했었다고 하고요. 더불어, 지금 정시 경쟁률도 전반적으로 3대 1보다 낮은 수준이라고 합니다. 그래서 우리가 대학의 어떤 체계를 개편하는 것보다도 교육 고교 시절부터 좀 어느 정도 이걸 좀 심화해야 할 필요가 있지 않을까라는 생각도 들고요.

🏎 **정그린** | 사실 양극화된다고 봐야 되겠죠. 아무래도 공부를 좀 열심히 해서 좀 우수한 소위 말해서 우수한 인재가 되려고 하는 친구들은 또 더 예전보다 더 경쟁적인 사회의 삶을 살고 있는 거고 그렇죠 그렇지 않은 학생들은 선택해서 갈 수 있는 상황이 벌어지는 거고 약간 양극화된다고 봐야겠죠.

🖥 **고효민** | 저는 조금 생각이 다른데요, 대학 입시 제도가 근본

적으로 바뀌지 않는 한 고교 제도들은 백약이 무효하다고 생각합니다. 제가 과학고등학교를 나왔는데요, 벌써 20년이 다 되어가는 얘기이긴 합니다만, 과학고등학교 3학년 과목 중 고등물리, 고등화학이라는 과목이 있었습니다. 하지만 아시다시피 대부분의 과고생들은 2학년 마치고 졸업을 많이 하고, 남은 학생들도 위 과목들은 실제로 거의 수강하지 않고, 그 시간에 수능 준비를 합니다. 특수목적고등학교라고 해서 그럴싸해 보이는 제도를 만들어 놓아도 결국 대입 제도와 얼라인(align)되지 않으면 아무 소용이 없고, 현장에서 제대로 집행도 되지 않는 단적인 사례라고 생각하시면 될 것 같습니다. 그렇다면 왜 대입 자체에 모든 교육이 포커싱이 맞추어져 있느냐? 바로 우리나라에서는 대학 간판이 성공의 기준이기 때문이겠죠. 이런 주제까지 얘기를 하자면 사실 내용이 길어지겠습니다만, 고교 과정에서의 새로운 시도는 반드시 대입 제도와 함께 설계해 나가야 한다고 생각합니다.

🐾 **정그린** | 사실 이 사안에 대한 답은 없죠. 어떻게 보면 모든 분의 의견들이 다 다를 것 같아서 이 시간에 저는 문제의식 정도만 공유를 하면 좋을 것 같다는 생각이 들고요. 현재 고등학교에서는 고교 학점제가 시행이 됐습니다. 학생이 원하는 과목을 선택해서 수강할 수 있는 것인데, 앞서 고효민 님께서 말씀하셨듯이 과학고, 자사고 등은 그런 방식의 교육을 사실 예전부터 해왔어요. 그렇지만 그닥 효과를 얻지 못했던 것이, 대학 입시 제도는 맞춰 가지 못했기 때문입니다. 안타까운 사실은 요즘 정부에서 추구하는 대학 입시 제도도 여전히 맞지 않다는 것이죠. 요즘 대학에 요

구하는 사항은, 학문 간의 벽 허물기라고 해서 과도 없애고 무학과제 형태로 융합 인재를 양성해 보겠다는 거예요. 취지는 굉장히 좋습니다. 하지만 문제는 고교 학점제라고 하는 게 자기가 가고 싶은 분야를 미리 선택을 해서 수강하는 것인데, 1학년 때부터 바로 자신이 원하고자 하는 필드와 연관된 수업을 듣고 대학까지 연결되어서 전문적인 교육을 받고 싶다는 취지로 이해할 수 있는데 무전공제는 이걸 완전히 흐트려 버리는 거예요. 고등학교에서 고교 학점제를 통해서 내가 어떤 분야의 전문 인재가 되고 싶어 되고 싶어서 그쪽 커리큘럼을 밟았어요. 근데 대학은 통으로 무전공인 상태로 들어가야 되는 상황이 펼쳐지는 거예요. 즉, 지금 고등학교의 입시 제도에 개선 방향이랑 대학 입시 제도의 방향이 좀 따로 논다. 이게 연결성 있게 가야 되는데… 톱니바퀴가 맞은 상태에서 제도적 개선을 좀 고민해야 하지 않나 싶네요.

⊛**최원선** | 저도 앞선 두 분 말씀에 굉장히 동의를 하는데요. 일단 고교 학점제가 전면 도입이 될 텐데 그렇게 되면 지금의 입학 시험 제도는 수능 단일화 체제이기 때문에, 수능에 유리한 과목만 골라 들을 가능성이 굉장히 크겠죠. 입시제도가 개선된다고 하더라도 입시 경쟁이 과연 해소될 것인가는 의문이 들어요. 인간의 본성에는 이기심이 있기 때문에 경쟁심은 불가피한데 본능적인 문제를 과연 해결할 수 있는 것인가 하는 생각도 해봅니다. 요즘 의대 열풍이라고 하잖아요. 그래서 '전국에서 의대를 가장 많이 보내는 학교가 서울대학교다.' 이런 우스개 소리가 있는데 서울대학교까지 가도 의대를 가기 위해 다시 재수 삼수를 하고 더 하더라도 가

겠다 이런 사람이 있더라고요. 이공계를 지원해야 한다고 계속 주장을 하고 있지만 이공계나 인문 사회계나 대학을 졸업 후에 직업을 가질 때 처우 개선이 되지 않고 있기 때문에 의대 쏠림 현상이 심화된다고 생각해요. 적은 자리를 두고 사람들의 경쟁과 교육 양극화는 앞으로 더 심화되지 않을까 생각합니다. 단순히 입시 제도를 개선한다고 해결이 될 것인가에는 의문이 들고요. 덧붙이자면 입시제도 개선할 때 현장에 교사들의 의견이 거의 반영이 안 되고 있어요. 교육부나 정책 결정권자들의 일방적 정책 발표로 교사들도 뉴스 보고 안다고 하더라고요. 교육에 가장 가까이 있는 사람들에게 귀를 먼저 기울이는 것이 필요하지 않을까라는 생각이 듭니다.

🩺 **서연주** | 네 요새 의대 입시반 플랜카드가 곳곳에 붙어 있더라고요. 경험상 의사라는 직업은 적성이 맞지 않는 학생들이 오면 고생을 꽤나 하는데. 입시를 공부하는 학생들이 과연 본인들이 가고자 하는 의대라는 곳이 어떤 곳인지 충분히 알고 원하는 것일까? 아니면 경쟁에서 이기고 공부 잘해야 가는 곳이니 막연히 좋겠지 생각하는 것은 아닐까 하는 우려가 듭니다.

🏛 **우종혁** | 정그린 교수님께서 말씀하신 내용으로 답을 드리고 싶었어요. 그러니까 경쟁주의가 없느냐라는 질의에 질문에 이게 양극화가 되고 있다는 얘기를 드리고 싶고요. 그러니까 이대로라면 얼마 후에는 의대나 스카이 밖에 남지 않을 거라고 보기 때문에 이런 차원에서의 어떤 양극화되어 있는 경쟁주의 이런 거에 대해서 좀 말씀을 드리고 싶었고 지금

의과대학 18곳의 정시 합격자 중에 79%가 N수생이라고 하더라고요. 심지어 그 N수생의 80%는 강남 사교육 시장에서 재수종합반 수업을 듣는다라고 하고 이런 것들이 사실 정상적인 풍토라고 생각을 하지는 않습니다. 그렇기 때문에 이런 문제를 해결하기 위해서는 저는 고교의 교육과정도 좀 바뀌어야 될 필요가 있다고 생각합니다.

🖥 **고효민** | 그러니까 고등학교 교육 정책도 결국에는 학생들을 대학에 어떻게 보낼 거냐 하는 정책인 거잖아요. 모든 사람들의 시선이 대입에 포커싱되어 있는 이 환경이 바뀌지 않으면 앞서 말씀드렸지만, 백약이 무효하다고 봅니다. 아마 10년 전인가에 아이유가 TV에 나와가지고 대학을 갈 시즌이었는데 "대학교 안 가요. 저 굳이 안 가도 될 것 같아요."라고 했어요. 근데 아이유가 대학교 가지 않는다고 해서 그거에 대해서 이상하게 생각하는 사람 아무도 없거든요. 이제 사회적 성공의 기준이 다변화되어야 한다는 건데 어떤 일을 하든 간에 인정받고 싶고 성공하고 싶은 건 인간의 욕구잖아요.

근데 심지어 그런 연예계까지도 요즘에 보면 그 연예인들을 배출하는 몇 개의 고등학교가 있어요. 한림예고 등이 있을 텐데요. 스포츠 분야도 마찬가지고 어느 분야든 엘리트 학교나 엘리트 코스들이 있기 마련이죠. 그곳에 들어가기 위해 경쟁적인 활동들이 일어나는 것은 인간의 본성이기 때문에 사실 그것을 100% 잘못된 풍토라고 규정하고 그걸 해소하려고 하는 것은 인간의 본성을 거스르는 정책적 방향이라고 생각을 해요. 10%에 안에 진입하지 못하는 나머지 사람들에 대해 어떤 식의 사회적 안전장치를 마련할 것이냐 이런 것들에 대해 조금 포괄적으로 논의가 되어야 하겠죠.

◉ 박일정 | 저는 아까 그린 님이 말씀하셨던 고등학교, 고등학교 이하, 대학이 각각 바라보는 방향이 맞지 않는다는 점에 대해 굉장히 공감하고 평상시에 심각한 문제라고 생각하는 수능에 대해서 언급해볼까 합니다. 현재 고교 학점제를 비롯한 여러 제도는 다양성을 인정하고, 학생들이 사회생활이나 대학에서 공부를 하는 데 있어 그 다양성을 지켜주고, 개발할 수 있도록 돕겠다는 목표를 가지고 있지만, 현실적으로 그 최종 통로가 수능이라는 제도로 지나치게 좁혀지고 있는 상황입니다. 제가 가장 심각하다고 생각하는 포인트는, 수능이 계속해서 매년 어려워지고 있다는 점이에요. 저도 수능 세대인데요, 제가 치렀던 수능보다 문제의 난이도가 많이 높아져서 응시생들이 주어진 시간안에 풀 수 없거나 손도 댈 수 없는 문제가 출제되었다는 평가가 많습니다. 굳이 생각해보면, 수능은 기출 문제 또는 시중에서 접할 수 있는 문제는 최대한 배제해야 한다는 전제가 한 몫하는 것 같습니다. 과거에 이미 좋은 문제들이 많이 출제되었지만, 이 전제 때문에 좋은 문제를 재활용하지 못하고, 새로운 문제를 만들면서 결국 기존 문제를 더 복잡하게 꼬아가는 방식으로 출제되는 경우가 많거든요. 결국 학생들이 물리적으로 더 많은 시간을 들여야만 문제를 풀 수 있는 상황이 반복적으로 발생하고 있습니다. 그래서 저는 굳이 수능을 이렇게까지 복잡하고 어렵게 낼 필요가 있는지 의문이 들어요. 수능은 대학을 가기 위한 최소한의 장치로 쉽게 출제하고, 각각의 대학이 학생 선발 방법에 대해 더 많은 자율권을 가지는 것이 낫다고 생각해요. 앞서 말씀드린 것처럼 학

생들 각각이 잘 할 수 있는, 그리고 잘하고 싶은 전공을 선택하기 위해 대학에 진학을 할 것인지를 판단하는 최소한의 지표로서 수능을 포지셔닝하고, 학생의 장점을 바탕으로 대학이 자율적으로 선발할 수 있는 시스템을 마련하는 것이 바람직하다고 생각합니다.

🎙️**이효진** | 네 정말 열띤 토론 감사합니다. '교육이란 한 개인이 사회구성원으로서 성장하는 과정의 총체라고 볼 수 있기 때문에 더 중요하다. 그리고 국가가 더 세밀하게 촘촘하게 설계할 필요가 있다.' 이렇게 정리할 수 있을 것 같습니다.

# 3

## 대학의 위기, 왜 모두 의대를 가려고 할까?

🌐 **최원선** | 2024년 일년 동안 주요 이슈 중에 하나를 꼽으라면 의대증원 확대와 이에 따른 의료 공백 문제를 들 수 있죠. 2024년 정부가 의대 정원을 2025학년도부터 2,000명 증원하는 안을 내놓자, 국민의 관심도 뜨겁고 찬반으로 의견이 갈려 논란이 되고 있습니다. 의사 사회에서는 정부의 독단적인 의대 정원 확대 추진으로 인해서 나타날 수 있는 여러 부작용에 대해서 우려하는 시선들로 반대하고 있는데요.

요즘은 유치원 때부터 의대를 준비한다 이런 얘기도 있잖아요. 지금 공대를 준비하던 학생들도 의대를 준비해야 하는 거 아닌가? 대학 재학생 중에서도 의대를 가기 위해 다시 수능을 준비하기도 한다고 합니다. 2025학년도 수능 응시자 중 N수생이 21년 만에 최다였다고 하지요. 저희는 의대증원 확대에 대한 찬반 토론을 하는 것이 아니라, 현직 내과 전문의로 근무하고 계시는 윙크 의사 서연주님과 함께 왜 이렇게 의대 쏠림 현상이 발생하는지 또 이것이 대학에 미치는 영향은 무엇이 있는지에 대해 이야기 나눠보도록 하겠습니다.

🖥 **고효민** | 저도 제 딸이 2020년생인데 이번 개편으로 인해 좀 더 쉽게 의사가 될 수 있지 않을까 뭐 이런 생각도 우스개스럽게 한번 해 보고요. 사실 정치적인 측면으로 봤을 때는 너무 매력적인 카드인 게, 의대를 보내고 싶어 하는 수많은 부모님들의 마음을 한 번에 사로잡을 수 있지 않겠습니까? 이런 관점에서도 생각이 들고요. 한편으로는 중고생이었던 2004~2007년 즈음도 대부분의 이공계 학생들이 의대를 선호하는 현상이 심화되어 '한국 이공계가 위기다' 이런 얘기들이 나왔었거든요. 그만큼 의대 쏠림 현상은 오래된 현상인데, 시간이 갈수록 점점 심해지는 것 같아서 기술을 개발하는 엔지니어로서는 사실 좀 우려가 되기는 합니다. 우리나라에서 제일 똑똑한 사람들이 다 의사를 하는 것이니까요.

🏍 **정그린** | 그 대안으로 최근에 과학기술대라든지 아니면 일부 과학계 사립대에서 의과학자 양성을 위한 의대 설립 얘기도 좀 있긴 하더라고요.

🖥 **고효민** | 네, 제가 개인적으로 카이스트 의과학대학원을 다니는 분들과 친분을 좀 맺었었는데요. 그 분들은 각자 다니던 의대에서 전공의 과정을 마치고, 군의관 대신 의과학대학원에서 박사 과정을 하면서 전문연구요원을 통해 병역을 해결하는 루트를 밟는 분들이었습니다. 지금은 다시 돌아가셔서 임상의로 활동하고 계시지만, 그중에 한 분은 학위 과정 중에 사이언스지에 저널을 투고할 정도로 연구 성과도 좋으셔서, 정말 훌륭한 의사이자 과학자라는 생각도 했었습니다. 그래서 이번 의대 정원 이

슈를 접하면서 제가 막연히 해 본 생각은 늘어난 의대 정원을 의료법을 개발하고, 의료기기를 개발하는 의사과학자들을 양성하는 쪽으로 좀 소화를 하면 어떨까 하는 생각도 해 봤습니다. 지금 몇몇 필수과들이 인력이 부족한 것이 주요 이슈인데, 이런 것을 제도적으로도 풀 수 있지만 기술적으로 해결해서 적은 인력으로도 많은 환자를 소화해낼 수 있는 방향도 함께 생각해보면 좋은 대안일 것 같아요.

**정그린 |** 연주님도 관련 히스토리가 있지 않습니까?

**서연주 |** 네 혹시 카이스트 차유진 박사님 연설 혹시 들어 보신 적 있으세요? 이 분이 의대를 졸업하고 수련의가 되었는데, 자기가 전공의 시절 때 너무너무 살리고 싶었던 어린 환자가 죽는 모습을 보면서 나는 이 환자를 살릴 수 있는 기술을 개발하겠다는 생각으로 수련 마치고 군복무를 카이스트 의과학대학원으로 지원했다더라고요. 박사 과정이 힘겨웠지만, 그래서 너무너무 포기하고 싶었지만 중간 과정마다 그 환자 생각을 하면서 버텼다고 했고요. 그렇게 말하며 눈물을 흘리는 졸업 연설이 되게 화두가 됐어요. 사실은 임상 수련을 받으면서 그런 환자 한 명쯤 다들 만나거든요. 그래서 현대의학이 해결해 주지 못하는 문제들이 분명히 있고, 이거는 사실 미래 의공학 기술 밖에 해결하지 못하는 상황을 겪고 있는 환자들이 너무 많아요. 그래서 효민 님이 말씀하신 것처럼 의료 분야가 진료 행위가 이루어지고 있는 분야가 의료의 끝이 아니거든요. 새롭게 개발될 수 있는 신의료기술이 어마어마하고 이걸로 국가 성장을 견인해 갈

수 있는 가능성이 엄청나기 때문에 국가에서 이 분야에 굉장히 많은 투자를 하는 게 저는 되게 합리적이라고 생각을 하고 있습니다. 그럼 반면 지금 있는 제도들이 잘 운영되고 있냐 한다면, 단연코 아니라고 말할 수 있을 것 같아요. 의사과학자 양성 프로그램이나, 의과학 대학원 제도도 현재 있는 제도예요. 입학 후에는 관리가 전혀 안 될 뿐더러, 의학 연구에 뜻이 있는 친구들을 충분히 가르치고 끌어줄 교수진도 부족하죠. 현재 있는 제도는 말 뿐인 군복무 대체 제도로 운영되고 있어요.

🖥 **고효민** | 제가 만났던 분들도 다 군의관 하기 싫어서 왔던 분들이에요.

🎙 **서연주** | 네 그런데 어쨌든 군복무로 일정 시간을 보내야 하는데, 그 동안 뭔가 성과를 만들고 성장하고 싶으니까 그분들도 오랜 기간이 걸리는데 카이스트 의학대학원을 선택해서 왔는데, 그 기간이 너무너무 힘들고 지친다고 하더라고요. 근데 그거는 비단 그분들이어서 그런 게 아니고 우리나라의 이공계 대학원생 생활이 너무 힘들죠.

🖥 **고효민** | 그게 힘들다고 하면 의사분들이 아주 편하게 수학을 하신 겁니다.

🎙 **서연주** | 환경이 너무 낙후되어 있는 것 같다는 생각을 했어요. 사실 해외 대학원 생활과 우리나라의 대학원 생활 특히 이공계 대학원

생활을 비교해보면 너무너무 차이가 많이 나잖아요. 급여나 복지 그리고 랩의 분위기 이런 여러 부분에서도 다 그렇지만 그래서 궁극적으로 여기도 마찬가지로 의과대학원을 아무리 만들고 해도 연구하는 환경 자체 우리나라의 이공계 분야 자체의 전체적인 프레임을 바꾸지 못하면 결국에는 인재가 유출되는 거는 막을 수 없다는 생각이 들고 그래서 그 부분들을 어떻게 해결할지도 같이 고민이 필요한 것 같습니다.

🚑 **정그린** | 의사 쪽 연구가 굉장히 중요하고 필요하다는 사실과 함께 이미 의공학 분야는 많은 대학교에서 활발히 연구를 하고 있는 부분이기도 합니다. 근데 그게 어느 정도 한계가 있기 때문에 라이센스를 가지고 있는 의사가 직접 연구에 매진할 수 있는 의과학자들의 양성을 정부에서 고려하고 정책을 펴는 것 같은데, 그게 꼭 의학 기술이 라이센스를 딴 분들이 하셔야 되는 영역만 있는 게 아니라 그렇지 않은 영역도 저는 있을 것이라 생각하거든요. 그런 부분에 대해서는 어떤 관점을 가지고 계신 지요?

💻 **고효민** | 의료와 관련된 연구 개발을 크게 카테고리를 나누자면 제약이 있을 거고 의료기기가 있을 거고 정밀의료 그 다음에 의료법이라든지 이런 것들이 있을 텐데 보면 저희 삼성에도 의료기기 사업부라는 사업부가 있거든요. 그러니까 그런 스터디 같은 것들은 지금의 환경에서도 가능한데 결국에는 임상의와 협업이 돼야 된다는 거죠.

🚑 **정그린** | 의사랑 같이 연구를 하게 되죠.

🖥**고효민** | 그래서 조금 더 우리나라가 그런 부분에서 산업적으로 발전하기 위해서는 의과학자라고 타이틀이 붙은 분들이 조금 더 많아지면 좋을 것 같고 연주님 말씀하신 대로 의대라는 카테고리에 들어가서 임상의가 아니라 과학자로 빠지는 걸 선택하기 위해서는 환경적으로 개선돼야 될 부분이 너무 많겠지만 학생들이 의대를 가고 싶어 하는 마음들을 사실 막을 수는 없잖아요. 근데 그런 마음들을 활용하면서 우리나라의 산업적인 성장 동력도 함께 구축할 수 있는 대안이 되지 않을까 싶은 생각은 계속 있기는 한데요.

🎤**서연주** | 그게 되게 실효성을 나타내기가 좀 힘든 제도인 게 이게 'MD.Phd'라는 의과학자 육성 제도가 2013년 무렵 시기에도 있었어요. 그렇게 들어온 학생들은 학비 전액을 면제받았거든요. 의대 학비 엄청 비싼 거 아시잖아요 그래서 그 친구들은 졸업과 동시에 석박 과정을 시작해야 되는 게 조건인데 실제로 석사 과정 진행하지 않고 전공의 수련 받아서 전문의로 임상의로 활동하고 있는 친구들도 있어요. 그러니까 그게 강제성도 없고 사실 개인의 진로를 강제하기가 어렵고요.

🖥**고효민** | 돈을 많이 못 벌어서 그런 건가….

🎤**서연주** | 제대로 교육하지 못해서예요. 실제로 과학자로서의 꿈을 가지고 들어온 친구한테 제대로 된 박사 연구 과정을 제공하지도 못하고 랩이 갖춰져 있지도 못했고 지도교수를 매칭하지도 못했고요. 국가에

서 시키니까 의사과학자 과정을 만들어 놓긴 했지만 형식적으로 이걸 제대로 운영할 수가 없었던 거죠. 그래서 이거를 실효성 있게 만들려면 오히려 저는 진짜 그런 카이스트나 포항공대 같이 어떤 시설이 갖춰져 있고 연구진이 갖춰져 있는 곳에서 시작하는 게 맞지 않나라는 생각도 들고요.

🐾 **정그린** | 방금 언급하신 두 학교는 사실 병원은 없거든요. 관련된 교육을 하는데 병원이 필요하지 않나요?

🩺 **서연주** | 아 그것도 맞아요. 사실은 아까 의사 면허가 필요하지 않냐 이렇게 말씀하셨는데 저는 의사면허보다도 더 중요한 거는 임상 경험이라고 생각하거든요. 임상 경험에서 왔을 때 이 기술이 환자한테 안전하겠다 혹은 어떤 효과가 있겠다고 판단하는 그게 가장 중요한 거라고 생각해요. 실제로 무척이나 탁월한 연구 성과를 내서 개발된 신기술이 임상 현장과의 괴리가 있어서 사장되는 것들도 굉장히 많거든요.

🖥 **고효민** | 저도 이런 것 때문에 제가 상상했던 그림은 아산병원이나 삼성병원이나 세브란스 병원 같은 데서 현장에서 뛰는 임상 진료센터랑 연구센터가 공존을 해서 인력도 순환될 수 있는 그런 거였어요. 근데 연구센터에 있는 분들은 임상을 통해서 병원이 벌어들이는 것들을 일정 부분 공유할 수 있는 카테고리 안에서 하는 게 제일 시너지가 나지 않을까 해요. 말씀하셨던 것처럼 연구 인프라가 잘 갖춰져 있는 특성화 대학 같은 경우에서도 인프라를 제공을 해 줄 수는 있지만 결국에는 병원과 연계가 되

지 않으면 한계가 있고 지금의 프레임에서 벗어나기 힘들지 않나 그런 생각도 좀 드네요.

🎙️ **정그린** | 저도 학교 다닐 때 의대 쪽으로 진학했던 친구들이 의대 교수가 되고 싶어서 간 친구도 있고 다른 친구는 의대를 나와서 의학 전문 기자가 되는 꿈을 꾸기도 했고 다양한 방법을 모색하고 있더라고요.

💻 **고효민** | 조금 논란이 될 수도 있는 생각이긴 하지만, 저는 개인적으로 의학이라는 학문이 이 사회에서 가장 똑똑한 사람들이 가서 해야 되는 학문은 아니라고 생각해요. 그럼에도 불구하고 가장 똑똑한 사람들 모두가 의사를 하고자 하는 이유는 안정성과 평균 수입 그리고 그 일을 함으로써 내가 갖게 되는 사회적 지위 이런 것들이 결부되어 있다고 생각을 해요. 의대 정원이 늘어났다고 해서 "야 너 의대에 가지 마 너 다른 일 해야 나라가 더 발전하지." 이런 걸 강제할 수는 없잖아요. 그러면 진료도 열심히 하지만 기술 발전도 할 수 있는 쪽으로 투트랙으로 운영하는 게 필요하다고 생각해요. 왜냐하면 저랑 같이 학교 다니다가 의학전문대학원 가는 친구들 너무 많이 봤어요. 후배 한 명은 저희 과에서 과 탑이었는데 서울대 의전을 가겠다고 하는데 걔가 수전증이 있고 손에 땀이 뻘뻘 나는 친구였어요. "야 네가 의대를 가서 뭘 하냐?" 했지만, 그냥 가는 거예요. 왜냐하면 내가 공부를 제일 잘했던 것을 제일 돋보일 수 있는 방법이거든요. 제가 봤을 때 모든 의사분들을 폄하하는 건 아니지만 가서 사명감이 생기고 더 열심히 하는 분들은 정말 많을 수 있다고 생각하는데 처음에는 그렇게 100%

순수한 동기를 가지지는 않을 거고 사회적 지위나 이런 게 영향이 클 거라고 생각해요.

🏍 **정그린** | 현실적인 상황을 고려한다면 그렇겠죠.

🩺 **서연주** | 의대 증원이라는 주제도 그렇고 의사라는 직군에 대해서도 여러 가지 감정을 가지신 분들이 많을 것 같아요. 저는 실제로 최근에 다쳐서 환자가 되어 치료받는 경험들을 통해서 환자가 진짜 좋은 의사를 만나는 게 얼마나 중요한가 그리고 환자와 의사가 맺는 라포라는 게 얼마나 중요한가 그리고 앞으로 내가 나이 들면서 정말 많은 의사들을 만날 텐데 내가 한 사람의 인간으로서 우리나라의 의사 환자 관계가 좀 건강했으면 좋겠다는 생각을 많이 했거든요. 이렇게 서로 신뢰를 잃는 상황들만 만들어지는 것 같아서 너무 마음이 안타깝고 사실 환자를 가장 최우선으로 생각하는 의사들이 너무너무 많은데 이런 부분들이 사회적인 이슈에 가려지는 게 좀 안타까운 마음이고요. 일단 모두 건강하시고 일단 모두 행복하셨으면 좋겠습니다.

🌐 **최원선** | 의대 정원 확대의 영향으로 의대 쏠림 현상이 더욱 확대되고 있습니다. 이러한 현상은 이공계와 인문계 기피현상이 심화되어 심각한 학문간 불균형을 가져올 수 있습니다. 의대 쏠림 현상을 완화할 의과학자 양성이라는 새로운 대안에 대해 많은 의견들을 제시해 주셨습니다. 정부에서도 이런 많은 의견에 귀 기울여 주시고 의대 쏠림 현상과 의료 대

란의 해결 방법으로 새로운 대안에 대해 많은 고민을 해 주셨으면 좋겠습니다.

# 대학원의 열정과 고난 사이
# 문과 VS 이과

&#x1F310; **최원선 (문과)** | 오늘 저희가 얘기 나눌 주제는 세 명이서 좀 편하게 얘기할 수 있을 것 같은데 어찌하다 보니까 공교롭게 저희 셋 다 박사예요. 그래서 바로 대학원 과정에 대한 이야기를 나눠보려고 합니다. 미래를 바꿀 과학기술이라든지 노벨상 이런 것들은 결국 대학원 과정을 거친 많은 연구자의 결과물을 통해서 이루어지는 것들이라고 할 수 있겠습니다. 그래서 오늘 저희의 경험을 담아서 우리나라 대학원 과정에 대한 전반적인 이야기를 나눠보도록 하겠습니다. 공대 대학원을 졸업하신 두 분과 사회과학 쪽 전공을 한 제가 각자의 경험담을 이야기하며 문이과 대학원을 비교해보도록 하겠습니다.

&#x1F697; **정그린 (이과)** | 사실 저희 주변에 대학원은 수학하는 것이 주목적이긴 합니다만 이와 함께 일종의 최소임금 수준으로 취직한 거죠. 전일제로 계속 아침 9시에 출근하고 저녁 10시에 퇴근하는 생활을 반복했었네요. 근데 저도 학교 와서 보니까 다른 분야들은 반드시 또 그렇지만은 않더라고요. 굉장히 신기했던 기억이 납니다.

🖥️ 고효민 (이과) | 저희 교수님 같은 경우에는 10시에 나와서 10시에 가라고 일단 기본 가이드를 주시고 본인이 새벽 1시에 퇴근하시면서 실험실에서 실험하고 있는 제자를 보면서 흐뭇해하면서 음료수를 하나 주시는 그런 생활을 했었죠.

🚜 정그린 (이과) | 1년차때는 선배들이 스케줄을 먼저 짜고 나머지 가용시간에 실험을 할 수 있었으니까 휴일에 보통 실험을 할 수밖에 없었는데 제가 1년 차 때 현충일 날 쉬는 날에 나갔더니 지도 교수님이 계시더라고요. 그래서 한 달 동안에 소위 말하는 까방권을 획득을 했죠.

🖥️ 고효민 (이과) | 보통 그런 경우들, 새벽 1시에 교수님 만나고 하면 다 교수님 가시고 나면 한 달은 버텼다. 하고 좋아하죠. 어차피 실험하고 있는데 교수님 마주치면 눈에 띈 거니까

🌐 최원선 (문과) | 공대는 대학원 입학 때부터 이렇게 랩실 개념으로 가잖아요. 근데 문과 쪽은 그런 게 아니거든요. 그래서 지원금도 거의 없어요. 사실 코스 워크 과정 기간에는 연구 프로젝트에 참여 하더라도 그냥 조교 개념의 보조이지, 공대처럼 오롯이 참여하고 매여 있고 하지는 않아요. 좀 더 수월한 면이 있어요. 근데 논문 쓸때는 공대는 실험하고 연구하고 그 결과를 쓰겠지만 저희는 문헌 읽고 쓰는 게 오래 걸려요. 그래서 박사 졸업하는 데 문과가 더 오래 걸린다고 알고 있거든요.

🖥️ **고효민 (이과)** | 소화해야 되는 텍스트의 양이 어마어마하고.

🌐 **최원선 (문과)** | 실험으로 결과가 딱 떨어지는 게 아니기 때문에 문과의 경우 논문 주제가 교수님 마음에 안 들면 시작이 힘들어요. 결론이라든지 연구질문 관점이 교수님과 다르면 내 생각이 맞다는 것을 증명하기 위해 더 많은 노력과 설득의 시간이 필요하죠.

🖥️ **고효민 (이과)** | 약간 좀 상충될 것 같은데 본인이 하고 싶은 게 있을 거고.

🌐 **최원선 (문과)** | 그걸 맞춰가는 과정이긴 한데, 저는 그래도 교수님이 좀 열린 마음이셨는데 교수님이 인정을 안 할 경우 결국은 못하는 거죠. 교수님의 관점을 따라가야 되는 거죠. 제가 문과 전부를 대변할 수는 없지만 그래도 주위라든지 제가 겪은 바로는 그렇다고 느끼고 있습니다. 근데 공대의 경우, 아까 계속 10 to 10 말씀하셨는데 제가 논문 쓸 때 저는 주제를 두 번 바꿨거든요. 그러다 보니 시간도 너무 촉박하고 출퇴근 시간도 너무 아깝고 해서 그냥 연구실에서 먹고 자고 했어요. 아무도 없는 건물에 나 혼자 있으니 되게 무섭더라고요. 새벽에 바람 쐬러 밖에 나가서 보는데 공대 건물에 불이 다 켜 있는 거예요. 그래서 저들의 삶도 정말 불쌍하구나. '여기 이 건물에 나 혼자 있는데 공대는 어떻게 이 새벽에 이렇게 다 불이 켜 있을까?'라는 생각을 했습니다.

🐢 정그린 (이과) | 공대 랩실에는 연구장비와 기계는 항상 켜져 있어요. 사람이 항상 있는지는 몰라도 기계는 항상 작동하고 있기 때문에 불이 켜져 있을 수도 있습니다.

🖥 고효민 (이과) | 그리고 제가 회사 와서 가장 적응이 힘들었던 것이 컴퓨터 앞에 앉아서 근무시간 내내 집중을 해야 한다는 거였어요. 사실 대학원 때는 총 근무 시간 자체는 말도 안 되게 길었지만, 그 중간중간에 친구들과 게임도 많이 하고 그랬거든요. 대학원 1년 차 때는 출입문 바로 앞 자리에서 게임을 하다가 교수님께 딱 걸렸던 기억도 있네요.

🌐 최원선 (문과) | 이런 게 차이군요. 저는 맡아서 해야 할 일이나 감시하는 사람이 있는 건 아니었지만 근데 연구실에서 게임을 한다는 건 생각도 못했어요. 그 시간에 빨리 논문 읽고 글 쓰고 할 수 있는 거라면, 음악 틀어 놓는 거 정도였어요. 근데 공대에 대해 새로운 거 알았네요. 불 켜져 있다고 사람이 있는 게 아니구나 하는 게 약간 뒤통수를 맞는 느낌이네요.

🐢 정그린 (이과) | 공대라 하더라도 분야가 굉장히 다양하기 때문에 실험 위주의 필드에서는 기다려야 되는 시간이 많거든요. 실험에서 공정을 하나 돌리고 기다려야 된다든지 소프트웨어 쪽도 마찬가지예요. 코딩을 하면 코딩을 실제로 돌릴 때 시간들이 필요하기 때문에 그 시간 동안에 어디 갔다 올 수는 없고 그 시간을 여가 하는데 좀 활용을 하기도 했죠.

🖥 **고효민 (이과)** | 우리 흔히 말하는 IT 개발자라는 친구들은 사실 대학원 때도 대부분의 업무를 본인 기숙사나 집에서 하는 경우도 많았습니다. 원격 근무가 가능하니까요. 그 친구들이 사용하는 가장 비싼 실험장비가 컴퓨터와 모니터였죠. 같은 이공계열이라 하더라도 실험을 하느냐, 시뮬레이션을 하느냐, 코딩을 하느냐 등에 따라 연구실 환경은 많이 다르긴 합니다.

🌐 **최원선 (문과)** | 공대는 랩이 있다 보면 월급을 일정 부분 받지 않나요?

🐢 **정그린 (이과)** | 맞습니다.

🌐 **최원선 (문과)** | 저희들은 특정 프로젝트가 없는 경우 거의 불가능하고 있어 봤자 대학원생들이 받는 금액은 월 몇 십만 원 수준이에요. 사실 문과가 참 안쓰러워요. 요즘 문과에서 '문송합니다.'라는 말이 있듯이 졸업하고도 일자리가 없는 경우가 많아요. 요즘 이공계가 의대로 우수 인력들을 다 뺏기고 있듯이 문과는 사실 로스쿨이 흡수하고 있어요. 문사철 같은 인문분야도 중요한 건데 대학원 졸업할수록 학력은 높아지는데 반해 생활 수준은 떨어지게 되는 가성비가 굉장히 떨어지는 게 문과 대학원이거든요. 그러다 보니까 로스쿨로 빠지는 학생들이 많아서 그게 좀 안타까운 상황입니다. 졸업 앞둔 학부 4학년 학생과 얘기하다 보니 "저희는 리트시험을 졸업시험으로 여긴다는 말이 있어요."라고 하더라고요.

🖥 **고효민 (이과)** | 그러면 지금처럼 이과 편중의 일자리로 되기 전 세대는 소위 말하는 그 문사철 쪽 대학원이나 혹은 학부든 보통 어떤 일자리를 많이 가나요?

🌐 **최원선 (문과)** | 이전에는 박사를 하면 사실 자리들이 있었어요. 교수 자리도 지금 보다는 많았고 연구기관들도 점점 늘어나 자리가 많았는데 지금은 학령 인구가 워낙 줄고, 문 닫는 대학들도 굉장히 많아서 교수 임용되기는 너무 힘들고 일자리가 그만큼 없어서 힘들죠. 단순히 학문이 좋아서 공부하기에는 한계가 있어서 대학원 진학비율도 낮아지고 있고요. 그래서 후배들한테 박사하라고 권유는 못하고 있어요. 저는 학생들이랑 함께하고 가르치는 거 좋아해서 대학원을 간 건데, 대학원을 추천을 하겠느냐라고 하면 쉽사리 추천을 못할 것 같아요. 저는 석사 때는 풀타임이었고 박사 때는 처음에는 직장 다니면서 시작을 해서 풀타임이 아니었거든요. 후에 직장을 그만두고 풀 타임으로 박사를 마친 건데, 수입이 없이 대학원에만 오롯이 매달려서 학문을 연구하라는 건 문과에 있어서는 힘든 수준이라고 생각을 합니다.

🖥 **고효민 (이과)** | 문과 대학원이 훨씬 힘든 것 같아요.

🚗 **정그린 (이과)** | 이게 차이인 것 같아요. 공대 쪽 저희 특히 제조 관련 분야에서는 저는 대학원을 요즘은 거의 필수다. 무조건 필드에서는 대학원을 가야 경쟁력이 있다라고 저는 얘기하거든요. 근데 문사철 분

야에서는 오히려 대학원을 진학을 좀 추천하지 않는군요.

◎ **최원선 (문과)** | 아무래도 나이가 더 들어서 취업하기 더 힘들고.

☐ 고효민 (이과) | 아웃풋으로 쓸 만한 그런 포인트가 많지 않으니까.

◎ **최원선 (문과)** | 기업에서도 이공계만 대학원 경력을 인정해주는 경우도 있더라고요. 인문사회계 대학원 경력을 인정 안 해주는 경우가 많기 때문에 정말 공부가 더 하고 싶고 관심이 있거나 정말 대단한 목표가 있어서 오지 않는 이상은 힘들다. 학부도 문과가 워낙 힘든 상황인데 대학원까지 졸업해서는 어렵죠. 경제도 안 좋고 하다보니, 대학원 진학까지는 많이 힘들구나 생각합니다.

☐ 고효민 (이과) | 문과 쪽 대학원 얘기를 듣다보니, 우리나라가 지금 좀 여유가 없구나 이런 생각이 드네요. 사실 학문이라는 것이 소위 말하는 '돈 안되는 기초학문'들이 꾸준히 연구가 되어야 할 필요가 있거든요. 당장 산업에 도움이 안 되더라도 그 밑바닥을 닦는 그런 연구들이 잘 이루어질 수 있도록 환경이 조성되면 좋은데, 문과도 그렇고 이과도 그렇고 그런 부분들이 점점 어려워지는 것 같아서 안타까운 마음이 듭니다.

🚜 정그린 (이과) | 저는 과학 기술은 궁극적으로는 철학으로 모

인다고 생각하거든요. 원래 과학은 철학에서 나왔기도 하고. 어떤 기술 발전에 있어서도 인문학적인 학문적 지식과 배경이 반드시 필요하다고 생각합니다. 지금까지는 툴 자체를 개발해야 된다는 측면에서 과학기술 발전이 중요했지만, 여기서 한 단계 더 나아가기 위해서는 반드시 인문학적인 관점이 들어가야 됩니다. 지금까지는 인문학 분야 연구가 지속되면서 그런 토대가 계속 마련해 왔는데 앞으로는 그 토대가 없어질 수도 있겠다는 우려가 좀 드네요. 지금 문과 대학원 활성화 측면에서 굉장히 지금 어려운 환경을 들어보니….

🖥 고효민 (이과) | 문과, 이과를 구분하지 않고 이것들을 함께 묶어서 공부할 수 있는 그런 새로운 학과 같은 것도 생기면 좋겠다는 생각이 드네요. 융합 학문이라고 해서 서로의 학과에 가서 세미나 수업 때 한 시간씩 말하고 오고 그런 것 말고, 모여서 새로운 시각의 책을 쓴다거나, 블로그나 유튜브 컨텐츠 등을 만들면서 여러 학문들의 시각을 합쳐보는 시도를 한다거나 하는 방법 등이 좀 더 생기면 좋겠습니다.

🌐 최원선 (문과) | 지금 학부도 기초 인문학과 통폐합이 굉장히 많이 되고 있어요. 학생들이 이제 선호하지 않으니까 없어지는 학과들도 많은 상황이지만, 말씀하셨듯이 문과 이과가 합쳐진 융합 전공들이 많지가 않거든요. 대학들에서 고민을 해봐야하고 융합 전공들이 많이 등장하는 것이 대학원 과정의 문제점들을 해결하기 위해 나아갈 방향이라고 봅니다.

🖥 고효민 (이과) | 제가 개인적으로 '혁신 인재 양성 대학원 문화 혁신에서부터'라는 제목의 칼럼을 쓴 적이 있습니다. 사실 우리나라 이과 대학원의 가장 핵심적인 부분을 건드린 칼럼이라고 스스로 자부합니다. 정책 관계자분들께서는 꼭 한번 읽어봐주셨으면 좋겠는데요. 농담 이구요. 몇 가지 포인트 중에 가장 중요한 것이 객관적 졸업 요건의 적립이에요. 대학원 다니면서 가장 힘든 것이 예측이 잘 안 된다는 점이거든요. 보통 20대 중반에 대학원을 갈지말지 고민하는 친구들에게 많은 현실적인 문제들이 걸려있잖아요? 취업, 결혼 등등 정말 중요한 선택이 많은 시기인데, 이런 것들을 미뤄가면서 대학원을 가기 위해서는 최소한 예측가능은 해야 합니다. 이공계 교수들이 졸업에 대해서 학생들에게 모호하게 대답하는 사람들이 많고, 그 과정에서 힘들어하고 인생 계획이 꼬이는 경우를 정말 수도 없이 봤습니다. 몇 년 안에 어떤 결과물을 가져올 시에는 다른 이견 없이 졸업시켜준다는 명확한 제도적 장치가 있다면 조금 더 이공계 대학원이 활발해지지 않을까 생각합니다.

🏎 정그린 (이과) | 실제로 많은 랩에서 연구 제일 잘하는 친구가 졸업을 제일 늦게 하는 경우가 많습니다.

◉ 최원선 (문과) | 일부러 붙잡는 거군요.

🖥 고효민 (이과) | 잡는 거예요. 그리고 졸업하고도 남겨놓고 안 보내줘요. 너무 우리 랩 관점에서 얘기하는 것 같긴 한데, 교수들 기본 마인

드가 회사 가는 걸 굉장히 싫어합니다. 이공계 교수들은 자기와 같은 학자가 돼야 된다고 생각하는 사람들이 많은데, 학생들의 진로를 본인이 그렇게 제단해서는 안 되죠. 대학원이라는 일정 수준 이상의 수학 과정만 잘 마무리했다면 그 이후의 진로는 스스로 자유롭게 결정할 수 있게끔 하는 풍토가 어느 대학원이든 필요합니다.

🐾 정그린 (이과) | 대학원 생활하면서 제일 아쉬운 부분이긴 해요. 그게 맞습니다. 바뀌어야 된다고 생각합니다.

🌐 최원선 (문과) | 문이과 모두 대학원의 어려움이 그거죠. 경제적 문제와 미래의 시간표를 예측하기 어렵다는 점이죠. 서로 다른 연구를 하고 다른 특성은 있지만 대학원생들이 고민하는 바와 겪는 문제들은 하나로 통하는 것 같습니다. 각자 대학원을 졸업한 사람으로서 저희의 경험을 통해 앞으로 대학원 교육이 어떻게 바뀌면 좋을 지에 대한 제안들을 이야기를 나눠봤습니다. 교육에 있어 전문성을 강화하고 전문 인재를 양성하기 위해서는 대학원이 필요합니다. 더 나은 연구성과를 얻고 학문을 통해 사회적으로도 기여할 수 있도록 대학원생들의 처우가 더욱 개선되기를 바라봅니다.

우리가 살아가야 할 다음 세대를 준비하는 데에 있어 교육은 핵심적인 역할을 합니다. 그러나 현재의 교육 시스템은 빠르게 변화하는 사회와 기술적 요구에 부합하지 못하고 있습니다.

넥스트 패러다임을 이끌기 위해서는 무너져가는 학교 현장을 정상화하고, 인구구조 변화에 따른 제도 개편, 창의성과 비판적 사고를 중시하는 교육 접근법이 필요할 것으로 보입니다.

사교육이 공교육을 잠식해버린 지금 이 시점에서 교권을 회복하고 양질의 교육 기회를 제공하기 위한 공교육 정상화, 과연 가능할까요? 흔히 교육을 백년지대계라고 합니다. 이번 3장에서는 교실회복, 사교육과잉, 수능에 대한 비판적 단상, 의대 쏠림 현상과 더 이상 개천에서 용이 나지 않는 현실에 대해 논의합니다.

# 정치

## : 선거와 정치의 미래

4장

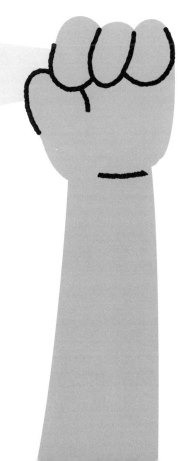

# 1

## 정치혐오의 시대, 양극단은 통한다?

🎙️**이효진** | 정치 혐오를 불러일으키는 양극단의 정치를 주제로 이야기 나눠보겠습니다. 박근혜 대통령 탄핵 정국 이후에 심화된 거대 양당의 강성 지지층만 바라보고 있는 정치 행태가 점점 도를 지나치고 있는 상황이죠. 특히 최근에는 윤석열 대통령 탄핵을 두고 양 진영과 지지자들이 갈라져 더욱 갈등이 심각해지고 있습니다. 국민들은 정치 무관심을 넘어서 정치인에 대한 불신이 커지고 이제는 정치 혐오까지 느끼고 있는 것이 현실인 것 같습니다. 단순히 양극화된 한국 정치에 대한 개탄을 쏟아내는 것뿐만 아니라 원인을 진단해보고 이를 어떻게 해결할 수 있는지 얘기해 보려고 합니다.

🌐**최원선** | 사실 정치 양극화 문제는 우리나라뿐만이 아니에요. 대표적으로 미국도 양당제로 공화당과 민주당 그리고 지지자들 간의 정책적 이념적 갈등이 빈번이 발생하고 있죠. 유럽이나 남미 국가들도 양극화가 심화하고 있고요. 그만큼 해소하기가 어려운 문제이기도 합니다.

한국에서는 특히 지난 몇 년간 두 진영이 대립하는 사건이 지속적으로 일어나면서 정도가 깊어졌어요. 탄핵사건, 준연동형비례제로의 선거제도 개편, 공수처 신설, 검수완박 등 국회에서 물리적 충돌까지 일어날 정도로 한쪽에서는 밀어붙이고 한쪽에서는 무조건 반대하고 있죠. 또 양당이 갈수록 당론이라는 이름으로 국회의원 개인의 소신보다는 당론을 따라야 하고, 만약 당론에서 벗어나 단독 행동을 한다면 배신자로 찍혀서 설 곳을 잃어버리는 상황이 벌어지고 있죠. 이러한 현상들이 양극화를 더욱 극단으로 몰고 간다고 생각합니다.

🖥 **고효민** | 저도 최근 이런 현상이 좀 더 심각해지고 있다고 느낍니다. 양당제라는 것은 기본적으로 우리나라가 단순 다수 소선거구제를 채택하고 있기 때문에 어쩔 수 없는 면이 있습니다만, 최근에는 그 양당 안에서도 소수의 목소리가 거의 사라져가고 있다는 생각이 들었어요. 멀리 갈 것도 없이, 2022년 대선 때 양당 모두 일반국민여론조사에서 1위를 차지한 후보와 당원들이 선출한 후보가 달랐지 않습니까? 그렇게 상대적으로 양 극단에서 지지를 받는 후보들이 결선에 오르게 되었고, 일반 중도 성향의 국민들 입장에서는 양쪽 모두 탐탁찮은 상태로 선거를 치를 수밖에 없었죠. 이런 현상이 최근 7~8년 동안 점점 심화되고 있는 것 같아요.

🏛 **우종혁** | 저는 직업 정치인으로 일하고 있는 사람이기 때문에, 더 크게 와닿고 더 크게 마음 아픈 일인데요. 대한민국이 반으로 갈라져버린 것 같아요. 뉴스를 틀면 하루 종일 양극단의 정치가 오르내리고 충돌사태가 벌어지기도 하잖아요. 이를테면 더불어민주당의 '개혁의 딸', 국

민의힘의 '태극기부대'로 대표되는 강성 지지층의 모습들이 참으로 마음 아프게 느껴져요. 양극단은 통한다는 대화 주제처럼 강성은 강성으로 통하거든요. 어디서부터 잘못된 것인지, 어떻게 해결해나가야 하는지 감도 안 잡히는 상황인 것 같고요.

🐾 **정그린** | 일반 국민 입장으로 안타까운 게 좋은 사람들 중에 어떤 사람이 더 좋을지를 생각하고 뽑아야 되는데 거꾸로 차악을 뽑는 선거가 몇 번이고 계속 반복하고 있는 느낌이 들어요.

👤 **서연주** | 맞아요. 진보 혹은 보수라는 진영의 이념조차도 다 사라진 채, 극단의 싸움으로 치닫는 것을 보면 무기력함과 혐오가 들어요. 그러다 보면 자꾸 관심을 끄고 싶은 욕구가 들고요.

🏛 **우종혁** | 결국 그런 생경함, 일종의 거부감이 정치에 대한 무관심으로 이어지는 것 같고요. 나아가서는 정치 혐오로 빠질 수 있다는 우려감이 듭니다. 정치라는 것이 본래 갈등이 모이는 골짜기와도 같아서 그 갈등을 중재하고, 타협점을 찾아 대안을 제시하고 교통 정리하는 역할을 수행해야 하거든요. 그런데 정치권이 나서서 갈등을 생산하고 있는 것만 같습니다. 이런 모습들을 보며 정치권의 구성원인 저 조차도 큰 회의감과 공허함에 빠질 수밖에 없는 것 같아요.

🌐 **최원선** | 최근 정당이나 극렬 지지자는 양극화가 돼 있는데

다른 관점에서 보면, 보통의 국민들은 오히려 무당층이 많아져서 여론조사 봐도 이당도 저당도 싫은 분들이 많아요. 그럼에도 정치 엘리트들은 지지 층의 결집을 노리고 각 당의 소수의 고정된 극렬 지지자들 입맛에 맞는 극 단적 언행을 하고 있습니다. 소수의 양극단이 여론을 조성하고 이러한 영 향이 다시 커뮤니티나 유튜브 등을 통해 증폭되어 있다고 봅니다. 정치 양 극화를 해소하려면 정치 엘리트인 국회의원들이 먼저 변해야 개선을 시작 할 수 있지 않을까 합니다. 또 양극화에 영향을 미치는 게 언론이에요. "나 는 뉴스 안 봐, 유튜브만 믿어."라는 말을 하는 분들이 있잖아요. 유튜브 같 은 뉴미디어, 각종 소셜미디어가 등장하면서, 알고리즘을 통해 본인의 성 향과 비슷한 관점과 정보만 접하게 되니 확증편향이 발생하게 되는 거예 요. 또 뉴미디어뿐만 아니라 기성 언론도 정치적 성향이 나뉘잖아요? 양쪽 기사를 보면 편향성이 커요. 일명 클릭수를 늘리기 위한 자극적 기사가 많 이 등장하는 것도 영향이라고 할 수 있습니다.

🖥 **고효민** | 말씀해주신 현상을 설명할 수 있는 자료가 있는데 요, 2022년도 한국행정연구원에서 발표된 자료에 따르면, 양극화라는 현 상을 크게 '이념적 양극화'와 '정서적 양극화'로 나눌 수 있는데, 우리나라 는 '이념적 양극화'는 크지 않다. 즉, 국민들이 자가진단을 했을 때 스스로 를 중도 성향이라고 생각하는 비율이 지난 몇 년간 크게 바뀌지 않았다고 합니다. 앞서 말씀해주신 내용과 일치하는 지점이죠. 우리가 겪고 있는 양 극화 현상은 '정서적 양극화'라고 할 수 있는데, 그 수준이 최근 몇 년간 점 점 심해지고 있다고 해석합니다. 그 예로 대통령 지지율을 확인할 수 있는

데요, 여당 지지자와 야당 지지자들의 대통령 국정 지지율의 간극이 2008년부터 꾸준히 우상향을 하고 있다고 합니다. 사실 국정 운영이라는 것이 여야가 대립되는 지점들도 있지만 사회적으로 다같이 필요한 일들도 있고 해서 그런 부분들이 구분되어 국민들에게 평가를 받는 것이 온당한 것일 텐데, 쉽게 말하면 우리나라 양 진영은 서로 이념적으로도 크게 다르지 않으면서 그저 상대방이 하면 다 싫다, 다 나쁘다고만 하고 있는 상황이라는 거죠.

◉ **최원선** | 다수대표제로 승자독식 구조인 한국의 선거제에서는 출마하는 입장에서는 한 표만 더 얻으면 되니까 불확실한 중도표보다 확실하게 가져올 수 있는 고정표를 확보하는 게 더 쉬운 방법인 거죠. 그러니까 특정 계층, 특정 지역에게 매몰되는 현상이 벌어지고, 주요 이슈에 있어서 점점 더 강한 발언을 하게 되는 거고요.

💻 **고효민** | 심지어 지난 두 차례의 국민의힘 당대표 선거는 당원 100% 투표로 이루어지지 않았나요? 정당에서 자기네 당 대표를 뽑는데 당원 100%를 하든, 오픈 프라이머리를 하든 사실 뭐가 상관이 있겠습니까? 문제는 그 정당이 원래부터 당원 100%를 항상 해 오던 것이면 상관이 없는데, 그때 그때 유불리에 맞춰서 선출 방식을 계속 바꾸고 있으니까 문제가 되는 것 아니겠습니까? 한발짝 떨어진 입장에서 좀 심하게 말해서 이런 행태는 정말 구제불능이라는 생각까지 듭니다. 대안에 대해서 한번 얘기해보자고 했는데, 계속 개탄만 하고 있네요.

◉ **최원선** | 양당제를 철폐하라면 제3지대가 살아나야 한다. 다당제가 되어야 견고한 양당 견제하고 양극단을 해소할 수 있다는 말들을 하는데, 제3당이 설 자리가 갈수록 없어지는 정치 지형이 되고 있어요.

🎮 **정그린** | 문제의식을 계속 얘기해 주는 것도 굉장히 중요하고, 사실 저는 사이클이 계속 도는 것 같아요. 사실 양당 체제 시스템은 조선시대 때부터 있어왔던 거잖아요. 그렇게 되다가 하나에서 분파가 돼서 쪼개질 수도 있고 아니면 새로운 대안으로 나올 수도 있고 그것들이 계속해서 반복이 돼 왔죠. 이번 사이클에서도 양당이 양극단으로 치닫는 가운데 지금 갈 곳 없는 중도층을 포섭할 수 있는 제3지대가 나오려고 하는 시기인 것 같아요. 일반 국민들 많은 분들이 중도층의 영역에 포함이 되어 있을 건데 그분들의 어젠다라든지 이런 것들을 제3지대가 어떻게 해소해 줄 수 있을지, 3지대가 과연 대안이 될 수 있을 것인지를 생각해 봐야 해요. 우리가 지난 과거에 대한 반성을 했다면 향후에 앞으로 벌어질 정치적 소사이어티가 어떻게 구성이 될 건지 한번 생각해 보고 올바른 방향을 제시해 나가는 게 필요합니다. 사실 좀 아쉬운 게 항상 이런 말이 나오는 이유는 공천 때문인 것 같아요. 정말 국민들을 생각해서 국민들의 필요에 의한 제3지대가 만들어질 건지 아니면 제3지대가 아니더라도 새로운 방향성이 제시가 돼야 되는데 1차적으로는 공천 문제 같아 보이거든요. 항상 타이밍도 그랬고….

◉ **최원선** | 지금 승자독식 다수결주의에서는 새로운 당이 등장

한다고 해도 이 양극화를 해결하는 데 과연 역할을 할 수 있을까요? 1987년 이후에 지금까지 8차례 대선이 치러졌는데 4차례의 정권 교체가 이루어졌고 총선이 9번 치러졌는데 대선에서 제3당이 승리했던 적은 없어요. 총선에서도 획기적인 승리를 거뒀던 3당으로는 이전의 20대 총선때의 국민의당 정도만 기억에 남아요. 지금 우리나라 선거 제도 안에서는 소수 정당이 살아남기 어렵고 현실적으로 양극화 해소 방법으로도 회의적이라고 생각이 듭니다.

💬**고효민** | 그래서 지난해 논의가 됐었던 중대형 선거구제에 대해 한번 다시 진지하게 논의를 해 봐야 하지 않나 싶어요. 지금의 선거 제도에서 나타나는 폐해나 관습들이 달라지기 힘든 면이 있으니, 국민들이 정치의 기본 틀을 바꿔주어야 할 것 같습니다.

🌐**최원선** | 지금도 기초의원 선거에서는 중대선거구제를 하고 있지만, 거대 양당에서는 오히려 공천만 받으면 당선되어 버리는 상황이에요. 이게 과연 대안이 될 수 있을까 하는 생각이 듭니다. 무엇보다도 정치인들이 선거제도를 개정할 수 있는 권한이 있다 보니, 결국 본인들에게 유리한 제도로 개편할 수밖에 없다고 생각해요. 연동형 비례대표제도 취지와는 달리 가장 큰 양당에서 위성정당을 만들면서 의석을 나눠 갖는 꼴이 되어버렸죠. 매년 최저임금을 결정할 때 최저임금에 노동계, 학계 등 다 같이 모여 논의를 하듯이 선거제도야 말로 정치권을 떠나서 학계나 전문가들로 구성된 제3의 조직을 만들어서 선거제도를 개편하는 게 필요하다고 봐요.

🎤 **이효진** | 근데 그 권리와 권한을 이양하거나 포기하기가 쉽지 않을 것 같기는 하네요.

🖥 **고효민** | 그래서 독일 같은 경우는 완전한 연동형 비례대표제가 있는 나라지만 최소 득표율 기준이 있잖아요. 정당들이 너무 난립하고 이런 부작용들도 충분히 고려를 하긴 해야 되겠죠.

🌐 **최원선** | 현재 기준에서는 소수정당이 원내로 들어올 수 있는 방법이 비례대표를 통해서인데요. 사실 우리나라가 비례대표 공천에 대한 명확한 기준이나 투명성이 없어서, 비례대표에 대한 안 좋은 인식을 갖는 분들도 있죠. 그냥 줄 잘 서는 사람이 공천받는 거 아닌가? 라고 생각이 들기도 하고 그러니까 공천 과정에 대한 투명성과 공정한 관리가 우선시돼야 하는데, 그 기준을 세우는 게 어렵죠. 양극단의 정치를 해소하기 위해서는 선거제도가 먼저 개선이 되어야 할 텐데, 참 어려운 문제네요.

🎤 **이효진** | 오늘 정치 양극화에 대한 토론을 해봤습니다. 이야기해 주신 바와 같이 정치계, 언론, 시민사회 그리고 국민까지 모두가 함께 정치 양극화 해소를 위한 노력이 필요할 것 같습니다. 이런 토론이 계속 이어지면 언젠가는 좀 현실적인 대안 이런 것들이 좀 생기겠죠. 그렇게 믿습니다.

# 2

## 이공계 정치인은 왜 적을까?

◉**최원선** | 어떤 분야든지 발전을 위해서는 적절한 정책 집행이 필요하고 충분한 예산이 확보가 돼야 될 것입니다. 이를 고민하고 정책을 실행해야 하는 사람이 바로 정치인이라고 할 수 있는데 과학기술계 출신의 정치인들이 우리나라에는 그렇게 많지는 않은 것 같아요. 22대 국회에 입성한 과학기술 it 전문가 혹시 몇 명이나 있는지 알고 계시나요?

💻**고효민** | '22대 국회에 입성한 과학기술 it 전문가 9명'이라는 기사를 하나 봤습니다. it 쪽 저널인 '지디넷코리아' 기사인데요, 일단 숫자 자체가 300명 중에 9명밖에 되지가 않기도 하고, 내용을 좀 살펴봤더니, 9명 안에 이준석, 안철수 의원이 포함되어 있어요. 두 분이 이공계열을 전공하시긴 하셨지만, 이준석 의원 같은 경우에는 직업군으로는 정치인이 맞을 것이고, 안철수 의원은 원래는 의학 전공자이죠. 단순히 대학 때 이공계를 전공한 인력이 아니라 IT쪽 산업 현장이 어떻게 돌아가는지를 잘 알고 그 직군을 대변해줄 수 있어야 하는데, 그런 사람들은 거의 없다고 봐도 무방할 것 같습니다. 9명 안에 이공계열 전공자가 아니라 국회 과방위 소속으

로 활동하신 분도 포함되어 있고요, 굳이 따지자면 고동진 전 사장님 정도일 것 같습니다.

◉**최원선** | 그 외에도 대전 유성을의 황정아 의원이라고 한국천문연구원 책임 출신으로 누리호 개발 성공을 했던 그분 생각이 나고요. 탈북자 출신 비례대표 박충권 의원 같은 경우 컴퓨터 공학 전공하고 현대제철 연구개발본부 책임연구원을 지낸 걸로 알고 있어요. 의사 약사 간호사 출신 분들을 제외하면 말씀하신 대로 이공계 전공하신 분 말고 과학기술 분야에 종사하셨던 분은 특별히 없는 것 같네요.

🖥️**고효민** | 2022년 통계에서 전국 일반고 학생들 중 66.5%가 이과를 선택했다고 하는데요, 교육 현장에서는 이공계를 전공한 인원들이 늘어나고 있는데, 아직 정치권에서는 이공계 출신을 찾아보기 힘든 것 같습니다. 국회 입법조사처에서 2024년 초에 조사한 해외 사례를 보면요, 미국 같은 경우에는 연방의회 435인의 하원 의원 중 약 80%에 해당되는 352인이 지역 주 연방 단위의 공공기관에서 공무원 또는 선출직으로 근무한 경험을 갖고 있고, 136인이 기업의 소유주/창업자/임원 출신이다. 그러니까 약 30% 정도가 산업 현장에서 활동하다가 정치권으로 넘어갔다는 얘기죠. 저는 이것이 가지고 있는 의미가 정말 크다고 생각합니다. 자본주의 사회에서 대부분의 경제 활동이 기업 위주로 돌아가고 있는데, 우리나라 정치권에는 기업 현장을 경험해본 사람이 너무나도 적죠. 그리고 영국 같은 경우에 650명의 하원 의원 중에서 289명이 지방의원 및 선출직 출신이고

기업계 출신의 하원 의원이 112인 그러니까 여기도 한 17.2% 그 변호사 출신 하원 의원은 47인 7.2%예요. 프랑스의 경우에도 577명 의원 중 기업 임원 출신이 122명이라고 합니다. 21.1%의 비율로 우리나라와 비교하면 훨씬 높습니다. 우리나라는 지금 변호사 출신이 많죠.

◎ **최원선** | 22대 국회의 경우 변호사가 23명으로 돼 있는데 그 외에도 법조인 출신들이 굉장히 많죠.

🚙 **정그린** | 확실히 우리나라가 이공계 출신이 굉장히 적네요.

◎ **최원선** | 이번 22대 국회의원들 직업 비율을 보면 21대 국회의원이었던 사람들이 143명, 정당인·정치인이 80명, 농업 1명, 의사 4명인데 의사, 간호사 이런 의료계 다 합치면 9명 정도이고 변호사 23명, 회사원 3명, 교육자 17명, 기타 28명으로 굉장히 편중돼 있죠. 우리나라는 직업이 문과 특히 법조인 쪽으로 편중되어 있다고 볼 수 있겠습니다. 그런데 왜 이공계 정치인이 우리나라는 없을까요?

🚙 **정그린** | 우리나라 특수성일수도 있는데, 우리나라는 전공을 살려 직업을 구하는 비율이 높은 것 같아요. 대학에서 어떤 전공을 하느냐에 따라서 그 전공 그대로 흘러가는 비율이 타 국가들에 비해서 높다고 볼 수 있죠. 법조인들은 법과 관련된 교육 서비스를 받았던 사람이기 때문에 법을 다루는 관련 분야에는 전공을 살려서 간다고 할 수 있거든요. 근데 이

공계 출신들은 법과 관련된 분야를 배울 기회가 본인이 적극적으로 찾지 않는 이상 많이 없어요. 학문적으로 교육 서비스를 받은 사람들이 아니고 실제 현업에서 부딪히면서 여러 법적인 개념을 익혀 가는 사람들이기 때문에 법에 대해서 굉장히 많이 알고 있는 이공계 분들도 많지만 그분들이 법과 관련한 교육 서비스 체계적으로 이수하지 않은 상황에서 국회 쪽으로 나가는 것에 부담이 있습니다. 다른 나라들은 그런 게 좀 덜하거든요. 실제 현업에서 알게 되는 경험과 지식들로 완전히 업종을 변경하는 경우들이 굉장히 자연스러운데 우리나라는 그게 쉽지 않은 것 같아요. 어느 정도의 텃세도 있을 겁니다. 이러저러한 복합적인 요인이 작용하다 보니 이공계분들이 정치 쪽으로 가기 어려운 것은 곧 현업에 있던 필드를 다른 업종으로 변경시키는 문화가 우리나라에는 많이 없는 것 같아요.

**고효민** | 그런 것 같습니다. 그러니까 이공계열 뿐만이 아니라 일반 회사 직장인들이 정치를 아예 할 수 없는 구조 이긴 하죠. 비단 우리나라만 그런 건 아니긴 합니다만, 문과 쪽 분야에서 일정 수준 이상의 성취를 이뤘다고 볼 수 있는 법조인이라든지 여러 전문직들을 보면 프리랜서들이 많죠. 하지만 이공계에는 대학 교수 혹은 기업 고위직 정도이기 때문에 사실 한번 정치에 발을 들여다 놓고 다시 현업으로 가기가 쉽지 않은 것 같긴 합니다. 고동진 사장님이나 이번에 화성을에서 이준석 의원과 대결했던 공영운 님과 같이 회사에서 사장 직함까지 단 분들이야 한번 도전해볼 수 있지만, 30~40대의 현장 감각이 살아 있는 이공계 현직들의 경우에는 한번 정치를 시작하고 나면 다시 돌아가기가 쉽지가 않죠.

🐢 **정그린** | 라이센스가 없으니까….

💬 **고효민** | 네, 의사를 제외하면 전문 라이센스가 있는 게 아니기 때문에 그런 면이 큰 것 같고요. 또 우리나라 정치인들이 이공계열이 적은 것뿐만 아니라, 내부 시스템으로 길러지는 우가 많지가 않습니다. 아까 말씀드렸던 통계에 따르면, 미국/영국/프랑스의 경우 지방의원 출신으로 연방의회까지 진출하는 경우가 그래도 30~40% 정도 되거든요. 하지만 우리나라는 선거철만 되면 몇몇 직군에서 성공한 사람들을 스카웃하는 문화가 만연해 있죠. 비례대표라든가, 각 정당이 우세한 지역에 전략공천을 하고, 약간 애매한 사람들은 불리한 구도에 보여 주기식 청년 공천이나 그런 것들로 인원수를 때우고 그런 식이죠.

🌐 **최원선** | 선거때만 되면 그냥 이름 조금 알려졌거나 그때 이슈가 되는 분야에 계신 분 스카웃 하는 경우가 너무 많죠. 정치 트레이닝 할 시간 없이 그냥 투입되는 경우가 많아서 다양한 분야에서의 정치인이 양성되지 못하는 이유이기도 하죠.

💬 **고효민** | 이런 스카웃하는 문화에서도 이공계 사람들이 진출하기가 쉽지가 않습니다. 아까 말씀드렸듯이 사장 정도 되는 성취를 이룬 분이 아니면 자기 일을 놓기가 쉽지가 않죠. 이학/공학 연구라는 것이 연속성이 중요하고, 사고의 흐름이 중요하거든요. 그리고 함께하는 훌륭한 학

생들을 꾸준히 관리해주어야 나의 커리어도 발전할 수 있는 것이기 때문에, 사실상 본업을 일정부분 이상 포기해야 하는 상황이 문과 출신들보다는 더 많죠.

🌐 **최원선** | 근데 다른 전공을 해도 이공계 관련 정책을 실행할 수 있고 예산을 확보할 수 있는데 왜 꼭 이공계 출신 정치인이 있어야 하는가에 대해 설명을 해주시겠어요?

🐾 **정그린** | 비례대표의 취지 자체가 다양한 분야의 전문가들을 지역 상관없이 모셔와서 입법하는 데 필요한 측면이죠. 그리고 점점 갈수록 산업이 국가 그 자체가 되어 가고 있는 것 같아요.

🖥 **고효민** | 대만 같은 경우도 'TSMC'가 그냥 대만 그 자체라고 볼 수도 있죠.

🐾 **정그린** | 변화하는 상황 속에서 우리가 나라를 이끌어가는 관점에서 입법, 예산투입 등에서 의사결정들이 중요하죠. 국가 발전을 위해서는 주어진 세금 예산을 가지고 어떤 식으로 분배를 해서 쓰냐가 중요 요인 중에 하나인데, 그런 의사결정 과정에서 이공계적 시각이 필요하기 때문에 산업에서 있었던 사람들에 대한 의견 자체는 굉장히 중요한 요인이 된다고 생각을 해요. 그래서 다수가 될 필요까지는 없겠지만 어느 정도 목소리를 낼 수 있을 최소한의 인원 정도는 좀 있었으면 좋겠다는 생각은 듭니다.

🖥 **고효민** | 저도 정그린 님 말씀에 거의 100% 동의를 하는데요. 의사결정을 할 때 있어서 기술을 아냐 모르냐가 굉장히 중요한 경우가 되게 많은 것 같습니다. 제가 공대생이고 이공계열 분야라서 그렇기는 한데, 대선이나 총선 때만 되면 해당 시즌에 가장 핫하게 논의가 되는 여러 기술이나 산업 관련 이슈들이 공약으로 많이 나오지 않습니까? 솔직한 얘기로 대선 후보들이 얼마나 이해도를 가지고 공약에 대해 언급하는지, 나쁘게 말하면 뭘 알고 말하는 걸까 싶은 생각이 들 때가 한두번이 아니긴 합니다. 제가 개인적으로 유승민 의원님을 정말 존경합니다만, 2021년도 대선 경선 때 남부 반도체 벨트 공약을 말씀하실 때, 어떤 맥락으로 캠프에서 공약이 나온 걸까 싶은 생각이 많이 들었었고, 당시 윤석열 후보의 반도체 인재 백만 양성 이런 것도 너무 허황되게 느껴지고요. 기본적으로 이공계 인재들이 어떻게 육성되고, 대학-대학원-정출연-산업-정부가 어떤 식으로 상호 간의 관계를 맺고 돌아가는 것에 대한 현장 감각이 있어야 하는데, 그런 부분이 너무 부족하죠. 그러니까 조금 더 잘 아는 사람들이 산업 관련해서 목소리를 낼 수 있는 구조가 될 필요가 있습니다.

🎙 **서연주** | 완전 동의해요. 사실 이공계뿐만 아니라 보건의료분야도 그래요. 현장을 잘 모르는 상태로 섣불리 낸 정책이 얼마나 현장에 독이 될 수 있는지 깨닫게 됐거든요. 막연히 '이공계' 여야 된다라기 보다는, 현장에 대한 충분한 지식과 공감대를 가지고 있는 분이 소통과 의사결정 과정에 참여하셔야 할 것 같아요.

🖥 **고효민** | 갈수록 기술 인재들을 얼마나 확보하느냐가 곧 나라의 국력으로 이어지는 상황이 다가오고 있지 않습니까? 그런 상황에서 일정 수준 이상의 현장의 고충이나 상황을 정확하게 알 수 있는 사람들이 단순히 보좌진이나 조언을 할 수 있는 위치에 있는 게 아니라 진짜 실제로 의사결정을 할 수 있는 위치에 존재를 해야 한다는 생각이 좀 강하게 들고요. 하나 더 첨언할 얘기는 이건 아주 제 개인적인 생각이긴 한데 이공계 사람들이 굉장히 깔끔합니다. 생각이 굉장히 단순하고 담백합니다. 그러니까 복잡하게 생각을 잘 안 해요. 그러니까 정치의 영역이 사실 감성의 영역이잖아요.

🌐 **최원선** | 성급한 일반화의 오류 아닙니까?

🖥 **고효민** | 그냥 제 개인 주관적인 얘기예요. 그러니까 정치라는 것은 굉장히 감성적인 영역이라고 생각하는데, 그렇기 때문에 이공계 사람들이 표를 얻기 위한 정치는 잘 못할 수도 있어요. 그런데 막상 그런 사람들이 선거가 아닌 정책 협의, 입법 행위를 하게 되면 다양한 감정적인 혹은 이해관계에 의한 호소 등에 덜 흔들리고 조금 더 깔끔한 의사결정을 할 수 있다고 생각해요. 기본적으로 이공계 사람들은 숫자와 데이터에 의해 판단하는 것이 익숙하고, 그럴 때 가장 마음이 편하거든요. 이런 부류의 사람들이 조금 더 정치권에 섞여들 필요가 있다고 생각하는데, 이건 어디까지나 제 개인적인 의견입니다.

◎ **최원선** | 저는 '측은지심' 같은 감정을 중히 여기지만, 정책 결정에 있어서 때로는 냉정하고 이성적인 판단이 필요하다고 생각해요. 이공계 출신들이 이런 부분에서 강점이 될 수 있겠네요. 이공계 정치인이 우리나라에서는 워낙 부족한 상황이니까 늘어나야 한다는 점은 공통적인 생각인 것 같은데 그렇다면 이공계 출신 정치인이 정치권에 진입하기 위해서는 어떤 것들이 필요할까요?

🐾 **정그린** | 이게 제일 어려운 것 같아요. 우선 현재 기준에서 이공계 출신들이 정치적 진입을 할 수 있는 루트는 기자밖에 생각이 안 들거든요. 이공계 관련된 기자 쪽으로 루트를 밟게 되면 정치인 쪽으로 갈 수 있겠다는 생각이 들어요. 기자 직종 자체가 현재 상황과 문제점을 보도하기 위해 많은 조사와 공부를 하고 이를 바탕으로 어떤 정책적 결정에 기여할 수 있는 역할을 할 수 있잖아요. 그래서 저는 기자가 지금 상황에서 이공계 출신들이 정치인으로서의 진입할 수 있는 유일한 길로 보여요. 일반적으로 산업계에 취직해서 정치적 루트를 타는 방향은 현재로서는 매우 어렵다 생각합니다.

◎ **최원선** | 그럼 거의 이공계는 불가능하다는 의견이신 것 같은데요? 기자 출신도 거의 문과가 많아요. 그리고 그들은 기자이지 현직 이공계 업종에 종사하시는 분들이 아니잖아요. 지금 정그린 님의 생각에 따르면 이공계열은 정치인이 되기가 힘들다?

🐢 **정그린** | 실제로 제가 학교 다닐 때 공대생, 자연대생이 기자를 꿈꾸며 수학하는 친구들이 있었거든요. 물론 산업계에 취직을 했다가 그 다음에 다시 기자를 하는 것도 방법인데, 어쨌든 이공계 출신들이 다이렉트로 정치인으로 갈 수 있는 방법은 거의 없다고 생각합니다.

🌐 **최원선** | 이공계뿐만 아니라 선거에 출마한 이후에 다시 회사로 돌아가지 못하죠. 회사가 아니라 산업계로 돌아가기가 어렵죠. 사실 정치색을 띤다는 게 기업에서 그렇게 선호하는 상황은 아니죠. 그래서 제가 정치에 관심 갖는 사람들에게 "섣불리 시작하지 말아라 인생의 방향을 바꾸는 거다."라고 말해주곤 해요.

🖥 **고효민** | 직장인들도 정치하고 싶을 수 있는 건데 거기에 인생을 다 걸어라는건 남들이 얘기하는 아주 무책임한 얘기라고 생각해요. 자기도 먹고 살아야 되잖아요. 남들은 변호사나 이런 친구들은 다 돌아가면 먹거리 있는 상태에서 도전하는 건데 직장인들 내 먹거리를 다 던져야 되는 상황에서 낙선했는데 내가 원래 다니던 회사에도 돌아가지 말라 그건 이제 말도 안 되는 거죠.

🌐 **최원선** | 근데 선거 나간다고 휴직하면 그자리를 누군가는 채워줘야 하고 동료들은 감정적으로는 난 이렇게 힘들게 일하는데 저사람은 선거 나갔다가 또 쉽게 돌아오네 이렇게 받아들일 수도 있을 것 같아요.

🖥 **고효민** | 그렇게 생각할 수 있는데 그 행위 자체가 정치를 해 보겠다는 진정성을 의심하는 거랑은 좀 다르다고 생각해요. 동료들이 약간 불편함은 있을 수는 있다고 생각합니다.

저는 이공계열 정치인들이 좀 더 많아졌으면 좋겠다는 생각을 한 지가 오래됐고, 정치 활동을 직접 하지 않더라도 이공계 사람들이 다양한 사회 현안에 대해서 꾸준히 의견을 낼 수 있는 창구가 있으면 좋겠다는 생각을 계속 해 왔습니다. 이런 생각을 담아 3040대의 엔지니어, 사이언티스트들이 정치적인 메시지를 낼 수 있는 사회 단체? 커뮤니티라고 해야할까요? 그런 것이 여러 개가 생기고 그 안에서 그들을 대변할 수 있는 대표자가 선거 때마다 몇 명씩 실제로 도전을 하고 그런 식의 순환 구조를 만들어보면 어떨까 하는 개인적인 꿈이라고 할까요, 그런 생각이 있습니다.


🩺 **서연주** | 저도 이런 이익단체 혹은 목소리를 전달하기 위한 대표단체는 매우 필요하다고 생각해요. 보건의료분야는 이 부분은 확실히 잘 되고 있거든요. 의사협회를 포함하여, 약사단체, 치과의사단체, 간호사단체, 한의사단체 등이요. 각 직역의 이권을 대변하고 정치권에 전달하는 방법들을 갖고 있죠. 물리적인 구심점이 있으니 정치인을 양성하고 배출하기도 훨씬 수월한 것 같아요.


🖥 **고효민** | 그런 것들처럼 좀 더 활성화가 되면 좋겠는데 이공계 사람들이 그런 데 관심이 별로 없는 게 사실 문제이긴 합니다. 얘기를 하다 보니, 국회가 이공계 정치인들을 안 받아주는 것이냐, 이공계 사람들

이 정치에 그만큼 관심이 더 없는 거냐 하는 것을 생각하게 되네요.

🚗 정그린 | 개인들이 관심은 다 가지고 있어요. 관심들은 다 가지고 있고 의견도 많은데 그걸 바탕으로 행위를 할 정도에까지는 도달을 안 하는 거죠.

💻 고효민 | 그래서 그 사이에 어떤 지점을 약간 긁어줄 수 있는 그런 커뮤니티가 조성이 되면 좀 더 긍정적인 방향으로 할 수 있자 하는 게 사실 제가 제일 하고 싶은 일 중에 하나입니다.

🌐 최원선 | 그럼 23대 총선에는 고효민 님이 이공계 커뮤니티 결성하시길 기대하겠습니다.

🚗 정그린 | 사실은 정치적인 관심만 있다고 해서 되는 일은 또 아니다 보니까 결국 정치인이 되기 위해서는 이에 적합한 교육이 어느 정도 필요하고 그 과정은 반드시 거쳐야 할 것 같습니다. 이공계 분들이 특히 필요해요. 변호사나 법조인 분들은 그런 교육을 이미 어느 정도는 받아온 사람들인데 이공계에 계시는 분들은 정치인으로 성장하기 위한 교육을 전혀 받아본 적이 없는 사람들이고 순전히 본인의 생각들, 아쉬운 점이 있어 좀 바꿔보겠다 이런 마인드만 가지고 뛰어드는 분들이 대부분이에요. 교육이 충분히 되지 않고 그런 마인드만 가지고 뛰어들면 100% 실패할 수밖에 없습니다.

🖥 **고효민** | 맞습니다. 그러니까 이공계 사람들이 모여가지고 실제 전장에 뛰어들기 전에 정치 교육 프로그램이라든지 그런 정치를 실제로 하는 사람들이랑 현장에 투입되기 전에 교류를 할 수 있는 이런 것들이 많이 좀 조성이 필요해요. 여의도 쪽 풍토가 이공계 사람들이 가면 되게 귀하거든요. 그런 커뮤니티가 조성이 되면 아마 수요가 굉장히 저는 많을 거라고 봐요.

　🌐 **최원선** | 우리 넥스트패러다임에서 그런 커뮤니티를 먼저 만들어볼까요? 정치 분야에서 과학기술계 정치인 현황 진단을 해봤습니다. 현재 정치권에서 이공계적 시각을 가지고 이공계를 대변해 줄 사람들이 부족한 것은 사실입니다. 정치계에서 다양한 관점과 분야를 대변해 줄 수 있는 과학자, 엔지니어, 이공계 출신이 더 늘어날 수 있는 환경이 조성되기를 기대해 봅니다.

# 3

## 만악의 근원 '공천제도' 어떻게 바뀌어야 할까?

💻 **고효민** | 선거철만 되면 항상 등장하는 말이 있죠. '공천 파행', '공천 학살' 등 총선, 지선 가리지 않고 공천 관련해서 잡음이 항상 끊이지 않습니다. 가장 대표적인 예로 2016년 새누리당 옥새 파동이 떠오르는데요, 사실 공천이라는 것이 본질적으로 누가 붙으면 누가 떨어지는 것이기 때문에 관련해서 잡음이 나오지 않을 수는 없겠죠. 그래도 어느 정도는 납득할 수 있는 공정한 절차를 갖추고 있는지에 대해서 치열하게 생각해봐야 할 것 같고요, 그 문제 의식에 대해서 오늘 이야기 나눠보면 좋을 것 같습니다.

🚗 **정그린** | 일단은 공천에 대한 문제의식을 공유해야 하는데 현재는 어젠다라든지 이런 것들로 공천을 하는 것 같지는 않아요. 후보의 정책을 보고 공천을 결정할 수 있을 객관적인 지표를 설정해야 되지 않을까 싶은데, 시도는 많았으나 정착이 되기는 좀 쉽지 않았습니다. 그렇지만 그런 시도가 계속해서 이어져야 된다고 생각해요. 후보자들의 정책이나 평소 어젠다 혹은 정당의 공천을 받는 거니까 정당과의 관계 이런 것들도 지

표에 들어갈 수 있는 거잖아요. 정량적 지표와 정성적인 부분들을 종합적으로 판단해서 공천이 진행이 되어야겠죠. 물론 어떻게 정량적으로 지표화할 수 있을지에 관하여는 고민이 필요한 부분입니다.

◉ **최원선** | 공천의 투명성, 공정성은 늘 문제가 되고 시비가 되죠. 정량적 분석을 말씀하셨는데 국민의힘에서 이준석 대표 시절인 지난 지방선거 당시 치러졌던 정치인 역량평가 시험인 'PPAT'처럼, 저는 공천 과정에서 기본적 역량을 평가하는 시스템도 필요하다고 생각해요. 근데 정치인을 어떻게 정량으로 평가하느냐 정치력은 필기시험으로 평가할 수 있는 게 아니다. 아무리 필기 시험 잘 봐도 정치력은 다른 것이라며 반대하시는 분들도 많더라고요. 시험을 통해 기본적 지식은 평가할 수 있지만, 정치력을 평가하기에는 한계도 있는 것 같아요. 또한 공천 방식에 있어서 객관적 룰이 있어야 하는데 서류평가나 면접 평가에 있어 명확한 배점이나 방식을 알기가 어려워요.

🖥 **고효민** | PPAT 문제 수준이 공무원 시험에 맞춰져서 출제되었죠? 이준석 의원, 당시 대표의 논리는 지방의원들이 상대해야 하는 공무원 수준의 최소 소양은 갖춰야 한다. 그러니까 시정 자료들을 살펴보고, 그것에 대해 올바로 감사할 수 있는 최소한의 역량을 갖춘 사람이 지방의원이 되어야 한다는 것이 논리였죠. 정말 온당한 논리라고 생각하고, 오히려 자격시험 같은 걸로 도입을 해야 하지 않나 싶습니다.

🏛 **우종혁** | 저는 PPAT 시험에 응시했고, 시험 성적을 기반으로 공천 심사에 참여했던 사람으로서 개인적인 소견을 남기자면, 분명 필요한 부분이라고 생각합니다. 선출직으로 공직자가 되기를 희망하는 사람이라면 일정 수준 이상의 사무역량을 갖춰야 할 필요가 반드시 있다는 생각이 들고 그런 차원에서 참신한 실험이었다고 생각해요. 중요한 것은 이러한 평가절차와 과정이 어떻게 고도화되고 체계화될 것인가에 대한 정치권의 고민과 노력이 필요할 것으로 보이고요. 공천제도라는 것이 필히 잡음이 나올 수밖에 없습니다. 그럼에도 불구하고 출마자와 유권자 상당 수가 공감할 수 있는 비전과 방향성을 제시해야 한다는 생각이 들고, 공정성과 투명성도 담보해야겠지요.

💻 **고효민** | 저는 공천이라는 것의 본 속성에 의해 일정 수준 이상의 잡음은 일어날 수밖에 없다는 것을 전제로 하고 논의를 해 보면 좋을 것 같습니다. 공천이라는 것이 일종의 회사 인사 평가와 비슷하다고 볼 수 있을 것 같은데요. 회사에서도 매년 인사 평가를 하지만 모두를 만족시킬 수가 없지 않습니까? 아무리 공평한 심사를 받았다 하더라고 본인에게 불리한 결과가 나오면 그것을 비이성적으로 승복하지 못하는 인간의 본성을 어느 정도 이해하고 제도를 설계하였느냐?도 중요한 점이 될 것 같습니다.

🌐 **최원선** | 인사평가랑 비교를 하시는데, 인사평가는 1년이나 그 이상 몇 년을 쭉 봐왔던 상사가 직원의 업무역량이라든지 여러 면을 평가하는 것이고, 공천은 정당에서 활동하셨던 분도 계시지만 선거 기간에

갑자기 지원을 하신 분들도 있는데 그 평가라는 게 몇 장의 지원서와 면접이 전부입니다. 오랜 시간 지켜보고 평가하는 거랑은 조금은 다른 측면이 있다고 생각합니다.

🖥 **고효민** | 말씀하신 것처럼 인사평가와 직접적으로 비교할 순 없겠지만, 회사 인사평가의 경우는 그래도 다같이 일을 하기 때문에 누군가가 좋은 평가를 받으면 "그럴 만하지."라든지 "말도 안 되는데?"라든지 이런 주변의 반응들이 있고, 그것이 또 이후의 업무 진행 중에 영향을 미치고 그런 식이 되니까 일정 부분의 자정 작용이 있다고 봐야 하거든요. 그런데 우리나라 공천 과정에서는 위와 같은 평가를 할 수 있는 당원 혹은 유권자들의 피드백이 전혀 반영되지 않는다는 것이 문제라고 볼 수 있을 것 같습니다.

🐾 **정그린** | 사기업이라든지 사회에서 인사평가를 하는 것은 결국은 그것을 통해서 개인의 영달을 위함이 주 목적이거든요. 인센티브를 받거나 승진을 한다든지 개인적으로 중요한 것이라고 본다면, 공천이라고 하는 것은 공천을 받아서 선거를 통해 당선이 되면 국민들을 위해서 일을 하는 것이에요. 이것은 인센티브 개념이 아니고 굉장히 무거운 일이 주어지는 영역이거든요. 지역구 대다수의 유권자들이 영향을 크게 받는 부분이고, 더 나아가서는 대한민국이라는 한 국가의 중요한 결정이 만들어지는 부분이기 때문에 그런 관점에서 이게 그냥 일반적인 인사 평가라기 보다는 조금 더 우리가 깊게 생각하고 판단해야 할 것이라고 생각이 듭니다.

그 방식에 대해서는 자격이나 다양한 것들이 필요하지만은 말씀하신 대로 잠재력이라고 해야 될까요? 그런 것들도 충분히 고려가 돼야 되는 점에 분명히 동의를 합니다. 그래서 전략공천이라고 하는 특수성도 있고요. 당에서 어떤 상징적인 선거를 이기기 위해서 전략공천을 할 수도 있고 아니면 후보가 성과 낸 것은 없지만 앞으로의 미래를 기대하고 전략공천을 할 수도 있는 거고 그러한 전략공천제도를 유지하면서도 일반적인 상황에서는 정량적인 평가도 어느 정도는 필요하다고 봅니다. 예를 들어 적립식 형태로 특정 활동 및 성과들에 대해 점수를 적립해서 어느 정도 점수 이상이면 공천을 주는 방식이 좋다고 생각을 합니다. 어떤 분들은 자격시험을 통해서 한 100점을 받지만 또 다른 분들은 자격시험을 거치지 않고 지역사회의 기여도에 따른 점수를 받고 총 점수를 비교하는 거죠. 물론 그마저도 기준을 선정하기가 굉장히 어려운 부분이지만, 대한민국을 위해서도 국민을 위해서도 굉장히 중요한 일이기 때문에 다양성을 두고 평가를 하는 방식이 진행돼야 할 것 같습니다.

◉ **최원선** | 점수제를 한다면 현역 의원들 대상으로는 가능하다고 생각해요. 입법 건수나 본회의 출석률 이런 걸로 일부 평가는 가능하겠지만, 그런 거로 평가를 하다 보니 안 해도 될 법들을 입법해서 난립하는 것도 문제가 되기도 하죠. 사실 출석률도 중요하긴 하지만 정말로 부득이한 경우로 참석할 수 없는 상황도 있을 텐데 이거를 정량적으로 반영하는 게 맞는 것인가? 점수를 부여하는 방식에서도 공평하고 공정하게 하는 거에 어려움이 따르는 것 같아요.

🖥 **고효민** | 점수를 세팅하는 법을 공정하게 하는 게 사실 더 힘들 수도 있어요. 제가 사기업의 인사평가를 예로 든 이유가 그린 님 말씀하신 것처럼 공천을 받아 정치 활동을 하는 것을 너무 '정의'에만 맡겨서는 안 된다는 생각이 들어서입니다. 정치인도 결국 직업이고, 이를 통해서 생계도 유지해야 하고 자기 자신의 개인 성취도 달성하려고 하는 사람들도 있을 것이고요. 정치인 선출 과정을 너무 의로운 과정으로 생각하게 되면 해법이 나오지 않을 것 같습니다.

정당 입장에서 생각해보면 공천을 투명하게 하고, 그로 인해 더 훌륭한 인재를 뽑아야 하는 이유는 결국 선거에서 이기기 위함이겠죠. 그러기 위해서는 어느 한 사람 혹은 세력의 도덕에 기댈 수는 없는 것입니다. 정당 내의 다양한 목소리들이 부딪히고 그 안에서 의견 교환이 일어나고, 그러면서 서로가 서로를 견제하는 자정 작용을 거쳐서 힘의 균형이 이루어질 때 정말 공정한 제도가 나올 수가 있겠죠. 하지만 우리 정당들은 이러한 정당 내 민주주의가 이루어지는 곳이 단 한 곳도 없습니다. 어느 정당이든 당 대표가 제왕적 권력을 행사하고 모든 공천권을 쥐고 있죠.

이쯤에서 제가 생각한 아이디어를 하나 제시 드릴까 하는데, 바로 '정당 내 연동형 비례대표제'입니다. 만약 우리 정당에서 이번에 특정 지역에 총선에 30명의 후보를 내야 해요. 그러면 정당 내에서 여러 계파들이 경쟁을 합니다. 그리고 계파 간 경선을 통해서 득표율에 맞게 공천권 수를 서로 나눠 가집니다. 예를 들어 친윤계가 60%, 비윤계가 40% 당내 지지를 받았다고 하면, 그 비율에 맞게 총선 대표 선수로 나갈 수 있는 권한을 주자는 것이죠. 그렇게 당내 계파들이 일정 수준 이상의 대표 출전 자격을 보장받게 된다면, 정당 안에서의 다양한 목소리들이 좀 더 생동감 있게 살아 숨쉬지 않겠습니까? 결국 경쟁이 있는 곳에 혁신이 있는 것이니까요. 사실 전체 선거 제도를 연동형 비례대표제로 하면 정말 좋겠습니다만, 제도적으로 한계가 있으니, 정당 내에서라도 다양한 목소리들이 섞일 수 있도록 하는 내부 장치가 있으면 정말 좋을 것 같습니다.

🐾 **정그린** | 근데 제가 일반적인 국민의 시각에서 정당에서 계파라고 하는 게 명확하게 정의가 되는 부분인가요?

🌐 **최원선** | 계파라는 게 사실 당에서 존재하지만 존재하지 않는 거예요. 다시 말해, 사실 계파가 존재하지만 그 누구도 "우리 당은 계파가 갈려 있어."라고는 말할 수가 없는 거죠. 계파를 나눈다고 하면 오히려 본인이 유리한 곳에 줄서는 문화도 심화하고 계파 갈등이 더 확대되지 않을까 하는 걱정이 됩니다. 그럼 소수 계파는 누가 그걸 정의를 할 것이며 몇 명부터 계파인 것인가? 이런 문제가 발생할 수도 있을 것 같아요.

🐾 **정그린** | 계파라고 하는 것보다는 좀 다른 방식으로 말씀하신 하나의 집단 혹은 그룹이라고 해야 할까요? 몇 그룹을 가지고 그룹에 대해 공천 인원을 배분하는 그런 시스템 자체는 고려할 만하다고 생각해요. 앞서 점수제라든지 아니면 계파별 공천 인원 배분 방식이라든지 결과적으로는 정당만의 공천 시스템이 만들어져야 된다는 거죠. 이 시스템이라고 하

는 것은 어느 누구가 없어도 돌아가는 게 시스템이에요. 당 대표가 되든 당 대표가 비대위로 전환이 되든 아니면 아예 없든 그럼에도 불구하고 계속 돌아갈 수 있는 것이거든요. 지금 모두가 공유하고 있는 문제점은 공천이라고 하는 게 한 두사람에 의해서 변화하고 결정되는 바가 굉장히 크다는 점이거든요. 그것을 어떻게 시스템화하고 한 두사람의 결정이 아닌 당원들 그리고 국민들이 봤을 때 납득할 수 있는 시스템이 만들어지냐가 결국 중요한 부분이 될 테고, 시스템은 어느 정도 객관성을 확보해야 되는데 그런 관점에서 우리가 과연 계파를 어떤 식으로 객관적으로 판단할 수 있을까 하는….

🖥 **고효민** | 시스템이 있으면 진짜 좋은데 제가 아까 인정하자고 했던 게 그 시스템 만들기가 어렵다는 거예요. 사실 그 관점에서 시작하고 싶은 거예요. 어떤 제도라는 게 시스템을 만들어 놨는데 사실 최고 권력자라는 사람이 존재를 하고 그 사람이 바꾸고 싶으면 시스템을 어떻게 하든 헌법에 박아 놔도 헌법도 바꾸잖아요. 시스템이라는 게 아무리 잘 정립이 돼 있어도 여기 대표 님도 잘 아시겠지만 지금도 사실 공천할 때 나름 점수 다 매기잖아요. 점수 기준이 있고 하는데도 이런 얘기들이 계속 나오는 거기 때문에 그린 님이 말씀하신 부분이 당위적으로는 너무 맞는 말이라고 저도 생각은 하나 조금 현실적인 대안을 고민을 하게 되는 거죠. 인간들이 자기 이익밖에 생각 안 하는 그런 속물이라는 걸 인정하고 그 안에서 어떻게 자기들끼리 이해관계를 상충시켜서 최대한 어쩔 수 없이 공정한 모습이 연출될 수 있게끔 할 수 있겠느냐 하는 거를 생각해보고 싶거든요.

호응이 없으신 것 같으니 다른 제안을 제가 드려 볼게요. 대통령 선거에 결선투표제를 도입하자는 의견인데요, 결국 우리나라의 총선 제도나 정치 지형이 양당제가 출현할 수밖에 없는 상황이고, 이로 인해서 양 극단의 지지자들에게 지지율이 높은 후보들이 결선에 올라와서 중도층 유권자들은 정치에 대한 혐오만 늘어나는 악순환이 계속되고 있잖아요. 대통령 결선투표제를 실시하면 지금보다는 조금 더 유력한 대통령 후보들이 많이 출현할 확률이 높을 것이라고 보고, 종국에는 중도층에 더욱 많은 지지를 얻는 후보가 되고자 하는 요인이 강화될 것이라고 생각합니다. 그러니까 제3후보들에 대한 사표 심리 같은 것들을 방지할 수 있기 때문에, 조금 더 선거에서 민의를 읽어낼 수 있을 것 같거든요. 정당 내 연동형 비례대표제도 그렇고 대통령 결선투표제도 그렇고 뭐 이미 논의가 되었던 내용들이겠지만, 이렇게 제도적으로 틀을 바꿔줘야 정치가 많이 바뀔 것 같습니다.

⊛ **최원선** | 국내에서 대통령 선거에 결선투표제를 도입해야 한다는 논의들도 있었는데, 해답은 아니라는 의견도 있어요. 결선투표제라는 게 소수 정당을 지지하고 투표했던 사람들은 결국은 양당의 두 후보 중에 1명을 뽑아야 하기 되기 때문에 오히려 의견이 반영이 안 되고 소외될 수 있다는 거죠. 프랑스 같은 경우에 결선투표제를 채택하고 있죠. 근데 프랑스가 양극화가 해소된 나라는 아니거든요. 양극화가 강한 나라 중의 하나예요. 그래서 과연 결선투표제가 양극화 해소의 해답이 될 수 있는 가는 조금 더 고민을 해봐야 된다는 생각이 들어요.

공천 과정에 대해 말해보자면, 공천 면접을 가면 질문을 인당 1~3개 해요. 사람이 워낙 많으니까 질문 몇 개만 하고 내보내요. 서류도 공천심사위원들이 읽어 보지만, 그 많은 서류를 다 읽어봤을까? 라는 생각이 들더라고요. 면접 질문도 토론을 하거나 정치 철학이나 공약에 대한 깊은 생각을 묻는 것이 아닌 사적인 질문 몇 개로 국민을 대표하는 사람을 공천을 한다는 거에 약간 의문이 듭니다. 물론 시간이 걸리겠지만, 조금 더 깊이 사람을 평가할 수 있는 시스템이 준비가 돼야 한다는 생각이 듭니다.

💻**고효민** | 쉽지 않은 문제죠. 그러니까 결국에는 완벽한 제도가 없을 텐데 양 정당이 공천을 정말 치열하게 잘해서 선거를 이길 수 있으면 아마 공천을 더 열심히 할 텐데, 어쨌든 공천만 되면 당선이 되는 지역들이 있으니까 결국엔 또 선거 제도랑 지역주의 이런 얘기로도 흘러가는 것 같기도 하고 정말 쉬운 문제가 아니긴 하네요. 결국 유권자들이 좀 더 매의 눈을 뜨고 감시해준다면 공천을 지금보다 좀 더 제대로 하고 그럴 수 있을 텐데, 참 어려운 문제이긴 합니다.

🌐**최원선** | 대학 입시에도 수시도 있고 정시도 있고 또 수시에도 다양한 종류가 있잖아요. 공천도 다양한 방법으로 뽑았으면 좋겠어요. 지역 활동을 열심히 해서 지역에 대한 이해도가 높은 분들도 있을 것이고, 아니면 전문 분야가 있어서 그 역할을 잘할 수 있는 분이 있을 테고 연설이나 글을 기가 막히게 잘 쓰는 분이 있을 수도 있고 또 사회적 약자층으로 배려해야 되는 집단이 있을 거잖아요. 그러니까 분야에 따라 각자 다른 공천 시스템을 도입하는 거예요. 논평 전형, 지역활동전형, 연설전형 이런 식

으로요. 지금은 획일적인 서류와 면접으로 진행되고 있어요.

그리고 제가 계파란 말에 거부 반응이 드는 게 누구 라인이니까 배려하고 이렇게 되면 아무에게도 줄서지 않은 아무 라인도 아닌 사람은 설 자리가 없는 거예요. 그걸 바꿔야 공천 개혁이 되는 건데 그래서 저는 좀 다양한 방식의 공천 방식을 도입해 보면 어떨까하는 생각이 듭니다.

🐢 **정그린** | 누구를 아는 것도 굉장한 자신의 중요한 강점이에요. 그걸 배제할 수는 없죠. 우리가 사회적 동물이지 않습니까? 그래서 네트워킹 능력도 자신이 가지고 있는 중요한 strong point로 점수가 되고, 계속 정량적으로 얘기를 해서 죄송합니다만 그러한 사람들마다 다른 장점이 있으니 각각의 항목들에 대해서 장점들을 잘 살릴 수 있는 방식으로 다양성을 가지면 좋을 것 같습니다.

공정성이라고 하는 부분이 굉장히 중요한 요소이므로 자격에 대한 논의가 중요한 만큼 또한 유연성과 다양성을 가져 사람마다 가진 장점들을 극대화하는 관점으로 공천 자격을 부여하는 것도 고려해볼 만하지 않나 싶습니다.

💻 **고효민** | 다양한 분야를 대표하는 사람들을 뽑은 게 비례대표인데 이 제도 자체의 이미지가 좀 안 좋은 면이 있죠. 숫자도 지역구랑 좀 맞춰졌으면 좋겠어요. 그러면 지역 활동이나 이런 것들을 중점적으로 했던 국회의원들 같은 경우에는 그대로 뽑고 인지도 있는 사람들은 인지도 있는 대로 뽑고 자체적인 정당 내 판단으로 기회를 줘야겠다 싶은 사람들은 비례

대표로 영입하는 게 지금도 이루어지고 있습니다만 그 숫자가 너무 적어요. 또 그 과정에서 숟가락 얹으려는 세력들도 너무 많은 부분이 있어서 말씀하신 것처럼 하나의 적절한 제도로 이걸 모두 걸러내지 못하는 거면 못하죠. 빨대를 한 다섯 군데를 쫙 펼쳐놓고 그래서 빨대 하나가 좀 그때 당시에 정치 환경에 의해서 훼손이 되더라도 나머지 한 최소 두 군데 빨대는 좀 그래도 괜찮은 인재가 수급 될 수 있는 식으로 하는 것도 좋다고 느껴지네요.

🏎️ **정그린** | 입시에서도 수시 정시만 있는 게 아니에요. 수시도 종류가 다양합니다. 지역 인재 전형도 있고 사회기여자 인재 전형도 있잖아요. 빨대를 여러 개 만드는 게 더 좋을 것 같습니다.

🖥️ **고효민** | 그게 결국엔 정당 민주주의가 돼야 되는 거죠. 그건 이제 좀 다른 얘기지만.

🌐 **최원선** | 공천문제에 있어서 들여다봐야 할 게 지방의원이에요. 저는 기초의원 폐지주의자거든요.

🖥️ **고효민** | 저희 멤버 중에 기초의원 있는 거 알고 계시죠?

🌐 **최원선** | 하하, 이미 얘기한적이 있어서 괜찮아요. 물론 여기 우종혁 의원님처럼 훌륭하게 열심히 활동하시는 분들도 많아요. 기초의원은 주민들과 가장 가까운 거리에서 지역이 문제를 해결하고 기초단체장을

감시하는 중요한 역할을 하죠. 근데 우리나라 규모에서 이렇게까지 세분화해서 자치를 해야 하는 것인가에는 사실 의문이 들어요. 바로 길만 건너면 다른 행정구라서 서로 다른 정책을 시행하는 것이 과연 필요한 것인가? 라고 생각하게 됩니다. 광역 의원을 조금 늘리면 광역이 기초까지 관리할 수 있지 않을까라는 생각도 들어요.

또 기초의원이나 광역의원은 지역의 국회의원이나 지역의 위원장이 공천을 하게 돼요. 공천관리위가 있지만 많은 경우가 지역의 국회의원이나 위원장 뜻에 따라 공천을 주는 시스템이에요. 기초의원은 2인이나 3인을 뽑는 중대선거구제라서 특히 기호 '가'번을 공천받으면 당선이 거의 되거든요. 그러니까 지역 국회의원이나 위원장에게 잘 보여서 공천 받는 게 우선일 수 있는 거죠. 동네 기초의원 혹시 성함 알고 계신 분 있어요? 광역의원은요? 대부분 사람들이 많이들 몰라요. 선거할 때도 누가 후보로 나왔는지 몰라서 당 보고 뽑는 경우가 많죠. 공천권을 갖고 있기 때문에 국회의원들과 위원장들의 권력이 강화되는 문제도 있고요. 주관적 관점으로 공천을 주다 보니 검증이 안 된 부적격한 사람들이 공천을 받는 불공정성이 문제가 되는 경우도 있어요. 저는 적어도 기초의원까지는 정당 공천은 없애는 것을 논의해야 한다고 생각합니다.

💻 **고효민** | 공천 이슈에서 국회의원 선거 같은 경우에는 그래도 국민적 관심도가 높고 권한이 많다 보니까 정당 차원에서 진짜 괜찮아 보이는 사람들 영입하기도 하고 하는데 지방 선거의 경우에는 정말 사태가 더 심각하긴 합니다. 이게 결국 지방자치제의 존치와도 연결될 수밖에 없

죠. 아까 말씀하신 것처럼 우리나라 같은 사이즈에서 그렇게까지 할 필요가 있나 싶긴 해요. 국회가 있고 지방 정부가 있는데 그들이 독자적인 조례를 만들어서 독자적인 운영을 하는 취지에서 예산을 쓰고 있는 건데 그 예산을 조금 더 다른 데 쓰면 좀 더 효용이 있지 않을까 이런 생각도 좀 들어요. 그런데 기초의원제도는 유지한다 하더라도 지역위원장이 가지고 있는 공천권은 정말 너무 문제가 많습니다. 또 다른 얘기긴 합니다만, 우리나라에서 국회의원을 꼭 동네별로 뽑아야 되는지 솔직히 잘 모르겠어요. 그게 조금 비효율적인 것 같네요.

🐌 **정그린** | 기초의원의 존치 이런 것들은 사실 또 다른 문제인 것 같고요. 어쨌든 기초의원들이 그 지자체의 예산을 결정하는 중요한 역할은 하고 있어요. 소중한 예산인데 이걸 허투루 쓰지 않기 위해서 계속 감시를 하고 결정을 하는 부분들은 어느 정도 필요한 부분이라 생각합니다. 사실 저도 관심없을 때에는 전혀 그런 생각을 못했는데, 최근 학교에서 이러저러한 일을 하면서 예산 부분을 좀 다뤄보니까 지자체의 예산을 심의, 결정, 감사하는 일에 대해 기초의원들이 굉장히 중요한 역할을 하고는 있다. 기초의원의 역할론은 명확합니다. 다만, 과연 기초의원까지 공천권을 가지고 뽑아야 되는지에 대해서는 의문인 게, 우리가 많은 정보를 가지고 공정하게 뽑을 수 있는 것도 아니고 공정하지 않더라도 전략적이고 효과적으로 뽑을 수 있는 것도 아니니까요. 국회의원은 전략적으로 뽑을 수 있다고 봐요. 어느 정도는 정당에서 추구하고 있는 어젠다를 실현시켜 줄 수 있는 분, 혹은 지역에서 정말 중요한 역할을 해서 중앙 정치에 의사결정을

하는데 지역의 현안들이 꼭 연결됐으면 하는 분들을 뽑는 것이 지역에서는 중요한 부분이니까요. 근데 기초의원에서까지 공천권을 가지고 운영한다는 것에 대해서는 지역 국민들에게 과연 도움이 될까? 하는 생각은 듭니다.

🏛 **우종혁** | 기초의회 폐지에 대해서는 제가 몸담고 있는 조직이어서가 아니라, 폐지를 논하는 것은 좀 다른 결의 이야기인 것 같고요. 조금 덧붙이자면 기초의회의 수준을 높여야 한다는 생각이 듭니다. 이런 것들은 분명 공천제도와 공천 방향성을 개선함으로써 연쇄작용이 가능할 것으로 생각되고요. 지역에서 유지로 통하거나 한 가닥 하는 사람들이 명예직으로 하는 자리가 아니라, 정말 풀뿌리 민생정치를 위해 일할 수 있는 풍토를 만들어야 한다는 생각입니다. 정말 절실한 마음이고요. 국회의원이 공천권을 행사하다 보면 여러가지를 고려하지 않을 수 없습니다. 다만, 정치의 변화와 지방자치의 발전을 위해서는 지방의원 공천이 조금 더 개선되어야 한다는 바람이 있습니다.

🌐 **최원선** | 기초의원부터 국회의원까지 공정하고 좋은 인재를 수급할 수 있는 공천 제도에 대해서 다양하게 이야기 나눠봤는데요. 공천 과정의 복잡성, 정당 내부의 구조적 문제 등으로 개혁이 하루 아침에 이루어지기는 어려운 문제일 수 있습니다. 그럼에도 한 단계 한 단계 국민들의 편에 서서 좋은 정치를 할 수 있는 정치인들을 뽑도록 투명하고 공정한 공천 개혁이 이루어지기를 희망합니다.

# 정치인 배출 방법
# 발탁 VS 양성

🎙 **이효진 (사회)** | 이번 시간에는 정치개혁 주제 관련 이야기 나눠보려고 합니다. 선거철 되면 많은 인재영입들이 이루어지고 있죠. 정치인들은 발탁되어야 하는가, 아니면 정치적 역량을 키워서 만들어질 수 있는가에 대해 논의해보려고 합니다. 훌륭한 정치인을 배출하려면 어떻게 해야 할까요?

**최원선 (양성)** | 저는 늘 정치인 양성 프로그램이 있어야 된다고 생각을 해요. 요즘 아이돌들 보면, 몇 년을 연습생으로 온 노력을 기울여서 준비하는데, 정치에는 왜 준비과정이 없을까요? 청년들 9급 공무원 시험을 위해서도 몇 년을 공부합니다. 의사나 변호사가 되기 위해서도 수년의 시간이 필요하죠. 저는 정치인도 전문직이라고 생각을 하거든요. 근데 현실은 다른 분야에서 이름 좀 알려지거나 성공하면 그냥 정치권에 영입되고, 특히 청년 같은 경우 각 정당에서 선거 앞두고 갑자기 영입하기 때문에 매 선거때마다 청년 영입 인재에 대해 논란이 없었던 적이 거의 없어요.

그러니까 우선 검증의 과정을 거쳐 정치적 소양을 기른 다음에 정치권에 본격적으로 투입하는 게 필요하다고 생각합니다. 요즘 아이돌들은 어릴 때부터 인성교육부터 받는다고 합니다. 미래를 위해서 나중에 어떤 일이 벌어질지 모르기 때문에 똑바로 살아야 된다. 이런 교육을 시키는데 정치인은 그게 없잖아요. 어떻게 살았는지 모르고 검증도 안 된 상태에서 조금 이슈가 되거나 이름이 알려졌다는 이유로 영입된다면 제대로 된 정치적 역할을 할 수 있을까요? 그래서 정당이나 정치적 조직에서 아이돌 키워내듯이 제대로 된 정치인을 길러내는 시스템이 한번은 마련돼 봐야 되지 않을까라는 생각을 하고 있습니다.

🏎️ 정그린 (발탁) | 저는 사실 청년정치학교와 같은 개념을 잘 모르는데, 혹시 정치인 교육 시스템이라든지 이런 것들이 좀 아직 부족한 상황인가요? 교육을 통해 양성한다는 개념이 아직은 저에게 조금 어색하게 들려서 발탁이 익숙하네요.

🌐 최원선 (양성) | 여기 청년정치학교 출신이 저랑 고효민 님이 있는데 사실은 거기는 약간 강의식 교육이에요. 강의식 수업이 있고 토론이나, 모의 입법 등이 있어요. 개개인을 길러낸다기보다는 정치에 대해서 익숙하지 않은 일반 학생이나 직장인이 공부를 하면서 정치가 익숙해지는 과정이라고 봐요. 현실 정치인을 길러내는 면에서는 커리큘럼이 좀 부족한 것 같아요. 정치적 능력이나 사회적 책임감 같은 정치적 자질을 기를 수 있는 과정이 필요하다고 생각해요. 연설이나 논평, 정치 철학, 정치와 정책 이론, 분석력 같은 정치적 기술력, 인성까지 키워 나갈 수 있는 이런 걸 종합

적으로 길러낼 수 있는 시스템이 마련되었으면 좋겠다는 생각을 늘 하고 있습니다.

🖥 **고효민 (발탁) |** 저는 그런 양성 프로그램들에 대해서, 정당마다 조금씩 접근법은 다르겠습니다만 결국 정치권에서 활용할 수 있는 인재라는 정의가 무엇인지? 어떤 역량을 가진 사람을 길러내고자 하는 방향성이나 철학? 이런 것들이 분명한 상태에서 진행이 되어야 한다고 생각하는데 그런 부분에 대해서 어떻게 생각하시는지 여쭤보고 싶네요.

🏛 **우종혁 (양성) |** 정치권에서 활용할 수 있는 인재의 정의는 당마다 상이하지 않을까 싶고요. 저는 모든 정당에 걸쳐 맥을 같이하는 것은 '참신하고 준비된 청년인재'라고 생각합니다. 기존 정치권의 정치논리를 뛰어넘는 참신함을 갖춰야 한다는 생각이 들고요. 정치활동을 건전하고 건강하게 수행하기 위한 준비도 이루어져야 한다고 생각합니다. 특히 이런 부분들을 갖춘 청년을 육성해내는 시스템화가 필요하다고 생각하고요.

양 당에서 선거철만 되면 청년 유권자를 포섭하기 위한 수단으로 청년정치인을 영입하곤 하는데, 저는 지금껏 우리 정치의 모습에서 가장 안타까운 지점이 이 부분이라고 생각해요. 청년 정치인을 하나의 도구로, 수단화해서 생각하는 것. 선거철에 반짝 쓰이고 결국엔 버려지는 것. 이런 부분들에 대한 개선이 반드시 필요하다고 생각합니다. 저 또한 청년 정치인으로 지방선거에 출마하여 당선되었지만, 제가 생각하는 가장 중요한 것은 제대로 된 청년정치인을 양성해내는 것, 길러내는 것. 그것이 정당의 역할이자

책무라고 생각해요. 많은 정당에서 자체적으로 청년정치학교를 운영하지만 저는 일정 부분 형식적인데 그친다고 생각하고요. 젊은 인재들을 가르치고 육성해내는 하나의 청년정치생태계를 구축해야 한다는 생각이 듭니다. 청년정치를 활성화하랬더니 대부분의 정당이 청년정치인 한두 명 공천주고 끝낸다는 거죠. 청년정치인의 문제점으로 제기되는 것 중 하나가 능력의 부재인데 이러한 부분들을 보완하기 위한 정당 차원의 노력이 필요하다는 것입니다. 제가 미국과 영국의 보수당 사례에 항상 큰 관심을 가지고 있는데 미국과 영국의 보수당은 모두 자체적인 청년당 조직을 두어 청년정치생태계를 구축해 놓았습니다. 이들은 당원이 된 순간부터 지역정책과 국가정책에 대한 개념과 이해를 철저히 하고 출마자로서의 역량강화를 위한 다양한 교육을 수행합니다. 이러한 과정에서 제공받은 기회를 통해 능력을 검증받고, 검증된 이들은 출마의 자격을 성취하는 것이죠.

🏍 **정그린 (발탁)** | 시스템화 및 운영과 같은 부분들은 필요하겠지만, 정치인이 만들어낸 이미지가 돼서는 안 된다고 생각을 합니다. 흔히 정치는 생물이다. 이런 말도 많이 하는데 생물이라고 하는 것은 뭔가 만들어진 결과라기 보다는 본인이 직접 어딘가에 부딪혀서 겪음으로써 자신의 정치적 신념이 생긴다고 생각해요. 과연 만들어진 시스템이라면 다양한 정치인이 나올 수 있을까요? 양성을 위한 교육 가이드라인을 제시하기 시작하면 딱 그 가이드라인이라고 하는 바운더리 안에 매몰되는 경우들이 많거든요. 우리가 훌륭하신 분들을 어떻게 발굴해내고 방향성을 제시하는 정도는 좋겠지만 너무 깊게 들어가서 무언가를 만들어내려고 하는 것은 경계해

야 할 것 같습니다. 미래 사회는 자유로운 생각들, 신선한 관점에서 혁신이 시작되는데 그런 것들이 만들어서 생기지는 않을 것 같아요.

ⓜ 최원선 (양성) | 청년 정치 얘기할 때 특히 발탁이냐 양성이냐라는 게 논쟁이 있는 부분이에요. 지금 우리끼리도 이렇게 의견이 엇갈리잖아요. 기본적으로 저는 발탁된 사람도 양성 교육과정이 필요하다는 주장을 하고 있어요. 왜냐하면 아까 말씀드렸지만, 다른 분야에서 성공했다고 정치 분야에서도 성공적 정치인이 될까요? 예를 들면 유능한 검사, 승소율 높은 변호사, 수술을 잘하는 의사가 정치권에 와서 좋은 정치를 하리라는 보장은 없어요. 그래서 저는 일정 기간은 학습하는 시간이 필요하다고 생각합니다. 신입사원으로 회사에 입사해도 일정기간 연수 기간이 있잖아요. 현실 정치에 뛰어들기 전에 최소한의 정치 기본 상식을 익히고 적응기간이 필요하다고 생각하고 있습니다.

🎤 이효진 (사회) | 저 아까 최원선 대표님이 정치인도 전문직이다 그 말이 되게 와닿았어요. 아마추어가 아니라 진짜 전문 분야가 돼야 되는데 말씀하신 것처럼 잘 자란 청년 정치인들도 있지만 결국 발탁으로 영입하잖아요. 근데 그게 새로운 세상을 또 알아가야 되는 거니까 표준화 작업이 좀 필요한 것 같아요. 기본적인 것들은 알아야 그 다음이 있으니까 정당 내에서 정치계 전반적으로 훌륭한 정치인을 길러낼 수 있는 시스템 어떤 모습일까요?

◈ 최원선 (양성) | 양성을 통해 정치인이 갖춰야할 기본 소양과 전문성을 기를 수 있죠. 또 지금 정치권에 법조계 같은 특정 직업이나 계층이 많은 분포를 차지하고 있는데, 양성을 하면 다양한 분야의 사람들이 참여할 수 있어서 특정 집단이나 계층에 치우치는 부분도 조금 해결할 수 있어요.

💬 고효민 (발탁) | 저는 직장인의 관점에서 한번 생각을 해 보았는데요. 제가 직장인이면서도 정치에 관심이 많고, 아예 출마까지는 아니더라도 직간접적으로 정치 활동에 참여도 해 보고 싶은 성향을 가지고 있어서 이런 생각을 하는 것이긴 합니다만, 말씀해주고 계신 저 플랫폼들이 본업을 가지고 있는 일반 직장인들을 포함할 수 있도록 창구가 있으면 좋겠다는 생각을 합니다. 우리나라에서 청년들이 정치 활동을 하면서 소위 말하는 밥벌이를 하는 것이 사실 쉽지 않은 구조잖아요? 그러니까 청년들 입장에서 아주 형편이 넉넉하거나 전문직이거나 하는 사람들을 제외하고는 정치 활동에 내 인생을 올인하기에는 리스크가 너무 큰 구조이죠. 또 정치라는 것이 사회 다양한 구성원들이 목소리를 낼 수 있는 기회를 얻고 그것이 또 정책에 반영되는 선순환 과정을 거쳐야 하는데, 이렇게 정치 활동 참여 자체에 현실적 제약이 있다 보면 몇몇 직군이나 계층들이 과대 대표될 수밖에 없는 면도 있고. 그런데 한편으로는 정치 활동이라는 것이 아까 말씀해주신대로 일종의 전문 분야라고 해석할 수도 있는 것인데, 결국 출마로 이어져야 하니까 올인을 할 수 있는 환경의 분들이 하는 것이 맞나? 하는 생각도 들고 저도 좀 생각이 왔다 갔다 하는 것 같습니다. 그래도 요즘에는 원격 회의나

이런 것들이 점점 발전하고 있으니 사회 구성원들의 본업과 정치 활동을 양립할 수 있는 방향으로 나아갔으면 하는 생각이 듭니다.

◎ 최원선 (양성) | 그러니까 경제적 여유가 있고 시간이 많은 사람들이 정치적 기회를 얻기 더 쉬운 경향이 있죠. 청년 창업환경과 비슷한 것 같아요. 우리나라 청년 일자리 부족하다고 하는 데 창업하는 비율이 높지가 않아요. 실패할 경우 타격이 크고 재건할 수 있는 안전망이나 지원 정책이 부족해요. 정치에 참여하고자 하는 청년들에게도 실패해도 일자리로 돌아가고 재건할 수 있는 환경이 조성되어야 겠죠. 또 정당에서도 스스로 청년 정치인을 키워 나가려는 노력이 부족하고요. 선거 때 되면 검증되지 않은 그때 이슈가 되거나 하는 청년을 영입하는 정도로 외부에서만 찾으려고 하는 문제도 있습니다.

🏛 우종혁 (양성) | 분명 개선되어야 할 지점이 많다는 생각이 들고요. 아까도 말씀드렸듯이 미국이나 영국의 젊은 보수당에 주목해야 합니다. 상대적으로 정당정치가 발전한 서구 유럽, 미국 같은 경우는 정당 내 인재양성을 하는 시스템이 정말 잘되어 있어요. 젊은 보수당이나 젊은 공화당은 지역에서 청년 정치인을 체계적으로 잘 길러내는 시스템을 운영하고 있습니다. 이들에게 다양한 기회와 경험을 제공해주고 그 안에서 제대로 길러진 청년들을 활용하는 것이죠. 특히 지금 양당 정치에서의 청년당원들은 청년 어젠다에 국한되어 그 한계가 여실히 드러난다고 생각하거든요. 그런데 청년정치의 본질이나 취지를 생각한다면 사실 청년들이 다양한

분야에서 활약하는 방향으로 바뀌어야 한다고 봅니다. 기후환경이나 산업경제, 국제외교와 같은 다방면에서 청년들이 육성되어야 할 필요가 있다고 생각하고요. 추가로 청년정치라는 것이 선이고 그 외의 정치는 악이다. 이런 이분법적인 그림은 원치 않습니다. 청년이지만 청년답지 못한, 외려 더 구태한 분들도 계시고 청년정치인이라고는 하지만 기대에 못 미치는 분들도 많이 계세요. 청년정치에 대해 더 많은 논의와 개선이 필요하다는 의견에 적극 공감합니다. 그래서 더 많은 청년들이 제대로, 그리고 바르게 육성될 수 있는 그런 시스템이 정당 내에 도입되면 좋겠다. 선거 때만 바짝 주목받는 그런 모습이 아니라 보다 긴 호흡으로 안착될 수 있는 그런 정당 환경이 마련되면 좋겠다. 그런 생각을 했습니다.

🎤 **이효진 (사회)** | 정치는 국가와 국민의 삶에 중요한 영향을 미칩니다. 좋은 정치인을 배출하기 위해 양성해야 하는지 아니면 국민의 요구에 부합하는 능력이 뛰어난 사람을 발탁해야 하는지에 대해 논의해봤습니다. 사회적 요구에 따라 적절하게 균형 있는 방식으로 훌륭한 정치인들이 많이 나왔으면 합니다.

 

갈등은 어느 곳이나 있고 정치 양극화도 어느 나라나 있을 수 있지만, 국내 정치적 양극화가 갈수록 심화되고 있습니다. 양극단으로 갈라져 적대감과 혐오가 커지고 있습니다. 특정 정파, 지역, 세대, 성별 만을 대변하는 것이 아닌 협력과 통합의 공동체를 회복하기 위해서는 정치와 선거가 먼저 변해야 합니다. 다양한 목소리가 반영되는 사회를 위해 다양한 분야의 사람들이 정치에 참여할 수 있도록 시스템이 마련이 필요합니다. 또한 다양한 방식의 공천제도가 공정하고 신뢰 있게 개선되어야 더 나은 국가와 사회의 발전을 이룰 수 있을 것입니다.

# 기후

## : 사라져가는
## 지구의 경고

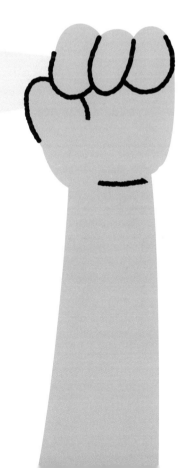

5장

# 1

인류는 대멸종을 피할 수 있을까?

◉ **최원선** | 전 지구적 문제인 기후위기에 대한민국은 얼마나 준비되어 있을까요? 세계경제포럼의 「글로벌 리스크 보고서 2023」에서 선정한 향후 10년간 가장 심각한 위험 10가지 중 4가지 항목이 바로 기후와 관련된 것이었습니다. 우리나라도 예외는 아니어서 최근 30년간의 평균 기온이 그 이전 기간에 비해서 1.6도가 더 높다고 하고 최근에는 연평균 0.2도씩 올라가고 있는 추세라고 합니다. 그래서인지 전 세계적으로 이상기후가 나타나는 빈도도 늘어나고 있습니다. 2050년 탄소중립을 달성하겠다고 선언한 대한민국은 탄소중립을 위해 어떤 정책을 추진하고 있는지 이야기 나누어 보겠습니다.

💻 **고효민** | 여러 가지 기상 이변들이 많이 일어나고 있는데, 그 중에서 심각한 것들 몇 가지만 먼저 소개를 드릴게요. 먼저, 2019년부터 2020년까지 있었던 호주 산불이 있죠. 약 1,860만 헥타르가 산불에 의해서 소실됐다고 하는데, 이 면적이 우리 대한민국 면적의 85% 정도라고 하고요. 이 산불로 인해서 사람들도 많은 피해를 봤지만 야생동물이 5억 마

리나 사망하는 엄청난 큰 피해가 있었다고 합니다. 그리고 산불이 조금 잠잠해졌던 2020년 1월에는 도리어 엄청난 양의 비가 쏟아져서 물난리가 나 버렸습니다. 산불과 홍수, 두 가지 자연재해가 동시에 있었던 정말 끔찍하고 안타까운 기상 이변이었죠. 이 사건의 원인은 인도양의 동쪽과 서쪽의 기온차가 크게 나타나는 인도양 쌍극화 현상이라고 합니다. 같은 원인으로 2020년 동아시아에서는 여러 나라에서 대홍수가 일어나기도 했습니다. 아마 다들 기억하실 텐데 2020년 여름에 중국을 시작으로 해서 중국, 일본, 한국 그리고 남아시아까지 기록적인 대폭우가 쏟아졌었죠. 그리고 2023년 겨울에는 미국에 엄청난 한파가 있었습니다. 북극과 캐나다에서 내려오는 한랭 전선이 미국을 덮쳤고, 평균 기온 영하 36도에 체감 기온은 영하 56도까지 내려가는 정말 상상도 가지 않는 엄청난 추위가 있었습니다. 이로 인해 일주일 동안 무려 89명이 사망하는 정말 끔찍한 기상 이변들이 전 세계 곳곳에서 최근 끊이지 않고 있습니다.

서연주 | 기후 변화의 영향을 직접적으로 살펴볼 수 있는 것은 극지의 얼음과 해수면의 변화라고 해요. 현재도 남극에서는 매년 약 1천 500억 톤의 얼음이 사라지고 있는데 1900년대 초와 비교하면 5배나 속도가 빨라진 것이라고 하더라고요. 기후변화에 관한 정부 간 협의체(IPCC)가 수집한 세계 해수면 데이터에 의하면 1901년과 2018년 사이에 전 세계 해수면이 24㎝ 이상 상승했다고 하고요.

최원선 | 많은 기상이변 사례들이 있네요. 기후로 발생하는

문제가 이 정도까지 될까 하는 무서운 사건들이 많았던 것 같습니다. 이러한 기후변화가 발생하는 이유에는 여러 가지 원인이 있겠지만 그중에 가장 큰 원인으로 보는 것이 화석연료의 사용으로 인한 온실가스 배출 증가를 들 수 있는데요. 세계 각국은 2015년 파리 협정 이후에 온실가스 감축을 위한 강력한 정책적 드라이브를 걸고 있는 상황입니다. 오늘 이 시간에 우리나라에서 시행되고 있는 탄소 중립 정책들에 대해서 살펴보고 실효성이 있는지 한번 얘기를 나눠보면 좋을 것 같아요.

🔬 **서연주** | 기후변화 문제의 가장 합리적인 해법은 온실가스 배출을 줄이는 것인데 상황이 녹록치 않나봐요. 2018년 발간된 IPCC 보고서에서는 기후 변화의 폭을 1.5도 이내로 유지하려면 2050년 무렵까지 탄소 순배출 제로를 달성해야 한다더라고요. 그리고 이후 50년 동안은 탄소 배출량보다 더 많은 탄소를 제거하는 탄소 네거티브로 나가야 한다고 진단했고요.

🚜 **정그린** | 사실 본격적인 논의에 앞서서 궁금한 점이, 탄소 중립을 실제로 구현하기 위해서는 결국은 다른 어딘가에서부터 에너지 자원, 요즘은 주로 전기겠죠. 전기를 어딘가에서는 생산해야 되는데 화력 발전을 줄이면 다른 방식으로 주로 신재생에너지가 되겠죠. 전기를 생산해야 됩니다. 그런데 앞으로 전기 사용량은 점점 늘고 있는 상황 속에서 탄소 중립을 유지하기 위해서 전기를 어떤 식으로 생산할 수 있을지 그게 의문이 들어요. 그래서 그런 얘기들을 좀 더 하면 좋지 않을까 싶은데요.

🎙 **서연주** | 맞아요. 요새는 글로벌 에너지 패권이라는 말도 있더라고요. 전기에너지를 어디서 어떤 방법으로 효율적으로 생산하는가가 국가 경쟁력에도 영향을 미치니, 이에 대한 다양한 연구나 시도가 진행되는 것 같고요.

🌐 **최원선** | 근데 먼저 탄소 중립이 뭐지? 하고 잘 모르실 분도 있으실 거예요. 탄소 중립이 뭔지 간단히 설명드리면 탄소 배출을 하나도 안해서 0이 되는 것이 아니라 탄소 배출량을 줄이면서 배출되는 탄소를 산림, 토양, 해양 등을 통해 흡수해서 순 배출량을 '0'으로 만들겠다는 것입니다. 우리나라는 2050년까지 탄소 중립을 이루겠다고 선언한 바가 있고요. 탄소를 줄이고 흡수량을 늘려서 탄소중립 목표를 이루기 위한 정책들이 필요하겠죠.

💬 **고효민** | 네, 우리나라 탄소 중립 정책 같은 경우는 우선 국가기관으로 탄소중립위원회가 있습니다. 그 기관 홈페이지에 들어가서 정책을 간략하게 살펴보면 크게는 4가지로 구분되어 있는데요. 1) 온실가스 감축, 2) 민간 차원에서의 노력, 3) 공감과 협력, 4) 기후위기 적응과 국제사회 등으로 카테고리를 구분하고 그 하위에 12가지의 대표 정책들을 소개하고 있습니다. 이 중 오늘 중점적으로 다룰 부분은 온실가스 감축을 위한 정책들이 실효를 거두고 있느냐? 하는 부분입니다. 먼저, 원전 얘기를 안 할 수 없을 것 같아요. 꼭, 탄소 중립이 아니더라도 원전이라는 주제가 지난 문재인 정부 때부터 뜨거운 감자였죠. 원전 이슈에 대한 제 의견부터 말씀

드리자면 저는 탄소 중립을 달성하기 위해 원자력 발전은 반드시 필요하다고 생각합니다.

🐢 **정그린** | 결국은 탄소 중립을 위해서는 앞서 말씀 주신 두 분 얘기처럼 일단 탄소 생산을 줄이는 방향이 있어야 되고요. 그리고 피할 수 없이 생산된 탄소를 다시 포집해서 저장하거나 재사용할 수 있는 두 가지 트랙으로 관리를 해야 된다는 생각입니다. 그렇다면 방금 말씀하신 대로 우선적으로는 탄소 생산을 줄이는 방향을 찾아야 되는데, 결국은 다른 방식으로 전기를 생산하는 신재생에너지 비중을 높여야 하죠. 일부 유럽 스칸디나비아 국가 같은 데서는 실제로 수력 발전이 굉장히 많은 국가의 전기 생산을 담당합니다. 하지만 우리나라의 경우는 지형적인 한계라든지 이런 부분들이 있어서 신재생에너지만으로는 모든 전력을 충당하기가 좀 어렵다는 쪽으로 계속 얘기가 되고 있습니다. 그렇다면 탄소를 배출하지 않는, 사실 배출하지 않는다는 개념보다는 덜 배출하는 발전을 생각한다면 결국은 대안이 원자력 밖에 없지 않나라는 생각이 드네요. 물론 원자력에 지금 국가가 의존하는 정도를 줄이되 그 나머지 줄인 의존도는 신재생 에너지를 조금 더 개발해서 좀 더 강화하는 식으로 해야 되겠지만, 지금 사실 최근 5년 넘게 지금 진행돼 오고 있잖아요. 그렇지만 아직 원전이 역할을 줄일 수 없다는 것은 명확해지는 것 같아서 현재 요구하고 있는 전력량을 처리를 하면서 탄소 배출을 줄이기 위해서는 원전 활용이 불가피한 상황이 아닌가라는 생각이 드네요. 물론 원전 위험성은 분명히 있습니다. 아직 핵폐기물 처리 어떻게 할지 몰라요 그냥 단순히 그냥 보관만 하고 있는 거지

완전한 해결 책이 나온 건 아닙니다.

◉ 최원선 | 네 저도 그린 님과 비슷한 생각인데, 기후 변화에는 여러 원인이 있겠지만 그중 가장 큰 원인이면서도 저희가 대처할 수 있는 게 탄소를 줄이는 것입니다. 그렇다면 화석연료 사용을 반드시 줄여야 하는데 한국은 석탄 사용도가 세계 11위권 정도 되더라고요. 남아프리카공화국, 중국, 인도 등에 이어서 우리나라도 많이 사용하는 나라에 속합니다. 화석 연료를 줄이기 위한 대체 에너지를 개발이 필요한데 현재로서는 우리나라의 새로운 에너지 개발 수준이 만족할 만한 수치가 되지 못합니다. 원자력에 대해 많은 논쟁이 있는데, 탈원전과 탄소 중립이 과연 양립될 수 있을지 의문입니다. 원자력은 안전성의 문제를 가지고 있지만, 우리나라에서 현재 수준에서 탄소를 줄일 수 있는 에너지가 원자력이라면, 완전한 탈원전이 가능할 것인가 생각을 해보게 됩니다.

🏎 정그린 | 전 개인적으로 탈원전을 반대하지는 않습니다. 근데 현실적으로 어려운 점이 있는 것 같고요. 실제로 탈원전을 진행하고 있었던 사례 중 독일이 대표적인 나라라고 할 수 있는데, 독일 같은 경우는 우리나라랑 좀 케이스가 다른 것이 독일은 전기가 순간적으로 부족한 상황에서는 옆나라로부터 사오면 돼요. 우리나라는 아시다시피 주변에 전기를 그렇게 쉽게 사올 수 있는 국가가 없습니다. 일본 역시 전기 부족한 상황이고요. 바로 위에는 북한이 있을 것이고 그다음에 저 멀리서 해양을 통해서 전기를 들어와야 되는데 굉장히 비효율적이죠. 근데 문제는 탈원전을 진행했

던 독일도 결국 전기를 사오는 데가 옆에 프랑스라든지 주변 국가인데요.

🖥️ **고효민** | 러시아 쪽이죠?

🎮 **정그린** | 러시아는 전쟁 때문에 굉장히 독일이 힘들었고 그리고 옆에 프랑스는 당장 원전 의존도가 굉장히 높은 나라 중에 하나입니다. 그러니까 탈원전 굉장히 좋은 어젠다고 분명히 핵 폐기물의 위험성을 고려한다면 궁극적으로는 저도 탈원전을 해야 할 필요성은 있다라고 생각은 드는데요. 지금 현재 우리 산업 사회에서 그리고 우리나라에 처해 있는 지형적 환경에서 굉장히 어려운 문제가 아닌가 싶습니다.

🖥️ **고효민** | 네, 그러니까 탈원전과 탄소 중립 중 무엇이 더 정책적 우선순위가 될 것인가를 정해야 하는 문제인 것 같은데요, 두 가지 모두를 달성하기 위해서는 앞서 잠깐 거론되었던 신재생에너지들의 비중이 올라가는 것만이 유일한 답이라고 할 수 있겠습니다. 신재생에너지는 신에너지와 재생에너지를 합친 단어인데요, 신에너지에는 연료전지와 같은 수소를 활용하는 새로운 콘셉트의 에너지가 있고, 재생에너지로는 잘 알려진 태양광, 수력, 풍력, 해양 바이오 폐기물 등을 활용한 에너지들이 있죠. 2022년도 기준 우리나라에서 이러한 신재생에너지가 전체 전력량에서 차지하는 비율이 9.2% 수준이라고 합니다. 생각보다 비율이 높다고 생각하실 수도 있는데, 이런 신재생에너지의 비율이 더욱 높아지기 위해서는 사실 발전량보다도 공급 측면을 생각해야 합니다. 전기라는 것이 미리 생산

을 해 두고, 그것을 보관하다가 적재적소에 꺼내서 공급하는 식이 아니라 생산된 곳이 바로바로 수요처로 전달될 수가 있어야 하는데, 이런 신재생 에너지들의 특징이 환경의 제약이 크고, 공간적, 시간적 제약이 크다는 점이죠. 그래서, 아직까지는 기존의 화석 연료를 활용한 에너지원이나 원전을 대체할만한 기술 수준에는 도달하지 못했다고 판단이 됩니다.

　　🚜 **정그린** | 사실 에너지 관련 얘기가 나오니까 효민 님께서 에너지 관련 전공을 하셨던 분이지 않습니까?

　　💻 **고효민** | 네, 박막태양전지에 대해서 연구를 했었죠. 사실 제 연구 분야는 태양전지에 활용되는 박막 물질의 결정 성장과 관련된 것이었기 때문에, 여러 에너지들에 대해 폭넓게 알지는 못하고요. 논문 작성 중 배경 지식을 조사하는 과정에서 대략 신재생에너지의 현황 같은 것들은 공부를 좀 하긴 했었죠. 이런 연구를 하면서 느꼈던 것은 사실 태양전지나, 연료전지와 같은 것들을 우리가 신재생에너지라고 얘기를 하지만 그 원재료들을 보면 금속 재료가 정말로 많이 쓰입니다. 이런 대체에너지들의 가장 기본적인 모티브는 화석연료 매장량이 고갈되었을 때 인류가 어떤 에너지원을 사용하며 살아갈 것이냐 하는 것인데, 이런 신재생에너지들도 희토류 금속들이 핵심적인 역할을 하거든요. 그런데, 이런 희토류 금속들은 지구상에서 매장되어 있는 곳들도 한정적이고, 그 양도 화석연료 매장량에 비하면 훨씬 부족하죠. 물론 단위 에너지를 생산할 때 드는 양도 훨씬 작긴 하겠지만요. 결국, 희토류 금속들이 지금의 석유의 지위를 차지하여 그 자

원을 얻기 위해 패권 다툼이 벌어질 수도 있고, 또 전 세계적인 세력 구도가 재편되는 전쟁 같은 일들이 일어날 수도 있고, 조금 과한 상상까지 대학원생 때 해봤었네요.

◉ **최원선** | 탄소 배출을 줄일 수 있도록 화석연료를 대체할 수 있는 신재생에너지에 대해 많은 의견들을 주셨는데요. 배출된 탄소를 흡수해서 줄일 수 있는 탄소 포집 기술이라고 하는 'CCUS'에 대해서 들어보셨나요?

🐾 **정그린** | 이산화탄소를 포집하고 이를 저장하거나 활용하는 전체 시스템 사이클을 아우르는 기술이라고 할 수 있을 것 같은데요. 우선 실제로 우리나라가 탄소 중립을 위해 필요한 이산화탄소 포집 및 활용량은 약 한 2500만 톤 이상으로, 이산화탄소를 우선적으로 포집을 하고 이것을 저장한다든지 아니면 다른 식으로 활용을 해야 됩니다. 따라서 이산화탄소의 포집과 전환 방식이 있을 건데요. 전환 방법으로는 화학적 전환, 생물학적 전환, 광물 탄산화 등이 있는데, 화학적 전환은 쉽게 생각하시면 그냥 미세먼지 필터처럼 먼지가 들어오면 필터에서 흡착이 되면서 통과를 막게 되는 방법같이 흡착제를 활용해서 이산화탄소를 흡착시키고 그것을 모은 다음에 추후에 다시 추출해서 활용하는 화학적 방법이구요. 미세 조류를 배양하고 이것을 통해서 이산화탄소를 다른 형태로 변환시키는 생물학적 방법도 있을 것이고, 최근에는 광물 탄산화가 많이 진행되고 있어요. 시멘트 산업 등에서는 어떻게 보면 굉장히 현대에 친환경적인 산업과 대비되

는 분야이지만 여러 회사들에서 광물탄산화와 같은 탄소포집에 굉장한 노력을 하고 있습니다. 시멘트 소재 혹은 건설 소재 등에 이산화탄소를 같이 활용해서 다시 시멘트를 만드는 사이클 과정에서 이산화탄소를 소화하는 방법, 혹은 이산화탄소와 결합을 시켜서 탄산염 형태로 다시 건설 골재로 사용하는 방법들을 우리나라의 기업 그리고 연구소에서 많이 기술개발 하고 있습니다.

⊛ **최원선** | 전문적인 과학기술에 대해 이야기를 하니까 이공계 두 분은 쉽게 이해할 수 있겠지만, 저는 뭐지? 어렵다? 이렇게 느껴져요. CCUS가 제가 듣기로는 탄소 중립을 위해서는 반드시 필요한 기술이고 이것이 없이는 탄소 중립을 이루기가 어렵다고 알고 있어요. 그럼 국내에서 CCUS 기술의 개발은 어느 정도이고 언제부터 상용화될 수 있을까요?

🚜 **정그린** | 사실 저는 상용화까지는 아직 잘 모르겠고 CCUS 기술은 연구소, 대학 등에서 굉장히 많이 개발이 되고 있는 것으로 알고 있습니다. 기업에서는 당장의 돈이 되려고 하는 기술 개발은 아니겠죠. 탄소 배출권 등에 대해서 비용 저감을 하기 위해서, 물론 환경을 위해서도 노력하겠습니다만, 그런 관점에서 정책적이라든지 원천기술 쪽에 지금 현재 개발이 많이 되고 있는 상황이고요. 탄소 포집을 활용해서 상용화 관점에서 돈을 벌려고 하는 단계는 아직 아닌것 같습니다.

💻 **고효민** | 아무래도 돈을 벌 수 있는 단계까지 가려면, 정책적

으로 탄소 포집에 대한 부분들이 의무화되고 규제가 생기고 이런 단계가 되면, 여러 제조 기업들이 보다 효율적이고 값싼 CCUS 기술을 적용하려고 경쟁을 펼치게 되겠죠. 미국 쪽에서는 이런 것들을 대비해서 이미 스타트업들이 다양한 비즈니스 모델을 시도해보고 있는 것 같고요, 우리나라는 연구단계 수준인 것 같습니다.

🚗 **정그린** | 기후 주제를 넘어서 전반적으로 우리나라의 연구소 대학과 스타트업/산업계와의 연구개발에 괴리가 있는 부분이 조금 아쉽습니다. 앞서 말씀드린 바와 같이 CCUS 기술을 연구소와 대학에서 lab-scale 수준에서 개발하고 있고, 이런 원천기술들이 자연스럽게 스타트업과 산업체로 이전되면서 비즈니스 모델이 정립되는 식으로 흐름이 진행되어야 하는데 이러한 연결고리가 다소 끊어진 느낌이에요. 환경 분야는 장기적인 관점에서 접근해야 합니다. 당장은 돈이 되지 않기 때문이지요. 국가에서 마스터플랜을 확고히 가지고 있어야 당장 돈이 되지 않더라도 기업들이 적극적으로 기술 개발에 뛰어들 것 같습니다.

🌐 **최원선** | 전 지구적 위기인 기후변화에 대해서 이야기를 해봤습니다. 탄소 중립에 있어서 우리나라는 얼마나 진행되고 있는지 그리고 탈원전 정책과 탄소 저감의 효과를 얻을 수 있는 탄소 포집 기술까지 이야기 나눠봤습니다. 기후위기를 막고 탄소 중립을 이루기 위해서는 활발한 기술 개발과 정책적 지원이 뒷받침되어야만 목표에 다가갈 수 있겠습니다.

# 2

## 실험실에서 고기를 만들어 먹을 수 있을까?

◉ **최원선** | 전 세계적으로 축산업을 통해 배출되는 온실가스가 전체 배출량의 14.5%에 이르며 그중 소는 가축 부문 배출량의 약 65%나 차지한다는 유엔 식량농업기구(FAO)의 보고가 있습니다. 소고기가 탄소배출의 주범 중 하나로 의심받고 있는 상황에서, 배양육은 기후위기를 극복하는 여러 가지 대안 중 하나일 뿐만 아니라 식량안보의 측면에서도 미래 먹거리로 꼽히고 있습니다. 배양육이 뭔지 개념에 대해 설명해주시겠어요?

💻 **고효민** | 네, 제가 조금 말씀을 드리면 배양육이라는 말 뜻을 그대로 풀어본다면 육고기를 배양한다 그러니까 기른다는 얘기죠. 실험실에서 직접 배양한 육고기를 식용으로 사용하고자 하는 시도들을 의미합니다. 간단하게 원리를 좀 찾아봤는데, 동물 근육의 줄기세포를 추출해서 필요한 성분들을 잘 갖춰놓은 환경에서 이 세포를 배양해 육고기를 얻어내는 그런 과정을 의미합니다.

◉ **최원선** | 그러니까 고기를 축산 농장에서 키워내는 게 아니라

실험실에서 고기를 만들어낸다. 이런 육류 고기를 말씀하시는 건데 이런 시도들이 필요한 이유는 무엇일까요? 소가 탄소 배출의 주범이라고 보는 분들도 있는데 진짜로 소가 배출하는 탄소가 기후 변화의 주 원인이 맞을까요? 어떻게 생각하세요?

💻고효민 | '소가 탄소 배출의 주범이다.'라는 얘기가 어디서 나왔는지 좀 찾아봤는데요, 가장 거론이 많이 되는 것은 2006년에 유엔 식량농업기구에서 낸 보도자료에 전 세계 축산업에서 배출하는 온실가스의 비중이 전체의 18% 수준인데, 수송 부문 전체의 비율인 13%보다도 더 높다는 결과가 있었습니다. 그러니까 축산업, 그 중에서도 소가 탄소 배출의 주범 중 하나로 지목이 된 거죠. 소가 방귀나 트림 같은 가스를 많이 배출하는데요, 이들이 섭취하는 것이 뻑뻑한 건초 같은 것들을 주식으로 삼기 때문에, 이것이 소화되어 배출되는 메탄이 온실 가스로 작용한다는 논리입니다. 메탄 가스는 이산화탄소에 비해서 약 26배의 온실 효과가 있다고 해서 이런 프레임이 더욱 강화된 면이 있죠. 여하튼 이런 점들 때문에 기후 위기 극복을 위해서라도 육식보다는 채식을 택하고, 또 식물성 대체육을 통해 단백질을 섭취하고자 하는 사람들도 많이 있습니다. 대체육이라는 개념은 배양육보다는 조금 더 넓은 개념인데요, 오늘 저희가 조금 포커싱하려는 부분은 식물성 대체육을 제외한 실험실에서 길러낸 배양육에 대한 부분이고요, 그 전에 과연 소가 정말로 탄소 배출의 범인이 맞는지는 좀 더 얘기를 해 보도록 하겠습니다.

◎**최원선** | 소나 양 등 되새김질을 하는 동물들은 풀을 먹고 장내 미생물이 음식물을 분해하고 발효시키는 소화 과정에서 트림이나 방귀를 통해 온실가스의 일종인 메탄이 발생한다는 거죠. 특히 소가 내뿜는 탄소가 가장 많다고 보고 있고요. 한쪽에서는 소가 자동차보다 많은 탄소를 배출한다는 것은 잘못된 통계 방식으로 누명을 쓴 것이고, 오히려 소의 배설물은 토양의 질을 높이고 토양의 탄소 저장 능력까지 향상한다는 의견도 있어요. 최근 덴마크 정부는 2030년부터 소와 돼지 등 가축이 배출하는 이산화탄소에 세금을 매기기로 했다고 발표했습니다. 소가 온실가스 주범이냐 아니냐라는 것은 계속 논쟁이 있는 문제라 지금 결론을 내릴 수는 없지만, 탄소의 양의 차이는 있으나 배출을 하고 있는 건 사실이죠. 또 미래 식량 개발의 차원에서도 배양육을 고민하는 문제는 필요하다고 생각합니다. 저는 배양육은 아직 먹어보지 못했지만 식물성 고기로 만든 대체육은 먹어봤어요.

💻**고효민** | 저희 회사에서도 콩고기 같은 음식을 되게 많이 공급을 해주고 있어요.

◎**최원선** | 맛이 어때요?

💻**고효민** | 저는 핫도그만 먹어봤는데, 정말 식물성인지 동물성인지 모를 정도로 맛있고 식감도 비슷하더라고요. 콩고기로 만들었다고 하는데 메뉴 이름으로 안내되어 있지 않았으면, 아마 인지를 못했을 것 같아요.

🐾 **정그린** | 저는 한 번씩 채식 뷔페에 가요. 충주시 신리면에 가면 쌈으로 유명하신 분이 운영하시는 채식 뷔페가 있거든요. 다양한 쌈채소를 먹다 보면 고기가 자연스레 생각이 나는데 역시 콩고기가 있어요. 간장 양념과 빨간 양념 두가지로 나오는데 정말 맛있어요. 물론 소고기 등과의 질감은 차이가 나는데, 콩고기 특유의 질감과 향이 매력적으로 다가왔습니다. 배양육은 아직 못 먹어봤는데, 소고기 맛을 그대로 재현하는 것도 좋지만 배양육 나름의 새로운 맛과 매력을 보여주는 것도 좋을 것 같아요.

🌐 **최원선** | 저는 식물성 고기를 외국에서 먹어봤는데 약간 육전 같은데 고기랑 다르다는 걸 확 느꼈어요. 사실 제가 육식보다는 채식을 좋아하는 데 육식을 좋아하시는 분들은 그 미묘한 차이 때문에 아직은 육고기를 더 선호하지 않을까라는 생각이 들긴 합니다. 소고기가 인간의 영양분에 필요한 단백질 공급원이기 때문에 육류를 포기할 수는 없으니 대체육이나 배양육 이런 것들이 필요하다고 생각합니다. 그럼 현재 우리나라의 배양육의 기술 수준이 어느 정도인지, 우리나라에서 이렇게 배양육을 사서 먹을 수 있는 건 언제쯤이라고 생각하세요?

🐾 **정그린** | 마찬가지로 연구소에서는 활발히 연구가 되고 있고요. 관련 스타트업 기업들이 많이 생기고 있는 상황인 것 같습니다. 물론 일단은 뭐 맛있는 것도 중요하지만 기본적으로 첫 번째는 식량 대체겠죠. 계속 식량 위기설 나오고 있잖아요. 결국은 맛은 부차적이고 1차적으로는 기존 단백질 섭취를 대체할 수 있는 배양육이 나올 수 있을 것이냐에 초점

을 두고 기술 개발을 하고 있는 상황인 것 같습니다. 우리나라 역시 최근에도 계속해서 고단백 배양육 많이 개발하고 있습니다. 파우더 형태로 많이 개발을 하고 있는 상황인데요. 국내 한 업체에서 연구진과 개발한 고단백 배양육 파우더는 약 48%의 단백질 함량을 가지고 있다고 보고한 적이 있고 상용화에 거의 근접해 있는 상황이라고 알고 있습니다.

개인적인 경험으로는 지난번 학회를 한번 갔는데 배양육 관련해서 연구한 결과를 본 적이 있습니다. 옆에 계신 다른 교수님 분이 발표자에게 실제로 연구하면 직접 먹어도 보냐고 질문을 했어요. 사실 보통 배양육 연구를 하면 단백질 함량이라든지 비타민 함량이라든지 이런 함량 분석을 하고 또 재료가 어떤 재료를 가지고 구성되어 있는지 단백질의 형태는 어떤지 이런 분석을 하면서 과학적 정보를 보고하는데, 사실 우리 입장에서는 먹는 게 제일 중요하잖아요. 그래서 결국에는 먹는 것이니까 먹어봤냐고 물어봤어요. 발표자는 안 먹어봤고, 지도 교수님은 드셔 보셨는데 소고기에 비슷해졌다고 하더라고요. 아직 콩고기는 약간 이질감이 느껴진다는 점을 감안할 때 그보다는 조금 더 소고기 같은 느낌은 약간 들었다고 하더라고요.


🩺 **서연주** | 사실 저는 아직까지는 대체육이나 배양육을 먹어보지 못했는데, 실험실에서 인위적으로 배합해서 만든 식량에 대한 막연한 거부감이 있는 것 같아요. 내과 의사이다 보니 환자들이 잘못된 건강기능식품이나 음식을 먹고 탈이 나서 오는 경우도 많이 보고요. 배합 구성이나 맛은 어떨지도 궁금하네요.

◎**최원선** | 배양육 만드는 영상을 봤는데 배양육이 염분이 좀 높대요. 왜냐면 아직은 우리 기술 수준이 맛을 고기와 비슷하게 만들기 위해서 배양육 제조 과정에서 불가피하게 첨가물을 많이 넣을 수밖에 없다고 하더라고요. 근데 맛은 거의 흡사한 수준까지 왔다고 합니다. 문제는 배양육을 만들 때 소 태아 혈청으로 만드는데요. 결국은 임신한 소 그러니까 그 소의 태아가 필요한 거죠. 그렇게 되면 우리가 도축을 줄이고 탄소를 줄이기 위해서 배양육이 만드는 것인데 과연 효과가 있을까 하는 생각이 듭니다.

💻**고효민** | 배양육 기술 초기에는 소 태아 혈청으로 진행을 했었는데, 요즘에는 소 태아 혈청이 아닌 다른 세포들에서 추출하기도 하고, 거의 아미노산 레벨에서부터 출발해서 배양을 하는 수준으로 기술이 많이 발전되어 있는 상황이고요. 말씀하셨던 도덕적인 부분들은 그래도 많이 해결되어 오고 있는 것 같더라고요.

◎**최원선** | 네 계속 전환은 되고 있다고 하더라고요. 근데 예전에 비해 많이 가격이 낮아지긴 했지만, 여전히 가격도 좀 높아요. 맛있고 가격이 싸야 사람들이 고기 대신 배양육을 선택할 텐데 아직은 가격 면에서도 맛에서도 길러낸 가축보다는 부족하다고 봅니다.

💻**고효민** | 배양육 기술이 발전해서 공급량이 많아지면, 설국열차 꼬리 칸에서 먹던 바퀴벌레들이었나요? 연양갱 모양의 그것처럼 공급될 수 있겠다는 생각도 들어요. 맛은 좀 덜하지만 영양은 풍부해서 서민들이

쉽게 접할 수 있는 그런 음식. 제국주의 시대 때 옥수수, 고구마, 감자 같은 구황작물들이 그런 역할들을 했었죠. 지금도 소고기는 맛있는 음식, 비싼 음식의 대명사인데, 배양육이 일반화되는 시대가 오면 동물을 잡아서 만든 고기는 초고급 음식이 되고, 배양육은 서민을 위한 값싼 음식이 되고 그럴 수도 있지 않나 싶네요. 그리고 아까 제가 2006년 유엔 식량농업기구의 발표로 소가 메탄 가스를 배출하여 탄소 배출의 주범으로 지목되었다고 말씀 드렸잖아요. 그런데, 그 부분에 대해서 축산업에 종사하는 부분들은 반대 의견들을 많이 내고 있습니다. 이 통계가 수송 부문은 전체적인 평균치를 기준으로 추산을 하였고, 축산업의 경우에는 메탄 배출량이 가장 높은 착유를 위해 길러지는 젖소를 기준으로 추산된 통계라고 주장하고 있습니다. 한 마디로 불리하게 집계된 조사라는 거죠. 그리고 우리나라에서는 전체 산업에서 축산업의 비중이 크지 않아서, 탄소 배출량 중 축산업이 차지하는 비중이 약 1% 수준이라고 합니다. 그래서 소고기가 정말 맛있잖아요? 이렇게까지 꼭 이것을 대체해야 하는 것인가, 하는 생각도 좀 들긴 해요.

🐌 **정그린** | 결국 복잡하게 얽혀 있는 것 같아요. 일단은 1차적으로 식량 위기를 나중에 해결할 수 있는 방안으로서 연구를 하는 점이 있을 것이고요. 두 번째는 동물복지 관점에서 필요한 얘기고요. 채식주의자가 많아지는데 채식하시는 분들의 이유는 사실은 동물복지 측면도 있거든요. 그런 부분들 그리고 환경적인 요소들, 기후위기와 엮여서 돼지 구제역 등 점점 가축을 키우기가 어려워지는 환경에서 비용이 더 많이 들 것 같고 또한 규제도 많을 것 같고요. 그렇다면 궁극에는 소고기 가격이 올라가서 지금처

럼 쉽게 먹기가 어려워질 수도 있을 것이고 이런 여러 요인 때문에 배양육 개발을 하고 있는 것 같고 어느 이유에서든 필요하다는 생각은 들어요.

◎ 최원선 | 기후 위기에 대응하는 방안 중의 하나로 가축을 직접 기르지 않고 실험실에서 만들어서 먹으며 단백질을 보충할 수 있는 배양육에 대해서 현실과 전망에 대해서 이야기 나눠봤습니다. 배양육은 탄소를 줄일 수 있고 동물의 도축을 줄 일 수 있고 식량안보 측면에서도 식량을 대체할 수 있다는 이점이 있습니다. 반면 아직은 가격과 맛에 있어서 부족한 면이 있습니다. 기술적으로 더욱 발전하고 정책적으로 지원하면 앞으로 기대했던 효과를 얻을 수 있으리라 기대해봅니다.

# 3

## 기후 위기 극복을 위한 신기술은?

&#9673; **최원선** | 기후 위기 원인의 중요한 부분 중 하나죠. 수송 부문에서의 온실가스 배출량을 획기적으로 줄여줄 수 있는 전기차 같은 경우는 이미 우리 일상에 깊숙이 들어와 있고 주변에 전기차 가지신 분들도 참 많더라고요. 자율주행의 경우에는 차선 유지, 차간 거리 조정, 속도 조정 등의 기본적인 단계의 운전보조 시스템은 이미 대부분 차량에 적용이 되고 있습니다. 오늘 저희는 이러한 전기차와 자율주행에 대한 일반적인 얘기보다는 온실가스 감축 관점에서 효과를 중점으로 얘기 나눠볼까 합니다.

&#128421; **고효민** | 우선 시작하기에 앞서서, 결론부터 좀 얘기하겠습니다. 전기차와 자율주행은 탄소 중립에 기여하는 효과가 하나도 없습니다. 하나도 없다고 하면 조금 과장되게 얘기한 것 같고요, 말씀드리고자 하는 바는 실제 자동차가 굴러가는 과정에서는 당연히 내연기관을 이용하는 것보다 전기차의 탄소 배출량이 훨씬 적을 텐데요. 전기차를 생산하는 과정에서 더 많은 양의 탄소가 배출된다. 이런 개념으로 이해해주시면 될 것 같습니다. 전기차용 배터리 1대를 생산하는데 약 4.2톤의 이산화탄소가 발생

하는 것으로 알려져 있는데요. 이 수치만 따져도 같은 조건에서 내연기관 차가 배출하는 탄소보다 많은 양이라고 합니다. 그리고 다 쓰고 남은 폐배 터리를 처리하는 과정에서도 탄소가 추가로 배출되고요.

　　🌐 **최원선** | 근데 전기차는 내연 기관이 없기 때문에 운행하는 동 안에는 배기가스라든지 그런 온실가스 배출이 안 되잖아요. 그래서 오래 쓰 면 효과가 있지 않을까 해요. 비슷한 사례로 텀블러를 예로 많이 드는데 일 회용 컵을 만드는 것보다 텀블러를 만드는 데 더 많은 온실가스가 발생이 한대요. 그렇기 때문에 환경 보호를 위해서는 텀블러를 몇 백 번 이상 써야 지 그 효과를 볼 수 있다라고 해서 뒤통수 맞은 느낌이었어요. 전기차도 마 찬가지로 물론 생산 과정에서의 온실가스 배출은 불가피한 상황이지만 그 걸 오래 쓴다면 내연기관이 있는 차량보다는 환경에 도움이 되지 않을까 생 각을 해요. 아까 효민 님이 "효과가 없습니다."라고 말해서 놀랐네요.

　　🐢 **정그린** | 사실 그런 것들이 다 고려가 되어서 전주기 평가라 고 하는 과정을 거치거든요. 근데 그 전주기 평가에서 어떤 변수를 집어넣 고 어떤 변수를 제외하고 이런 거에 따라서 결과가 달라지기는 하죠. 물론 몇 년 정도 사용하고 나면 그 뒤로는 오히려 더 환경적으로 우세할 수 있 다. 근데 텀블러에 비해 전기차가 가지는 가장 큰 차이는 전기차는 한번 만 들어진 그 자체로 운행되는 건 아니고 운행을 위해서는 계속 전기가 필요 하다는 점이죠. 결국은 계속해서 전기를 생산해서 끌고 와야 전기차를 운 행할 수 있는데, 여기서 사용되는 전기 역시 화력 발전 등 계속해서 환경오

염을 유발하고 기후 위기의 원인이 되죠. 즉, 텀블러는 이미 만들어지면 별도 비용 없이 그대로 계속 사용할 수 있지만 전기차는 사용하기 위해서는 추가적인 전기가 드는데, 미래에 자율주행기술까지 완성되면 더 많은 전기가 필요하게 될 것입니다. 기타 전기충전 인프라를 깔 때 추가적인 환경오염이 수반될 것이고요. 그리고 일례로 한 개만 더 얘기를 하면 전기차가 배터리 무게 때문에 내연기관보다 훨씬 무겁습니다. 그래서 타이어 마모가 훨씬 더 심해요. 그 말은 도로에 타이어 분진들이 훨씬 더 많이 생길 수 있는 것인데, 타이어가 굉장히 또 환경에 가장 안 좋은 물질 중에 하나이기도 하거든요. 그런 부수적인 요소들이 전기차 운행이 계속됨에 따라 나오는 것들이기 때문에 해당 요소들을 고려한다면 친환경 되는 사용 기간이 훨씬 더 커지지 않을까, 특히 폐배터리 문제는 말할 것도 없고요. 단, 제가 환경적인 측면에서 전기차가 그리 친환경이 아니라는 말씀을 드리는 것이지 내연기관에 비해 환경오염이 더 심하다는 말씀을 드리는 것은 아닙니다.

🌐 **최원선** | 저는 전기차는 탄소배출을 줄이는 데 도움이 된다고 알고 있었는데 두 분 말씀 들어보니까 참 어려운 문제네요. 많은 국가에서 전기차 전환을 정책적으로 추진을 하고 있고 우리나라도 전기차에 세금 감면 혜택 이런 것들을 주잖아요. 그래서 과연 이게 정말 실효성이 있는 문제인가를 조금 더 고민을 해봐야 될 것 같아요. 그렇다면 생산 과정에서 발생하는 에너지원을 친환경 에너지인 대체 에너지로 전환이 시급하다는 생각이 듭니다. 여러분들의 생각은 어떠신가요?

🐞 **정그린** | 물론 전기차 자체를 운행하는 거에 있어서는 다른 방식보다 훨씬 더 친환경적이라고 저는 생각을 합니다. 단지 전주기 관점에서 보면, 그 전기차에 들어가는 배터리 포함해서 그걸 만들고 운행하는 데는 조금 친환경일 수 있겠지만, 폐배터리 문제 등도 복합적으로 고려해야 합니다. 다만, 운행 자체는 더 친환경적이라고 생각합니다. 운행 자체는 저는 조금 더 친환경적이라는 생각은 있거든요. 그 이외에 전기를 생산하는 부분, 폐배터리 처리 이런 요소들에 대한 기술 개발이 조금 더 있다면 또 친환경적일 수도 있다는 생각은 합니다.

🖥 **고효민** | 아까 전주기 평가를 말씀하셨는데, 결국 에너지의 관점에서도 자동차가 내뿜는 탄소, 소가 내뿜는 탄소 이런 개념이 아니라 전체적으로 얼마나 많은 양의 에너지를 친환경적으로 만들 수 있느냐가 결국 핵심이라는 거죠. 전기차가 도입되어도 전기를 만드는 데 탄소가 배출되면 그 효과가 반감되니까요. 신재생에너지에 대한 더 혁신적인 기술 개발이 필요합니다. 말씀드린 적 있지만, 신재생에너지의 수준은 아직까지 화석 연료나 원전을 대체할만한 수준에 도달하지 못했죠. 미래에 정말 친환경에너지를 주로 쓰는 세상이 되려면 수력, 풍력, 태양광 등 어떤 주 에너지원이 전체의 50% 정도를 차지하도록 중심을 잡고 있고, 나머지 에너지원들이 그것을 보완하는 형태가 되어야 하겠죠.

그래서 이런 신재생 에너지들이 우리 사회에 조금 더 이렇게 깊게 들어와야 되는데 아직까지는 지금 신재생에너지의 수준들이 저번에도 한번 말씀을 드렸지만 즉각적으로 전기 수요를 감당할 수 있는 수준으로 발전이 돼 있는 상황이 아니고 그 신재생에너지들이 지금 토털에서 우리나라에서 한 9% 정도의 발전량을 감당하고 있어요. 수소, 태양광, 수력, 풍력 이런 것들이 짜잘하게 모여가지고 9%가 된 거거든요. 그러니까 이게 사실은 뭐 하나가 도미넌트한 에너지원이 하나가 딱 있어야 돼요. 지금 전 세계적으로 외치는 기후 위기나 탄소 중립과 같은 것들이 사실 허상인 경우가 많습니다. 독일도 러시아에서 가스 공급이 끊기게 되니 탈원전 정책에 큰 차질이 생기고 있고요, 영국에서도 북해 유전의 매장량이 점점 줄어들게 되니, 경제가 휘청이고 있죠. 선언적 의미의 탄소 중립이 아니라, 정말 우리가 화석 연료를 사용하지 않고도 지금의 에너지 수요를 감당해낼 수 있느냐 하는 관점에서 치열하게 기술 개발을 해야 한다고 생각합니다.

◉ **최원선** | 정리해 보자면 전기차로 전환은 반드시 필요하나 현재 기준으로서는 온실가스 감축 효과가 그렇게 크지는 않다는 의견이신 거죠? 아까 초반에 효과가 없다 이렇게 굉장히 강력하게 말씀을 하셔서….

🚗 **정그린** | 미래에는 전기차로의 전체 전환 흐름으로 갈 수 있겠지만, 오히려 유럽 같은 국가는 전기차로의 전체 전환을 시도하다가 현실적으로 좀 시간이 걸리는 문제라는 걸 인식을 하고 최근에는 친환경 연료를 개발하는 쪽도 같이 병행을 하고 있습니다. 일반 휘발유를 쓰는 내연기관차에서 휘발유를 조금 더 친환경적으로 생산을 하고 혹은 친환경 재료 물질이랑 같이 혼유해서 활용을 하는 엔진을 개발한다든지 이런 쪽으로 변형을 두고 있고요. 사실 전기차는 에너지원을 어쨌든 전기로 씁니다. 그 말

은 방금 말씀하신 대로 전기 생산하는 데 있어서의 탄소 문제 해결이 선행되지 않으면 태생적으로 완전 친환경이다라고 얘기를 하기는 좀 어려운 부분이 있죠. 따라서 전기를 수소로부터 생산해서 운행하는 수소전기차를 개발하는데요. 물론 지금은 수소를 화력 발전에 생기는 부생수소를 활용하기 때문에 전혀 친환경적이지 않습니다. 하지만 계속해서 수전해와 같은 친환경적인 수소 생산 기술을 연구개발 하고 있기 때문에, 향후에는 수소차 그리고 클린 친환경 내연기관차 그리고 전기차 이 세 가지 종류의 콘셉트의 차들이 경쟁하며 국가별 지역별로 조금 더 적합한 방향으로 향후 친환경 모빌리티 시장이 재편될 것 같습니다.

🖥 **고효민 |** 제가 조금 이과적인 얘기를 하나 하자면, 사실 우리 지구상의 에너지는 딱 하나밖에 없어요. 바로 태양에너지죠. 그 태양에너지를 식물이 광합성을 통해서 저장하죠. 그리고 그것을 다시 동물이 먹죠. 그 에너지들이 결국 돌고 도는 것이고, 그 중에 어떤 형태로 저장되어 있는 에너지가 사람이 다루기 편하고 에너지 변환 효율이 좋아서 동력으로 사용하기가 좋으냐 하는 방향으로 기술이 개발되어 왔던 거죠. 그래서, 이런 신재생에너지나 대체에너지와 같은 단어들도 너무 선언적이에요. 화석 연료도 결국 생물체로부터 비롯된 에너지 아닙니까? 이런 부분들이 너무 선언적으로 활용되지 말고, 각 에너지의 특징들이 잘 구분되고, 또 활용될 수 있으면 좋겠습니다.

🎙 **서연주 |** 맞아요. 그래서 가장 효과적인 해결 방안은 자연에

있다는 이야기도 들어본 적 있어요. 광합성을 통해 태양에너지를 변환하는 과정, 그리고 식물이 이산화탄소를 흡수해 변환하는 과정 모두 자연에서 일어나고 있는 일이니까요.

🏍️ **정그린** | 에너지는 쉽게 생각하시면 제로섬 게임이에요. 어디서 생성되면 분명히 다른 데서는 소모가 되는 거라서 절대적인 그러니까 무적은 없죠.

🖥️ **고효민** | 그런 건 없는 거고 이게 그 부산물이 얼마나 많이 나오냐 그러니까 전체 총량의 탄소 양은 똑같은데 그중에 $CO_2$랑 메탄으로 얼마나 나오느냐 그게 결국에 문제이긴 한 거죠.

🌐 **최원선** | 신재생에너지 개발이 우선이 되어야 하겠네요. 그럼 전기차에 이어서 요즘에 자동차에 자율주행 시스템이 많이 장착되고 있잖아요. 자율주행이 온실가스 감축 효과가 있다 없다 이런 논쟁이 있는데 자율주행 차량이 온실가스 감축 효과가 있을까요? 자율주행 차량의 장단점과 기술적 과제는 뭐가 있을까요?

🏍️ **정그린** | 친환경 내연기관, 수소차, 전기차 얘기를 드렸는데 사실 자율주행과 결부시켜서 생각해 보면 그런 면에서는 전기차가 향후에 친환경적으로 발전할 가능성이 있다는 생각이 드는 게 이게 자율주행이랑 엮이다 보면 아무래도 절대적인 차량 대수가 줄어들 가능성이 있거든요.

운전사가 필요가 없어 공유가 가능하거든요. 그래서 전기차는 자율주행이랑 엮어서 같이 고려하면 훨씬 더 친환경적인 면도 있을 것 같다는 생각은 듭니다.

💻 **고효민** | 이것도 전기차와 비슷한 연구 결과가 있는데요, MIT의 수미아 수다카르라는 분의 발표에 따르면, 현재의 탄소 저감 조치와 하드웨어 효율 향상 속도가 유지될 경우 자율주행 차량의 탄소 배출량은 줄이기 어려울 것이다. 자율주행 차량에 장착되어 있는 10대의 카메라가 거미줄처럼 얽혀 있는 통신망을 통해서 데이터를 주고받고 그것을 분석하고, 그것을 다시 의사 결정하고 피드백하고 그런 과정 속에서 소모되는 데이터를 소화해내기 위한 데이터 센터의 운영 과정에서 배출되는 탄소의 양이 어마어마하게 늘어날 것이라고 합니다. 이 경우는 완전 자율주행 시스템의 경우에 한한 것입니다. 수치로 보면, 자율주행 차량 10억 대가 운영될 경우 $21.6 \times 10^{16}$개의 연산이 이루어지는데, 이는 전 세계 페이스북 데이터 센터가 현재 처리하고 있는 양과 맞먹는다고 합니다. 하지만, 앞서 그린 님이 말씀해주신대로 자율주행이 본격화되면 그만큼 교통정체가 줄어드는 효과가 있겠죠. 자율주행차가 현재 차량의 80%를 대체하게 될 경우에 도로 위의 차량의 수가 지금의 절반으로 줄어들 것이라는 추산이 있는데, 이러한 점들도 함께 고려가 필요하겠죠. 당연히 데이터 센터의 하드웨어 효율이나 성능 같은 것들도 점점 발전을 할 것이고요.

🛵 **정그린** | 데이터 센터도 어떻게 보면 향후에 결국 재생에너지

가 돼야죠. 전기를 굉장히 많이 먹고 사실 거기서 발생되는 열도 무시 못하거든요. 그게 결국 또 지구온난화랑 연관성도 생길 수 있는 거고 그러니까 전기차 자율주행만의 분제는 아니라고 봐요. 자율주행 기술의 부수적인 데이터센터에 대한 전기 문제, 열 관리 이런 것들까지 전부 다 좀 어느 정도 기술적으로 성숙이 되어야 마침내 교통 용량 등 장점들을 활용해서 친환경적으로 갈 수 있겠죠. 한두 기술 개발된다고 해결될 문제는 아니겠네요.

⊛**최원선** | 기후위기 극복을 위한 신기술에 있어 현재 우리나라 수준과 앞으로의 기술 개발을 위한 방향성에 대해 논의해보았습니다. 이야기 듣다 보니 기후 변화에 대응하는 방법이 참 똑 부러지는 게 없구나, 대체 에너지로 빨리 전환하는 게 중요하다는 생각을 해봅니다.

기후 위기와 대응 방안을 얘기해 봤는데, 온실가스 줄이면 정말 기후 위기를 막을 수 있어? 도움이 돼? 라고 생각하실 수도 있어요. 그럼에도 인간이 막을 수 있는 최소한의 노력을 할 수 있는 것들은 다 해봐야 하지 않을까 라는 생각으로 저희가 몇 가지 대응 방안에 대해 이야기해봤습니다.

# 탄소 중립을 위한 탄소세 도입 해야 한다 VS 안 된다

🎤 **이효진 (사회)** | 화석연료 사용을 좀 억제하고 대체 에너지 개발을 촉진하기 위해서 탄소세를 도입해야 한다는 논의가 많이 되고 있습니다. 먼저 탄소세가 무엇인지 말씀드리면 이산화탄소를 배출하는 석유, 석탄 등 각종 화석 에너지의 사용량에 따라서 부과하는 세금을 뜻합니다. 그렇다면 한국에서 탄소세 도입이 필요할까요? 탄소세를 도입해야 하는가에 대해 찬성측은 고효민 님 반대측은 최원선 님이 토론하겠습니다.

💻 **고효민 (찬성)** | 먼저 저희가 임의로 찬성측, 반대측을 정해서 토론을 하는 것이라는 것을 말씀드리고 싶고요. 제가 찬성이라고 해서 진짜 찬성인 것이 아니라는 점을 사전에 고지하겠습니다. 먼저 제가 찬성 쪽 모두 발언을 할까요? 특별하게 따로 준비하지 않았는데 기후위기는 지금 우리 사회에 닥친 가장 근본적이고 중요한 문제라고 할 수 있습니다. 탄소세는 여러 가지 기후 위기들을 근본적으로 효과적으로 대처해 나가는 가장 적극적이고 능동적인 방법입니다. 직접적으로 탄소를 배출하는 주체들에게 아주 직접적이고 직관적인 세금을 부과해서 이를 통제하고 이를 정책적으

로 제어하는 가장 효과적인 수단이라고 할 수 있기 때문에 이 기후위기를 우리 인류가 반드시 해결해야 하는 당면 과제라고 생각하는 입장이라면 어떠한 형태로든 피할 수 없는 반드시 도입해야 되는 부분이라고 생각합니다.

⚙ 최원선 (반대) | 그럼 제가 반대측 입장을 대변해서 이야기해 볼게요. 먼저 '문제 해결을 세금으로 해서는 안 된다.' 라는 의견을 드리고 싶어요. 그래서 탄소세는 이중과세라는 생각을 하고 있습니다. 지구 온난화를 막기 위해서 '온실가스 배출권 거래제도'라는 게 도입이 됐어요. 교토 의정서에 의해서 국가별로 규모와 상황을 고려해서 온실가스 배출 허용량을 할당 받고 그 허용량에 따라서 배출을 적게 할 경우에 남은 배출권을 팔아서 이익을 누리게 할 수 있는 제도입니다. 온실가스 중에 이산화탄소 비중이 가장 높기 때문에 이를 규제하기 위해서 마련된 제도입니다. 우리나라에서는 이 제도를 2015년부터 시행하고 있습니다. 이미 정부가 기업에 탄소 배출할 수 있는 할당량을 주고 기업이 남으면 팔고 모자라면 살 수 있어요. 그래서 탄소를 많이 배출하는 업체들은 배출권을 구매하는 방식으로 비용으로 이미 내고 있기 때문에 탄소 배출량에 따라 또 세금을 매긴다면 이중과세라고 생각합니다.

🎤 이효진 (사회) | 네 이렇게 의견을 찬반으로 말씀을 해 주셨는데요. 근데 탄소세가 사실 저도 공부를 조금 해보니까 이중 부담에 대한 얘기가 좀 많더라고요. 그리고 뭘 하려면 국민적인 여론을 먼저 형성을 하고 해야 되는데 제도적으로 세금으로 먼저 하니까 순차적인 접근이 아니다 라

는 얘기가 좀 많더라고요. 어때요?

🖥 **고효민 (찬성)** | 네 일단 이중과세 문제는 비단 이 경우에서만 나타나는 것은 아니고, 대부분의 세금들이 이런 이슈를 안고 있습니다. 제 생각에는 이 탄소세라는 것이 얼마나 직관적이고 효과가 있는 정책이냐에 대해서 먼저 논의가 되고 난다면 이것이 이중과세나 이런 부분들에 대한 약간의 불공평함이 있다 하더라도 그 부분은 추후에 해결하면 되는 것이지 이것을 반대하는 논거로 제시하기에는 조금 약하다는 생각입니다. 우리나라가 탄소 배출이 전 세계적으로도 10위권 안에 드는 많이 배출하고 있는 나라 중에 하나인데요. 2009년도에 저희가 처음으로 '탄소 배출량을 얼마로 조절해보겠다.'라고 목표를 세웠습니다. 그런데 지금까지 단 한 해도 그 기준을 충족을 한 적이 없습니다. 아까 말씀하신 게 2015년에 배출권 거래 제도가 처음으로 시행이 됐는데 결국엔 그 제도를 통해서 우리나라가 국제적으로 합의한 탄소 배출량을 한 번도 맞춰주지 못하고 있다는 거예요. 그러면 조금 더 적극적이고 직접적으로 그 주체들에게 부담이 될 수 있는 규제가 필요한 상황이 아닌가 이렇게 생각을 하고 있습니다.

🌐 **최원선 (반대)** | 친환경으로 점진적 개조는 반드시 되어야 한다는 의견을 갖고 있습니다. 그런데 지금 우리나라는 탄소세를 도입하기에는 참 어려운 환경이다라고 말씀드리고 싶은 게 우리나라는 반도체, 철강, 석유화학 같은 탄소 배출이 많은 업종 비중이 굉장히 높은 나라예요. 그래서 세금이 증가하면 우리 주요 산업에 있어서 산업 위축을 가져오게 될 거

고 그 영향으로 가격 경쟁률도 낮아지고 결국은 수출도 감소되고 경제 둔화를 가져올 수 있을 것입니다. 그렇게 되면 기업들 특히 대기업들은 탄소세가 없는 나라로 이전을 할 수 있겠죠. 가뜩이나 우리나라 제조업들이 공장을 다른 제3국으로 이전하는 경우가 많은데 이런 주요 산업들조차 탈 한국해서 탄소세 없는 국가로 이전할 수 있죠. 그럼 결국은 국내 일자리도 줄어들고 경제 둔화까지 영향을 줄 수 있다라고 생각이 듭니다.

이게 기업뿐만 아니라 결국은 우리 일반 소비자한테 피해가 가요. 왜냐하면 탄소세를 물리면 기업은 이익을 취득을 해야 되니까 상품의 가격을 올리겠죠. 그러면 결국은 개인에게 책임을 물리는 상황이 돼 버리는 거죠. 탄소세를 도입하면 소비자 부담이 증가될 수밖에 없어요. 그럼 부담을 줄이기 위해 정부는 법인세나 부가가치세 이런 거를 좀 낮춰서 세율을 조정하는 정책이 뒤따라야 하겠죠.

근데 문제는 에너지를 소비하면 무조건 발생할 수밖에 없는 게 탄소인데 그럼 에너지 빈곤층은 점점 더 에너지를 소비하는 데 부담이 될 수 있습니다. 전기라든지 석유, 석탄 가격이 오를 것이고 한여름이나 한겨울에 에너지를 사용하는데 있어 더 부담이 되어 냉난방 시설 사용을 줄이게 되어 빈곤층에게 더 고통을 줄 수 있겠죠. 그래서 결국은 빈곤층들에게 더 피해를 줄 수 있는 문제라고 봅니다. 단순히 '너네 탄소 많이 배출하니까 돈 더 내야 돼.'라며 해결하는 것이 아니라 빈곤층 개인에까지 피해를 줄 수 있는 문제라는 것을 고려해야 합니다. 또 과연 탄소세를 물리면 정말 온실가스를 축소하는 데 도움이 될 것인가에 대한 것도 모호하다고 생각을 합니다.

💬 **고효민 (찬성)** | 여러 가지 요인들이 있겠지만 탄소세를 도입하고 나서 이산화탄소 배출량 자체가 많이 감소됐다는 건 여러 나라의 사례를 통해서 입증이 된 부분이라고 생각하고요. 실제로 독일의 경우에는 탄소세를 처음 도입한 1999년부터 2003년까지 4년 동안 약 700만 톤의 이산화탄소 배출량을 감소시킨 부분이 있어요. 2005년도에는 1990년대와 비교해서 25%의 이산화탄소 배출량이 감소되었습니다. 그러니까 이런 식으로 탄소세를 직접적으로 도입을 했을 때 효과를 본 사례가 있어요.

그리고 말씀하신 것처럼 탄소세가 가지고 있는 가장 큰 부작용이나 리스크라고 할 수 있는 부분은 에너지를 소비하는 것을 결국 기업들이 감당을 해야 되는 거죠. 그 기업들이 생산해내는 재화의 가격이 올라가면서 일반 대중들이 그 짐을 나눠지게 되는 형태가 될 텐데 그런 부분들은 추후에 정책적 밸런스를 통해서 조정을 해서 맞춰 나가야 하는 부분입니다.

우리나라가 온실가스 배출량의 기준을 못 맞추고 있는 상황에서 탄소세를 직접적으로 도입하지 않고서라도 다른 방법으로 뭔가를 해야 될 텐데요. 탄소세를 통해서 나타나는 부작용이 걱정이 된다고 해서 이것을 애초에 도입 논의조차 하지 않는 것은 방향성이 맞지 않다고 생각을 하고요. 그래서 실제로 탄소세 도입 시 발생할 수 있는 저소득층 부담이 커지는 부분들에 대한 대안으로 탄소세 배당을 통한 기본소득 이런 얘기도 있고요. 탄소세를 통해 걷은 세금으로 저소득층 지원을 더 많이 해주는 세금 분배 정책도 있어요.

제가 2023년도 중앙일보에 난 기사 중에 조금 괜찮아 보이는 대안을 본 게 있는데, 사치세라고 불리는 고가의 제품들을 만드는데 거기에다가 탄소세를 조금 더 부과하는 형식으로 세금 설계를 했더니 고가층의 소비가 오히려 위축이 되면서 자동적으로 탄소세에서 나타날 수 있는 문제를 완화할 수 있어요. 전 계층이 똑같이 부담을 하게 되면서 빈곤층이 상대적으로 더 타격을 받는 부분들이 조금 완화가 될 수 있다는 거예요. 그러니까 이건 세금을 어떤 식으로 설계하든지 해서 해결을 해야 되는 문제지 부작용이 있으니 논의를 하지 말아야 한다는 건 아니라고 생각합니다.

◎ **최원선 (반대)** | 사치세 말씀을 하셨는데 저는 비유가 안 맞다고 생각하는 게 탄소세 도입 취지가 탄소 배출을 많이 하는 기업에 대해서 물리는 세금으로 네거티브 인센티브를 주는 거예요. 근데 사치세는 결국은 세수를 거둬들이기 위한 수단일 뿐이죠. 사람들한테 나눠준다고는 하지만 세수를 늘리기 위한 수단이지 탄소를 줄이는 효과가 있지는 않다는 생각이 듭니다.

💻 **고효민 (찬성)** | 그런 개념을 조금 추가해서 사치세 목적으로 탄소세를 도입하자 이런 얘기라기보다는 탄소세를 반대하시는 분들의 논거에 대해서 공감하고 그 부분을 조금 재설계했다고 봐야 되는 거죠.

◎ **최원선 (반대)** | 기본 문제는 '기업이 탄소를 배출하니까 억제

를 하고 처벌을 할 거야.'가 주된 게 아니라 우리나라 탄소 배출량이 워낙 많으니까 근본적으로 어떻게든 줄이는 것을 우선 순위로 둬야죠. 사실 세금 물리는 게 많지만 해결 안 되는 문제들이 너무 많잖아요. 화석연료를 대체할 수 있는 대체 에너지 개발이나, 탄소를 줄이는 기술을 개발하는 것이 먼저지 탄소 배출하는 업체에 돈으로 처벌하는 것은 오히려 대기업같이 돈 많은 기업에 면죄부를 주는 게 아닐까요? '우리는 당당하게 돈을 냈어. 벌금을 냈으니까 탄소 배출 더 해도 돼.'라고 생각할 수 있지 않을까요?

영유아보육법 중에 직원이 몇 인 이상인 기업일 경우 사내 어린이집을 의무적으로 설치해야 하는 법이 있어요. 지금은 많은 기업이 이행하고 있는데 예전에는 차라리 벌금 내는 게 돈이 덜 들고 관리하는 데 어려움도 없다고 어린이집 설치를 안 한 기업들이 많았어요.

탄소세의 사례에서도 여유가 되는 기업들은 그냥 벌금을 내고 만다고 하면, 탄소는 계속 배출하고 오히려 열악한 중소기업들에게 피해가 오는 게 아닐까라는 생각이 들어요. 그래서 탄소세가 정말 탄소를 줄이는 효과가 있는가에 대한 회의감이 듭니다.


🖥 **고효민 (찬성)** | 네 그런 게 있기는 한데 일단 정책적인 효과에 대해서 그런 생각이 있는 거예요. 사실 국가에서 세금을 통해서 세수를 거둬들이려고 하는 세금이 있고, 국민들의 일반 행동 양식을 국가의 방향성에 맞게 유도하려고 하는 세금이 있어요. 탄소세는 후자에 가까운 세금이라면 사람들을 움직이게 하려면 어떤 행동을 했을 때 인센티브를 주는 걸로는 더 이상 통하지 않는 상황인 것 같아요. 그러니까 그 논거가 지금까

지 탄소 배출량이 우리나라에서 통제가 잘되지 않고 있는 점을 근거로 들수 있다고 생각합니다. 그러니까 직접적으로 부과하는 형식으로 통제를 하는 세금을 고려를 해봐야 되는 단계라고 봅니다. 물론 방금 얘기해 주신 대기업들이 세금 내고 말지라고 생각하는 이런 부분들에 대해서는 저도 듣고있다가 약간 입장이 넘어갈 뻔했어요. 어쨌든 그런 부분들에 대한 부작용을 잘 생각해서 세금을 잘 설계해서라도 더 적극적이고 능동적인 대응책을 국가에서 마련해야 되는 시기가 아닌가 생각합니다. 왜냐하면 지금 우리나라가 2050년 기준으로 탄소 중립 선언을 했잖아요.

◎ 최원선 (반대) | 과연 여전히 화석연료 사용량이 높은 우리나라에서 2050년 탄소 중립이 현실적으로 될 수 있는가 걱정은 됩니다.

💻 고효민 (찬성) | 다른 얘기긴 한데 회사에서 보면 말도 안 되는 목표를 세워놓으면 다들 하더라고요. 목표를 말도 안 되게 세워놓지 않으면 끝까지 가지도 않아요.

◎ 최원선(반대) | 탄소중립은 이루기는 해야 되는 문제죠. 근데 탄소세는 1990년에 핀란드에서 가장 먼저 도입을 했고 이후에 스웨덴, 덴마크 등 유럽 국가 독일 등 산업화를 먼저 이룬 유럽 국가들에서 도입을 했어요. 아시아에서는 2012년에 일본이 유일하게 도입을 했죠. 탄소세가 도입된 국가가 16개국밖에 없어요. 게다가 일본은 탄소 거래 배출 거래제도를 2026년 도입한다고 하지만 아직은 시행을 하지 않고 있어요. 그럼 이 나

라들 외에 많은 국가에서 탄소세를 도입 안 하는 건 이유가 있지 않을까요?

우리나라는 산업화를 먼저 이룬 여러 선진국가보다는 산업화에 있어서 후발주자인데 그런 상황에서 억제만 하는 것이 과연 우리 산업과 경제 성장에서 어떤 영향을 미칠지를 고려해 봐야 되지 않을까요? '환경이 우선이냐? 경제가 우선이냐?' 참 선택하기 어려운 문제인데 지금으로서는 일방적으로 환경만을 주장할 수는 없다고 생각합니다. 우리나라는 석탄 같은 화석연료 활용도가 높은 나라고 탄소 배출이 굉장히 많은 나라로서 반드시 배출을 줄여야 하는 것은 맞죠. 그렇다고 '지금 상황에서 탄소세를 논의해야 할 시기인가? 도입할 수 있는 그런 환경인가?'라는 거를 되짚어봤을 때 아직은 시기상조 아닌가라는 생각이 듭니다.

🖥 **고효민 (찬성)** | 저는 속마음을 얘기하면 탄소세가 지금 이게 '필요하다 안 필요하다.'를 얘기하기 전에 이게 우리나라에서 될 리가 없다라는 생각이 들어요. 그러니까 아까 말씀해 주셨던 것처럼 우리나라 산업 구조가 너무 제조업 기반이라서 기업들이 반발이 너무 셀 것 같고요. 사실 지금 유럽은 재생에너지도 많이 사용하고 있는 것은 현재 전 세계적으로 가장 제조업에서 좀 큰 비중을 차지하고 있는 조선, 자동차, 반도체, 디스플레이 이런 핵심적인 제조업 공장들이 유럽에 없어요. 그러니까 유럽에서는 이런 걸 할 수 있는 거라고 저는 생각을 하거든요. 그래서 이렇게 환경이 다른 상황에서 우리나라같이 공장 베이스에 산업이 많이 있는 상황에서는 탄소 포집이라든지 혹은 포집이 아니더라도 이걸 배출하는 과정에서 걸러내는 기술들이 조금 더 획기적으로 발전하지 않는 이상은 힘들지 않을까요?

◈ 최원선 (반대) | 저도 우리나라에서 탄소 중립 이루는 데 탄소 포집은 필수적 요소라고 생각을 하고요. 탄소세 말씀드리기 전에 제가 온실가스 배출권 거래 제도를 말씀드렸잖아요. 탄소 배출권 가격이 우리나라가 유럽에 비해 굉장히 싸요. 그래서 이걸 먼저 손봐야 되지 않을까라는 생각을 해봅니다. 왜냐하면 탄소세를 물리면 벌금 내는 기업에 면죄부 주는 거 아니냐고 말씀드렸잖아요. 탄소 배출권도 탄소 할당량에 미치지 않으면 그걸 팔아서 수익을 얻을 수 있어요. 그러니까 탄소를 배출하는 기업이 이 배출권을 통해 돈까지 얻는 이런 제도는 조금 손봐야 되지 않는가 하는 생각이 듭니다. 할당량을 좀 줄이든가 아니면 단가를 좀 높이든가 해야하지 않을까요? 탄소를 배출함에도 수입까지 얻는 건 불공정한 제도가 아닌가 이런 생각이 듭니다.

🖥 고효민 (찬성) | 그리고 한 가지 더 생각이 드는 게 우리나라가 탄소세를 도입하는 데 좀 쉽지 않은 환경이라는 생각이 들긴 하는데 그럼에도 불구하고 이런 직접적 탄소세에 대한 국회 발의 건이 너무 적은 것 같아요. 더 고민이 치열한 상태에서 우리나라 실정에 맞게 설계된 입법안들이 더 나와 있으면 이런 부분에 대해서 조금 더 건설적으로 논의를 할 수 있을 것 같은데 지금 발의돼 있는 안들을 보면 그냥 다 심플하게 톤당 얼마 톤당 얼마 톤당 얼마 이게 다거든요. 탄소세 자체가 그런 세금이긴 하지만 그래서 아직까지 좀 우리 정치권에서 고민이 좀 부족한 것 같아요.

◈ 최원선 (반대) | 기본적으로 국회에서 환경에 대해서 그렇게

많이 고민을 하는 분들이 많지가 않아요. 국회의원들 중에 특히 환경 문제에 대해서 당장 닥치는 문제가 아니니까 당장 민생으로 느껴지는 게 아니니까 좀 심하게 말하면 당장 표로 느껴지는 게 아니니까 환경을 다루는 분들이 많이 없는데 정말 심각하게 고민해야 될 분야라고 생각합니다.

🎙 **이효진 (사회) |** 두 분이 이렇게 열심히 공부를 해오시고 고효민 님 얘기 들으면 맞는 것 같고, 최원선 님 얘기 들으면 또 여기가 맞는 것 같고, 저 중간에서 참 헷갈렸습니다. 찬반토론을 하다가 어느덧 두 분이 보다 나은 대안들을 말씀해 주셨던 것 같습니다. 탄소세 도입에 대한 토론은 여기에서 마무리 짓도록 할게요.

기후 위기는 사실 20년 전부터 끊임없이 제기되는 어젠다였습니다. 20년 간의 인류의 노력에도 불구하고 최근 전 세계는 여러 가지 기상 이변들로 인해 신음하고 있습니다. 글을 쓰는 지금도 미국에서는 산불이 연례행사처럼 일어나고 있고, 대만은 한파로 인해 고통받고 있습니다. 일각에서는 이미 늦었다고 말하지만, 지금이야말로 마지막 골든 타임입니다.

5장에서 논의된 식량 문제 해결을 위한 배양육, 탄소배출 저감을 위한 신기술 등 지구의 미래를 지키기 위한 대안을 살펴볼 필요가 있습니다. 더불어 우리 사회가 고민하고 논의해야 할 정책들이 무엇인지를 모색해 봐야 합니다.

나가며

◉ **최원선** | 오늘을 사는 우리는 수많은 갈등과 논쟁에 직면하고 있습니다. 미래에 대해 고민해야 할 사안이 너무나 많은 데 사회는 양극으로 갈라져 서로를 혐오하고 있었습니다. '새로운 이슈를 고민하는 것이 나에게만 국한된 관심사인가?'라는 고민에 빠질 때쯤 제 생각에 공감해주고 동참해주는 사람들을 만나 넥스트패러다임을 만들게 되었습니다. 미래를 고민한다는 것은 단순히 나의 앞날을 계획하는 것이 아니라 다음 세대에 세상을 어떻게 남길 것인가에 대한 책임감이라고 생각합니다. 그렇기에 저는 오늘의 작은 변화와 노력이 내일의 커다란 차이를 만든다는 믿음으로 우리의 고민과 질문을 책으로 담게 되었습니다. 우리가 남긴 질문들이 다음 세대가 더 나은 해답을 찾을 수 있는 토대가 되어, 지속 가능한 세상을 만들어 가기를 꿈꾸어 봅니다. 다음 세대를 위해, 그리고 우리 모두를 위해 오늘도 고민하고 배우며 새로운 길을 만들어 갑니다.

◔ **서연주** | 2025년의 행복 트렌드 워딩은 '아주 보통의 하루'라고 합니다. 일상적인 평온이 허락되지 않는 정치, 사회, 기술, 경제 격변의

시대에, 우리 세대는 전례 없는 도전들에 직면해 있습니다. 저출산 및 고령화로 인한 인구소멸, 무너지는 보건의료 체계, 경제적 불평등, 기후 위기, 정치적 양극화, 그리고 그 가운데 소외되는 취약계층 문제는 사회 구성원 모두를 불안하고 불행하게 합니다. 의료인으로서, 그리고 한 명의 청년으로서 이러한 사회적 현상이 개인의 삶에 얼마나 지대한 영향을 미치는지 매일 목격합니다. 하지만 이러한 위기는 동시에 변화와 혁신의 기회가 되기도 합니다. 현재가 위태로운 만큼, 우리는 더욱 최선을 다하여 미래에 대해 고민해야 합니다. 세대, 분야, 계층을 아우르는 대화와 협력으로 발전적인 해결책을 모색해야 합니다. 기술 혁신을 바탕으로 성장 동력을 창출하는 동시에 사회적 약자를 배려하는 포용적 성장을 이뤄야 합니다. 지속 가능한 보건의료 체계 구축, 일자리 창출, 주거 안정, 교육 기회의 보장을 위해 다각적인 접근을 시도해 보아야 합니다. 이 책에는 동시대의 역할에 최선을 다하며 다음 세대를 위해 머리 맞대고 고민하는 우리들의 현재가 담겨있습니다. 그리고 더 많은 이들의 값진 현재가 모이면, 다음 세대에게도 '아주 보통의 하루'라는 소중한 미래를 물려줄 수 있으리라 믿습니다.

💻**고효민** | 2023년 2월에 처음 모인 이후로 소소하게나마 우리들끼리 생각을 나누고 그 결과물을 출판할 수 있게 되어 감회가 새롭습니다. 일자리, 정치, 교육, 인구, 기후 등의 주제에 대해 얘기를 나누면서 많은 공부를 할 수 있었고, 평소에 가지고 있던 여러 생각들을 마음껏 쏟아냈습니다.

그 과정에서 제가 지금까지 살아왔던 35년의 시간보다 앞으로의 시간들이 훨씬 더 쉽지 않을 것 같다는 생각이 들었습니다. 특히 제조업에 종사하고 있는 엔지니어로서, 팽창기를 지나버린 우리나라 여러 산업의 미래가 그리 밝지 않은 것에 대해 깊은 우려를 가지고 있습니다. 정치는 양극화되어 있고, 나라의 대부분의 재화는 부동산에 깔려 잠자고 있으며, 늙어가는 인구구조 속에 앞으로의 기술 혁신 동력조차 약화되어 갈 것입니다. 더욱더 빨라지는 시대의 흐름에 잘 적응하고, 혹은 선도해 나갈 수 있도록 소모적인 논쟁만이 이어지는 현재의 정치 구조를 혁파하고, 젊은 인재들이 더욱 더 아이디어를 펼칠 수 있도록 노동 구조를 재편해야 합니다. 제가 지금까지 살아왔던 대한민국은 사실 '살만한 나라'였습니다. 앞으로 제 자식이 살아갈 우리나라도 최소한 계속해서 '살만한 나라'가 될 수 있도록 많은 사람들이 함께 미래에 대해 건설적인 고민을 주고받을 수 있길 기원하고, 함께 얘기 나눈 우리 멤버들에게 깊은 감사의 뜻을 표합니다.

◉박일정 | 드디어 이 책의 마지막 글을 쓰게 되었습니다. 지난 2년 동안, 우리 주변에서 누구나 느끼는 고민들을 함께 이야기하며, 독자분들과 연결될 수 있었던 이 여정은 제게 큰 의미였습니다. 때로는 녹음을 준비하며 책임의 무게를 느끼기도 했지만, 그 과정에서 얻은 배움과 통찰은 그 무엇보다 값진 경험이었습니다. 이 책을 통해 빠르게 변하는 세상 속에서 우리가 한 번쯤 돌아봐야 할 주제와 그 이면의 이야기가 여러분에게 작은 영감으로 다가가기를 바랍니다. 삶의 복잡한 질문에 완벽한 답은 없겠지만, 이 책이 여러분의 생각을 확장하고 새로운 시각을 여는 데 도움이 되었기를 소망합니다. 이 책을 손에 들어주신 여러분께 진심으로 감사드

립니다. 앞으로도 더 나은 주제와 더 깊은 고민으로 다시 찾아 뵙겠습니다. 다시 만나는 그날까지, 사무실 어느 한편의 책상에서 계속 배우고 고민하겠습니다.

🏛 **우종혁** | 우리는 지금 '소확행'과 '아보하'로 대표되는 어려운 시기를 살아가고 있습니다. 살아간다는 것보다 살아낸다는 말이 더 와닿는 요즘. 우리는 앞으로 어떤 시대를 살아내야 할까요? 정치는 점점 양극단으로 치 닫고 있고, 경제는 쇠락하고 있습니다. 1인가구의 증가와 초고령화 도래는 우리 사회의 모습을 많이도 바꾸어 놓았습니다. 저는 이러한 세태 속에서 다음세대를 위한 '넥스트 패러다임'이 필요하다고 생각했습니다. 불안한 세상입니다. 불안정한 세상입니다. 그 무엇도 정확하게 예측할 수는 없지만 우리 사회가 조금 더 진일보하기를 바라는 마음으로 참여했습니다. 우리가 이야기 나눈 다양한 주제의 대화가 다음세대에 더 나은 방향으로 나아가기 위한 지표가 되기를 바라는 마음입니다. 지방의원으로 당선되어 햇수로 3년차 임기를 지나고 있습니다. 제가 의회에 등원하던 첫날, "세상을 바꿔보겠노라." 하는 큰 포부보다는 "우리의 오늘이, 내일을 만든다." 라는 굳은 다짐으로 의정활동을 시작했습니다. 오늘보다는 내일 조금 더 좋은 세상을 위해 일했고, 일하고 있고, 일해 나가겠습니다. 우리가 보내온 지난날의 이야기가 꼭 다음세대를 위한 넥스트 패러다임으로 이어지길 바랍니다.

🐢 **정그린** | 본 원고를 준비하는 오랜 기간 동안에도 사회는 끊

임없이 변하고, 또한 혼란과 안정을 반복하고 있습니다. 우리나라의 미래를 고민하는 과정에서 생각의 연결고리들이 이 책에 잘 녹아 들었기를 희망하며, 독자들도 이 책을 통해 미래를 고민해보는 기회를 가져봄이 어떨까 합니다. 이 글을 쓰는 지금도 우리나라 석유화학 산업이 휘청이고, 철강 산업이 위기라고 합니다. 어째 앞으로는 '위기'라는 용어가 '기회'라는 용어보다 더 자주 보일 것만 같습니다. 하지만 위기는 곧 기회입니다. 우리는 한강의 기적 version 2를 만들 수 있는 힘이 있습니다. 희망을 가지고 우리나라의 미래를 위해서 계속 고민하고 기여하겠습니다.

🤝 **김지나** | 역사상 가장 풍요롭고 평화로운 시기였다는 현재를 살아가는 우리가 더 이상 희망적이지 않은 내일을 걱정하며 나눈 이야기들을 엮었습니다. 더 나은 미래의 대안을 제시해줄 수 없다는 것이 안타깝지만 다음세대의 인류는 우리가 생각하지 못한 잠재력으로 또 새로운 삶을 이어나갈 것이라 믿기에 현재 우리가 겪고 있는 변화와 이에 대한 생각을 담아내는 것으로 만족하며 마무리하고자 합니다. 출산과 육아를 겪으며 다음 세대에 대한 고민이 절실히 필요함을 온 몸으로 느낄 수 있는 시기에 진행된 의미 있는 작업이었고, 다른 멤버들의 노력과 헌신 덕에 작게나마 참여하며 마무리할 수 있었음에 감사드립니다.

🎙️ **이효진** | 말이라는 것은 또 다른 길이 됩니다. 우리들의 말을 통해 새로운 길을 찾고자 했습니다 어렵지만 우리들이 고민하면 더 나은 길을 찾지 않을까 조심스럽지만 무모하지만 용감하게, 작은 지식이지만 나

늘 때 더 커지는 기적!! 부디 우리들의 작은 몸짓이 더 좋은 세상을 만드는 나비 효과, 원동력이 되길 기대합니다 함께해 주신 넥스트패러다임 인재들, 감사합니다